大学受験 教育系
YouTuber
データブック

監修：CASTDICE TV 小林 尚（コバショー）

前書き

少子高齢化により子供の数は減っている中で現役大学進学率は55％を超え、大学に進学する人の割合は増えています。大学選びの価値観は多様化しており、偏差値が高い大学ほど人気や羨望の目はいまだあるものの、勉強したいことや就きたい職業によって大学を選択する時代に変わってきているのが現状です。

長らく、受験勉強は学校の授業と塾を併用して進めるのがスタンダードでした。地方で近くに塾がないという受験生は、学校の授業と独学で進めるしかなかったはずです。そんな中で、ビデオやDVD・インターネットを使って授業を提供する塾や、スマホアプリを使った教育サービスが出てきました。毎週塾に通って勉強するというスタイルだけでなく、自宅でインターネットを使って授業を見る・インターネットの情報を元に参考書や問題集を活用して勉強するというスタイルが広がったのです。

また、ここ5年ほどでエンターテイメントを中心にYouTubeが発展し、教育の軸も大きくなってきています。

住んでいる地域や環境によって情報を得られなかった人が、インターネットを通じて情報を得られる時代になってきていることは、教育に携わる人間としてすばらしいことだと思っています。また、YouTubeであれば基本的に無料で学習を進めることができるため、経済的な垣根を超えて学習に取り組める環境が整いつつあります。

一方で、課題もあります。少ない選択肢の中から何とか情報を得て良い参考書や勉強方法を学んでいた時代から情報がありすぎる時代へと変化する中で、何を参考にすればいいのか、何が自分にマッチしているのかわからないことが問題となっています。特に YouTube は、色々な人が発信できる点が利点でもあり、その半面、間違った情報が広がる危険性も孕んでいます。ユーザーがリテラシーをもって判断していく必要があるのです。多くの選択肢の中から正しい情報を判断できるリテラシーを有する人が受験強者になれる時代だといえます。

　そんな時代において、受験をするのはまだ社会に出たことがない 10 代が中心であるため、何らかの羅針盤が必要だと考えました。そこで、ゴロゴネット編集部と協力して作ったのが本書「YouTuber データブック」です。

"大学受験に役立つ" ということにフォーカスを当てて 100 を超えるチャンネルをピックアップしました。各科目の指導をおこなう「講義系チャンネル」と、勉強方法や参考書の使い方・大学についてなどについて発信する「勉強法系チャンネル」という 2 つのカテゴリーに分類して紹介をしていきます。

　各チャンネルの紹介では、編集部とディスカッションを重ね、どのような使い方ができるのか・どんな強みがあるのかを深掘りしてデータをまとめました。また、運営者へのアンケートを元に「どんなチャンネルか」「どのような想いで運営しているか」「オススメの動画」などを掲載しています。

さらに、規模の大きなチャンネルや有用性の高いチャンネルに関しては、本著の企画にご賛同いただいた上で運営者へのインタビューを実施しました。チャンネルが生まれた経緯や今後の方向性について詳細に語っていただきました。トップ YouTuber との対談企画なども掲載しているので、データを見るだけではなく、読み物としても楽しんでいただける内容になっています。これまでにはない、大学受験に活用できる教育系データブックができあがったと思っています。

受験生にはもちろん、高校に入学して勉強をすすめていく１～２年生や勉強意欲が高い中学生、教育系 YouTube について知りたい保護者や受験生の家族の方にも参考になるような内容になっています。ぜひこの本を活用して、普段の学習や受験勉強に役立ててもらえたらうれしいです。

CASTDICE TV
小林尚（コバショー）

■各チャンネルの DATA は以下の通り（「ー」は回答無し）
　①生年月日②出生地③現在地④学歴⑤職歴⑥教育関係の資格等

掲載基準について

本書では大学受験に活用できる教育系 YouTube チャンネルをなるべく網羅すること、及び客観的な紹介をしつつもできる限りチャンネル運営者の方の声を伺い、みなさまへの紹介に役立てようと努力しております。
チャンネル規模が一定以上の方でも掲載そのものをお断りいただいた場合や、編集部より依頼したアンケートにご回答いただけず紙面上小さめの扱いとなっている場合もありますが、当編集部により恣意的に扱いを変えているということは一切ございません。
また、逆にご多忙の中当編集部のアンケートやインタビューにご協力いただきましたチャンネルのみなさまには、心より感謝申し上げます。

目次

特別インタビュー①葉一（とある男が授業をしてみた）・・・・・・・・・・・6

講義系チャンネル・・・・・・・・・・・・・・・・・・・・・・・・・・11

特別インタビュー②たくみ
（予備校のノリで学ぶ「大学の数学・物理」）・・・・・・・・・・・178

勉強法系チャンネル ・・・・・・・・・・・・・・・・・・・・・・・181

特別インタビュー③森田 鉄也（Morite2 English Channel）・・・・・270

後 書 き ・・・・・・・・・・・・・・・・・・・・・・・・・・・274

スペシャルインタビュー

「とある男が授業をしてみた」

葉一

みんながどこでつまずいてもカバーできるという「信用・信頼」で勝負しています

聞き手：コバショー（CASTDICE TV）

―― YouTubeってどちらかというとエンタメ要素が強いと思うので、授業を見てもらうのには難しさがあったかと思うんですけど、今はどうでしょうか。

9年前と比べたら環境が違いすぎますし、単純に母数が違いますよね。社会人の学び直しも増えていて。中田敦彦さんが出てきて、すごい勢いで伸びたじゃないですか、あれを分析するのがすごく楽しくて。コバショーさん、なんであんなに伸びていると思います？

―― テーマ選択とトーク力の掛け算ですかね。

そうですよね、あのトーク力は化け物ですよね。

―― 普通のYouTuberでは真似できないことですよね。厳密にいえば歴史の用語が間違っているなどの指摘もされていますが。歴史に詳しい人が同じようなことやっていたとしても、圧倒的にトーク力が違いますよね。あとはもともとの知名度も違います。

テーマ設定というところがありますよね。今のYouTubeって、コンテンツがあまりにも増えたじゃないですか。テレビでいうチャンネル数がえげつないことになってるっていうか。その中で、「この人の動画にアクセスすると何の情報が得られるのか」というのが明確になっているチャンネルは強いと思うんですよ。特に自分の動画は教科書レベルのことをやっているので、正直勉強が得意な大人は、誰でも真似できるはずなんですね。

でも最近言われてすごくうれしいのは、自分のチャンネルを真似してみたけどなぜかできないっていうことなんです。そこってすごく大事なことだと思っています。中田さんの場合は、動画を見れば知識を得られるというのが証明されてて、視聴者は社会人の方が多いと思うのですが、そういう人たちは「とにかく時短で効率よく勉強したい」という人が多い。うちも18歳以上の視聴者が半分以上なんですけど、本当は書店で参考書を買って勉強したいけど、動画を見た方が参考書を買って勉強するより早いんですよ。とにかく短い時

間で求めている情報を得たい人が多くなってきているのかなと思います。

だからこそ、「この人のチャンネルではこういう情報が得られる」と明確化してる方が強いですよね。受験情報だったらコバショーさん、教科書の基礎的な部分だったら葉一、理系のマニアックな部分だったらたくみとか。そういったところが強くなっていると思います。よく言うのが、YouTubeではコンビニは生き残れなくて、専門店が強くなっている。専門性がはっきりしたうえでのコンビニ化だったらいいんですけど、最初からコンビニだと難しいでしょうね。

—— 最近感じるのは、授業動画って難しいだろうなということです。同じ教育系でも、好き勝手しゃべるのと、授業をするのとは世界が違うと思っています。準備とか、間違えちゃいけないとか、そういうところも含めて、険しい山を登っている感覚はありますか？

そうですね、授業動画だと単純にストライクゾーンが狭いんですよね。例えば「中２の数学」というと視聴者がすごく絞られるので、再生回数も取りにくいし、マネタイズもしにくい。それにすぐ叩かれる（笑）。これからYouTubeでやっていこうという人には、もちろん授業動画をやってほしいとは思うし、YouTuber人口も増えてほしいと思うけど、簡単には言えないですよね。

—— 今はただよびさんとかありますけど、動画を９年間配信し続けている葉一さんのすごさはやはりありますよね。

自分一人だからできている部分もあると思います。ただよびが出てきたときに、あれだけの人気講師がいて、マネタイズサービスもしてますけど、全部無料っていうのはマネタイズの部分で絶対無理だなって思ったんですよ。自分もある程度チャンネルが大きくなってきたときに、スタッフを増やしてコンテンツ力を上げていく選択肢もあったんです。でも、人を増やすとそれだけ責任も大きくなるし、マネタイズ部分で自由規制がかかるのは嫌で。だから今も、アルバイトの子はいますが、基本的に一人でやって、マネタイズの部分の負荷を減らすことによって、授業動画を継続できるようにしています。

—— あと、YouTubeで授業を見てもらい続けるっていうのは、すごく難しいのではないでしょうか？YouTubeだとお金を払って見るわけじゃないので、おもしろい関連動画を見つけちゃって、一生戻ってこない……みたいなこともあると思うのですが、「見てもらい続けること」のコツは何かあるのでしょうか？

うちの場合って、教科書１冊丸々動画にしているので、たぶん継続的に見ている子ってそんなに多くないと思います。でも学生ってテスト前はやっぱり焦るじゃないですか。テスト前に「勉強しよう」ってなったときに、使われるコンテンツだと自分の中では認識しています。テスト範囲がどこになろうとも「葉一のチャンネルにいけば絶対勉強できるよね」という認識さえ持ってもらえていれば、絶対にチャンネルに戻ってきて

くれると思っています。

　最初はつまずきやすいポイントだけ上げようかなと考えたこともあったんですけど、子どもによってつまずく場所って全然違うので。「頼ってきたのに、自分が求めているコンテンツがない」ってなると、その子は二度とチャンネルにはこないと思うんですよ。なので全部揃えることで、「苦手分野がどこだとしても絶対にカバーできる」ようにする。そうすれば、子どもたちから信用と信頼が得られるんですよね。それさえ得られれば、大事な時期の子どもたちの選択肢の一つに入れるかなっていう勝負の仕方をしてきました。

―― YouTuberって、どうしても出した動画を見てもらおうってなりがちだと思うんですけど、そうではないということでしょうか？

　僕、平均再生回数はまったく気にしてないんですよ。比較的伸びやすいトーク動画でも2〜3万回くらいしか取れないんですけど、過去の動画が再生されることの方が大事なので、微塵も気にしていません。全体的にみんながどこでつまずいてもカバーできるという「信用・信頼」で勝負しているので。

――なかなかブランドとして得難いですよね、「このチャンネルにいけば自分が欲しい情報が得られる」ってみんなに認識してもらうのって。

　難しいと思いますよ、今始めたら無理ですよ。

―― YouTuberってこの9年でポジション自体が大きく変わったと思うんですよね。全然知られていなかったところから、ちょっと怪しいって思われて、今ではだんだん受け入れられて。周りからの見られ方は、やはり変わってきましたか？

　最初はそもそもYouTube自体流行ってなかったですからね。規制もなくて無法地帯でしたし。それがあだになって、じゃがりこ事件があったせいで「YouTubeに投稿してる人間は変なやつが多い」っていう認識が、子どもたちじゃなくて、YouTubeに親しんでいなかった保護者層に広まってしまったんですよね。僕のチャンネルを見て勉強しているのに、スマホを見てると勘違いされて怒られるっていうことがよくあって。親御さんはそもそも知らないので。

　ただこの1〜2年で風向きが変わりました。というのも、コロナで休校になって親御さんたちが教材を見なきゃいけなくなったんですよ。そしたら「あれ、意外とわかりやすい」となり、そこで変わった気はしますね。YouTubeってたしかに変な人もいるけど、ちゃんとしている人もいるのねって。あとは芸能人の方の参入も大きかったと思います。教育系に限らず。たとえばYouTubeを毛嫌いしている保護者の方でも、自分の好きな芸能人がYouTubeを始めたら、「あの人がやったなら見てみようかな」ってなると思うんですよ。それでYouTubeを毛嫌いしてた人が入ってきたんですよね。そしたら「あら、意外とYouTube楽しいわね」って。

授業動画では、定規を使い何度も書き直すほどの正確無比な板書が好評。ちょっとした説明でも使いなれたホワイトボードで、わかりやすく話をまとめてくれる。

母数を増やしてくれたのは芸能人の方たちだと僕は思っています。それらを含めたさまざまなことを加味して、ここ1〜2年で風向きが変わったなと思います。

―― 授業スタイルは自分なりに何か変わってきたこととか、工夫してきて行き着いたことはありますか？

最初に板書をしているかしていないかぐらいで、あとは機材を使うとかの変化はありましたけど、授業スタイルはそれほど変わっていないですね。

―― 保護者の感覚が変化するにつれて、YouTubeを使う塾も増えましたし、当塾でも子どもより保護者の方からの問い合わせが多いくらいです。

YouTubeって、企業も個人も宣伝には使った方がいいツールだと思っています。塾選びって体験授業に行かないとわかんないんですけど、結局30〜40分の出会いだから、言い方は悪いですけど猫をかぶれるじゃないですか。あと継続して動画出されてる方って、話し方や考え方で人柄が見えるから「この人が紹介する塾だから自分の子どもを入れたい」って思いやすいんじゃないでしょうか。もっと塾もYouTubeをやればいいのにって思いますね。

―― YouTubeで授業をされている方って、教育業界から見ると新勢力ですよね。大手予備校もこの4月で大幅にコマ数が減っているようで、そういう講師の方たちがYouTubeにくるのは難しいと思うんですけど……

高校生対象なら今でもまだまだいける気はするんですけどね。

―― でも実際はなかなか難しそうですよね。

最初はどうしても労働量に対する対価が少ないんですよね。

――授業見てもらう中で、工夫されている点って何かありますか？

編集しないことですね。カットもテロップもいまだに入れていません。それが正しいかどうか今となってはわからないですが、当初は子どもたちが実際に受けるリアル授業に近づけたい、その方が血の通った授業になると考えていました。特にうちは基礎レベルの子たちが多くて、勉強のモチベーションが低い基礎の子たちほど熱量に感化されやすいので、だからこそリアルに近づけたいと思っています。ただ、あまりにもYouTubeが浸透してきて、視聴者が編集慣れしてしまったんですよね。もしかしたら編集をガチガチにしている動画の方が見られやすい時代かもしれないですが、今見てくれている子たちは葉一スタイルが好きで集まっている子たちなので、「編集しない」という点は変えずにいます。

――授業動画のほかに、ラジオや自習ライブなどは工夫してやられているのでしょうか？

自習室に関しては昔少しやっていたんですけど、一番大きなきっかけはコロナで休校になって、子どもたちの生活習慣が絶対崩れると思ったので「午前中に集まれ、勉強するぞ！」みたいにやりました。今の子たちって、SNSでつながりやすい時代になったのに、寂しかったり不安だったりするんですよね。うちのチャンネルは特に「葉一が授業しているからついていきたい」っていう子たちが多

アシスタントはいるものの基本的に授業の企画、準備、撮影、編集まで１人でこなす。多くの視聴者が勉強に利用する映像を編集する姿は、真剣そのもの。

いんです。ライブって生放送なので、場所は違えど同じ時間を共有しているじゃないですか。そこに価値を見出している子も多くて、それがちょっとした精神安定剤になっている子も少なからずいます。それで子どもたちが「明日もがんばろう」って思えるんだったら、少しでも憂鬱な気持ちがなくなるんだったら、と思って続けているだけです。たいへんなんですけどね、夜の10時までやるの（笑）。ただ子どもが好きなんですよ。

――今YouTubeで勉強している、またはこれからYouTubeで勉強しようと思っている子たちにメッセージをお願いします。

YouTubeの一番いいところって、無料なところだと思うんですよ。「気軽に好きなものを全部試食していいよ」状態なので（笑）。周りの口コミとか、チャンネル登録者とかも気になるかもしれないんですけど、自分が動画で人柄を見て「この人についていきたい」って思う人を見つけて、自分のやり方でがんばっていってもらえたらなと思います。

講義系チャンネル

講義系　登録者数 100万人〜

チャンネル名
とある男が授業をしてみた

URL：https://www.youtube.com/channel/UCzDd3Byvt9loyf3ggRlTb3A

●登録者数＝148万人　●動画本数＝3,726本　●再生回数＝4億3,116万

（2021年6月現在）

| ジャンル | 小学3〜6 算数　中学 数 | 対象 | 高校・大学受験 | レベル | 基礎 | 更新頻度 | 毎日 |

▶ チャンネル概要

教育系YouTuberとして最大規模のチャンネル登録者数を誇る。無駄の無い授業を組み立て、綺麗で正確な板書を行う葉一氏は、生徒・保護者から高い支持を得ている。無料で2,000本もの学習用動画が視聴可能である点だけでも驚異だが、それを1人で築き上げてきた葉一氏の功績は教育業界における偉業と言って差し支えないだろう。名実ともに教育業界のトップランナーである。

▶ 人気動画

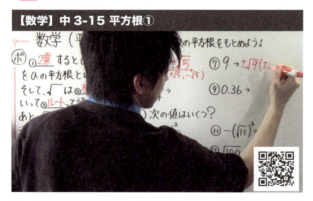

タイトルにある通り、中学校3年生で学習する平方根シリーズ1本目の動画。
活動初期の動画であるため画質や音質は今より劣るが、葉一氏の授業動画がどういうものなのかを感じるには一番分かりやすい動画となっている。

運営者　葉一

撮影科目は、小学生の算数、中学生の主要5科目、高校生の数学というチャンネル。特徴としては、教科書に載っている内容を網羅している点である。
そのため、学校に行けないが学びたいと思っている学生の利用者も多いとのこと。授業動画以外にも、勉強法や休憩法、学生や保護者からの相談に答える動画なども投稿している。

チャンネル名	とある男が授業をしてみた

レーダーチャート項目: 網羅度 5、分かりやすさ、動画の見やすさ、使いやすさ、学習環境、パイオニア

総合評価 ☆☆☆☆☆

使い方

再生リストに各学年・科目・単元が詳細にまとまっているため体系的に受講することが可能。学校の単元の先取りにも、疑問点が残った単元の復習にも利用できる。選んだ単元のナンバリングが若いものから順に進めていこう。その際、事前に公式サイトにあるプリントをダウンロードしておくか冒頭に映った問題を停止して解くことにより、演習形式にも活用できる。一つの授業動画は主に10分〜15分程度にまとまっているので、問題を解く時間も含めて30分以内で一つの章を終わらせることができる。この30分のセットを1日3回繰り返せば概ね1週間以内に各単元を終わらせることができるため、効率的かつ着実に基礎の「抜け」を潰していけるだろう。

> **コラム（講評）** 「YouTubeで勉強する」という選択肢を確立
>
> ドキュメンタリー番組『情熱大陸』にも出演した教育系YouTuberの第一人者。元個別指導塾での講師経験を生かし、生徒の「ここが分からない」といったポイントを丁寧に解説する授業が好評で、定期テスト対策含む中学生の単元全般、高校受験対策、高校数学、小学生の算数まで幅広いコンテンツを投稿している。学習指導要領に沿った単元積み上げ式の授業は、学校の授業についていけなかったり、塾に行けなかったりする生徒にとっても最適な学習の機会を提供している。基礎的な教科書レベルの解説のほか、標準から難関までの高校受験対策用の解説動画もある。個別教科以外では「だらだラジオ」等のコーナーで、教育にまつわる問題から、コミュニケーション全般に関わる自身の考えを述べたりと、ナマの教育現場における「先生」に近いスタンスからの発信がなされている。

 「19ch.tv」

https://19ch.tv/

▶ 特徴

こだわり抜いた授業。板書と編集にみるライブ感

動画タイトルが単元・章番号となっており、冒頭に問題や解法ポイントがまず明示される。授業はホワイトボードを用いた正確で綺麗な手書き、編集無しのライブ感溢れるスタイルで解説していく。問題に関してはチャンネルと連動した公式サイト「19ch」ですべてダウンロードが可能のため、事前に問題を解いてみてあとから復習で見直すことも可能だ。

授業動画では基本は顔を出さず板書内容に視聴者を集中させ、雑談も挟まない。こだわり抜いた細部のシンプルさが、生徒にとっては単元理解への最短ルートになっている。

ライブ自習・公式サイトなど勉強をするための環境づくりの工夫

解説動画の提供のみならず、それを実際に生徒が活用するシーンまで想像した工夫がなされている。たとえば「とある男の自習室」と題して視聴者と共にライブ自習を行っており、45分間葉一氏と一緒に無言で自習。そのあと視聴者からの質問・相談を受け付けている。これらのライブ配信も活用することで、集中して学習サイクルの定着づくりを実行できる。公式サイト「19ch」では動画と問題が整理されているだけではなく単元が記載された学習計画表もついており、実際に動画学習を進める際のペースメーカーとして利用することができる。

自学自習に適した網羅性。

単元の整理がされており、理数系・英語・歴史科目に関しては体系的に自学自習を進めることができる。特に高校数学の受験対策は手厚く、「死守」「難関死守」シリーズでは絶対に押さえておかなければならないポイントを一気にまとめている。講義の内容は受験向けというより、学校学習のサポートにより力点が置かれている。講義で習得した知識を基に問題集や過去問で演習量を確保し、より高いレベルまで学力を引き上げることが大切である。葉一先生の動画で基礎・標準項目のポイントが整理された段階で、国・公・私立問わず自らの志望校のレベルに応じた過去問演習に取り組んでいくのがよいだろう。

優しい口調の裏にある熱い思い

葉一氏の「学校の授業につまずいてしまい、勉強をつまらないと感じているような子供たちの勉強に対するハードルを下げたい」という想いが画面越しでも伝わるように、機械的にならないようあえて動画に編集を加えず、手書きへのこだわりや字の丁寧さなど、細部に至るまで「生徒の心に響く授業」を綿密に構成している。この熱い想いこそが、多くの生徒に支持されている所以であろう。

🔊 本人からのメッセージ

「今より成長したい」
そう思う瞬間が、一番成長するチャンスとエネルギーがあります。それは勉強という分野においても言えることです。今までは「勉強＝お金をかけなければいけないもの」という認識が強かったですが、今はそんなことはありません。この本に紹介されているチャンネルの中から自分に合うものを探すことで、そのチャンスを活かすことができます。ぜひ、一歩踏み出してください。

DATA
1. 1985/03/11
2. 福岡県
3. 群馬県
4. 東京学芸大学
5. 営業職→塾講師→教育YouTuber
6. -

🐦 @haichi_toaru

▶ オススメ動画

「受験前日な不安な気持ちを少しでも前向きなエネルギーに変えられる手伝いをしたい」との想いから撮られた動画。
「葉一の動画を見るともう少し頑張ってみようと思える」と多くのユーザーから届くといい、葉一氏が動画投稿を続ける理由となっている。

オススメの勉強法・やってはいけない勉強法について語った動画。受験勉強において大切なことは、自分のレベルや得意・不得意、志望校に合わせて、問題の難易度と優先順位を判断して取り組むことだ。勉強についての大切な視点が語られているため、受験生だけでなく、保護者のみなさんにもぜひ視聴してほしいという。

葉一さん 聞いてみた！

― YouTubeを始めたきっかけを教えてください

もともと個別指導塾で講師をしていて、月謝が払えず塾に通えない家庭もあることを知りました。
所得に差があるのは仕方ないことではあると思うんですけど、それを「仕方ないよね」で終わらせるのは納得がいきませんでした。その後いろいろあって会社を辞めることになり、あるときたまたまYouTubeを見ていて「ここに動画を投稿すれば、子どもたちからお金をもらわずに教育を届けられるな」と考えました。思い立った翌日に動画の投稿を始めて、いつの間にか9年経っていました。

― それこそ当時は広告収入の概念もなかったのでしょうか？

その通りです。存在を知らなくて、動画投稿を始めて1年くらい経ったときに、当時よく行っていたカフェのマスターから聞いて初めて知りました。マスターからやり方を聞いたり、自分でも調べたりして、動画の冒頭に5秒スキップCMがつくことを知ったんですが、見る側としてはすごくうっとうしいと感じていたんですよね。当時動画を見てくれていた子たちに「CMつけてもいい？」って聞いたら「全然いいですよ」と言ってくれたので、広告収入をもらう形になりました。

― 最初の頃大変だったことは何でしたか？

一番大変なのはやっぱり見てもらえないことと、叩かれることですかね。

― 当時の再生回数はどんな感じでしたか？

最初は全体で1日10回20回とかですかね。しかも、投稿した後に自分で動画チェックしてたので、半分以上、下手したら全部自分が見た分なんじゃないかってくらいでした（笑）。

― 途中で変化のきっかけや、なんとなく「やってけるかな」みたいな手応えは感じましたか？

始めてから2〜3ヶ月後くらいに、動画のスタイルを「先に板書しておく」っていう今の形に変えたんです。その後すぐは何も変わりませんでしたが、その頃から徐々に1日の投稿本数も増やしていって、少しずつリアクションがもらえるようになって。それまで本当に届けたい子どもたちには届かなくて、変な人に叩かれる時期が続いていたので、「わかりやすかったで

す」とか「役に立ちました」みたいなコメントがもらえたのはすごくうれしかったですね。

いけるかなって思ったのは、始めてから2〜3年経ってからです。ある程度お金がもらえるようになって、子どもたちからのリアクションも比較的好意的なものが増えるようになってきたので。あとは知ってもらえさえすれば、

きっと必要としてくれる子は増えるだろうな、と思えるようになりました。

—その手応えを感じるまで、2〜3年続けられるメンタルの強さがすごいですよね。続けられた理由は何かありますか？

時期が良かったんだと思います。まずYouTubeで勉強するっていう文化自体がなかったので、比べる対象もいなかったんですよね。今みたいに活躍する教育系YouTuberがいたら、比べられてしまうと思うんですけど、比較対象がいなかったので比べられずに済んだんですよ。あと、叩いてきたのは基本的に大人だったんですが「大人は関係ないし」と思っていて。本当に届けたい子どもたちに見てもらって、それで「あなたの授業動画は需要ないです」って烙印を押されることがあったらやめようと思っていたんです。「そ

れまでは続けよう」と決めていたので、時間はかかりましたが続けられたんだと思います。

—当時は撮影や編集など全部お一人でされていたんですよね。内容やテーマにもよると思いますが、動画1本出すまでどれくらい時間がかかっていましたか？

今でこそピンマイク、動画の冒頭を切ったり、エンディングつけるってことをしているんですけど、当時は撮ったものをそのまま投稿していたんです。調整作業もいらないので、1本2時間くらいですかね。多いと1日4〜5本投稿するときもありました。

—その辺りから「教育系YouTuberといえば葉一さん」と言われ出したと思うんですが、周りの見る目が変わったことはありましたか？

見る目が変わったと感じるのは本当にここ1〜2年ですね。もちろん徐々に向かい風が追い風になってるなってここ3〜4年は感じましたけど、やっと追い風になったなっていうのはこの1〜2年ですね。ここ3年くらいで、ヨビノリたくみさんとかもそうですけど、いろんな教育系YouTuberが出てきて活躍し始めたので、それからですかね。結局どれだけやっても、一人では社会的認知は変えられないので。

―たくみさんにしろ、他の人にしろ、みんな葉一さん見て始めたような感じですよね。「自分が開拓するぞ！」って身構えてやってきたわけではないと思うのですが、結果的に文化・ジャンルを開拓した形になりましたよね。最近はいろんなイベントとか、活動も広がってきていらっしゃるなと拝見していて思うのですが、授業以外のこともやっていきたいなど、何か考えて意識的にやっていることはありますか？

そうですね、ブランディングする上ではすごく意識しています。初めてコラボ動画を撮ったのが活動を始めて5〜6年目で。最初はただ授業してる人間だったんですけど、それだけだと聖人君子になってしまうんですよ、授業をする人って。

特に自分みたいなタイプは。でも、その面だけ推していったら絶対行き詰まると思ったんです。人って、多面的な人間のほうが魅力的に見えると思うんですよ。聖人君子の面って輝きすぎちゃって、他の面が消えちゃうんですよね。

だらだラジオ（注：YouTube企画）とかを始めたのも、勉強とまったく関係ないことを話すことで「この人ってこういうことを考えてるんだ！」っていうのを見せるためでした。

今もなんですけど、もともとあまり顔出しはしたくなかったんですよ。でも顔出しで子どもたちの相談にのることでもう少しメッセージを伝えるようになって。いきなり自分のチャンネルで「ザ・YouTuber」みたいなことをしてしまうと、たぶんブランディングが崩れちゃうので、コラボを介して「先生が文化祭でふざけてるイメージ」を見せています。「葉一」っていう人間の多面性を見せて、子どもたちがついてきやすいようにやってきました。聖人君子にならないっていうことは、2〜3年目から持っている強いテーマですね。

―そうですね、たしかに授業だけやっているとそういうふうに見られてしまいがちですよね。

鈴木貫太郎さんも、授業動画だけでは今ほど人気が出なかったと思います。料理も作るし、おふざけもするし、人間味が伝わってるからファンがつくんだろうなって。

恋愛も勉強法も相手を知るところから

―今後、YouTubeチャンネルとして、こういうコンテンツを増やしていきたいとかこうしていきたいとか、何かあれば教えてください。

学校の先生へのリーチですね。公教育と混ぜるというより、学校の先生と混ぜていくっていうのが自分の中でテーマになっていて、とにかく先生の社会的地位を上げたいっていうことを強く思っています。学校の先生って、今はすごくブラックなイメージが強くなっ

てしまったと思うんです。昔は子どもたちの憧れの職業の鉄板だったのに、たしかついにトップ10からも消えたんですよね。もともとは大人（保護者層）から「大変そう」と思われていただけだったのに、今は子どもたちからも憧れられなくなってしまいました。それだけでなく、子どもたちからの人気も下がっていて、それはちょっとおかしいなと。先生が聖職者だとは思いませんが、先生たちの立ち位置がもうちょっと上じゃないと、保護者の顔色をうかがって仕事をしないといけなくなってしまうんですよ。先生たちが「自分がやりたい教育」を生き生きとできたら、授業を受けた子どもたちにその生き生きさが伝わっていくものだと思っているので、なんとかしたいなと。

でも現実問題、学校の先生ってなかなか情報発信しにくいんですよね。そこに自分たちみたいな外野の人間が入れば、保護者や子どもたちに直接リーチできるます。先生と対談したり、授業を見学したりして「あの先生の質問の仕方って実はすごいんだよ！」とか、そういうことを子どもたちに届けられたら、子どもたちの中で「あれ？自分の目の前の先生もすごいのかも」と、視点が変わると思うんです。まだ具体的には決まっていませんが、学校の先生と何かをやっていくコンテンツを作っていくのが今のテーマですね。

講義系 登録者数 10万人〜

チャンネル名
「ただよび」ベーシック文系

URL：https://www.youtube.com/channel/UCRNYfIK7BV_DCoR7KqdhBhQ

(2021年6月現在)

- 登録者数＝19.2万人　● 動画本数＝653本　● 再生回数＝2,566万

| ジャンル | 英 国 日本史 世界史 | 対象 | 大学受験 | レベル | 基礎〜難関 | 更新頻度 | 毎日 |

▶ チャンネル概要

予備校業界の常識を打ち破る、無料で見られる一流の予備校講師の授業を配信するチャンネル。淡白な解説とならないようにカットや効果音、テロップなども豊富に使用している。YouTubeならではの動画とハイクオリティな授業によって、予備校業界にもインパクトを与えている。

▶ 人気動画

英語「couldn't ＋比較級」についての寺島よしき先生による講義動画。
10分で導入と演習がまとめられている。まずは、完成された板書を見てほしい。「基礎完成英語講座」は、Point 1から順に学習すれば、自然と英文法の核が身につくようになっている。授業1回分をノート1ページにまとめておくと、自分だけの文法参考書が出来上がる。

運営者　レッドクイーン

スマホやパソコンで大学合格を勝ち取れるオンライン予備校「ただよび」が運営するチャンネル。
「ベーシック文系」では、英語・現代文・古文・漢文・小論文・日本史・世界史の7つの文系科目の講座が配信、受験のプロの講義が無料で受けられる。各科目の基礎固めができる内容だ。発展的な内容は有料版のプレミアム（見放題のコース）が用意されているため、応用や志望校にあった効率の良い勉強をしたい人はぜひチェックしてみよう。

インタビュー担当
寺島よしき

明治学院大学文学部英文学科卒後、予備校講師・外国語専門学校講師・翻訳家として活躍。大手予備校にて札幌から福岡までの授業配信を長年担当。

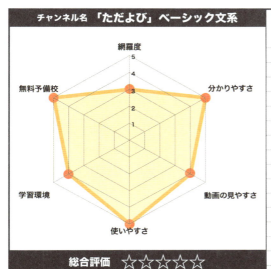

チャンネル名 「ただよび」ベーシック文系

使い方

大手予備校の講師陣による無料で見られるYouTubeチャンネル。有名講師も在籍しており、講義系YouTubeの中では屈指のクオリティを誇る授業である。ただ授業動画が公開されているだけではなくHPやテキストなどもクオリティが高い。HPでは各科目ごとに授業が整理されており、授業のテキストも閲覧することができるので、ここを確認しながら授業を視聴したい。また、有料ではあるがテキストを冊子で購入することもできる。より効率よく授業を視聴するための手助けになるであろう。大学別対策など、発展レベルの授業についてはプレミアムコースが別途用意されているのでこちらを活用しよう。

総合評価 ★☆☆☆☆

コラム（講評）大手予備校講師たちの授業が完全無料で見られる常識破りのチャンネル

予備校に通えば年間100万円以上かかってしまうのに対し、ただよびは無料で有名講師の授業を受けることができる。家庭環境や地域差による教育機会の不平等を解決するポテンシャルを持ったチャンネルであり、どのような状況下の生徒でも高レベルの教育を受けることができる。現在進行形で講師も動画も続々と増えており、今後はより教育業界に大きな影響を与えていくことが期待される。従来の塾や予備校のあり方にメスを入れていく革命家とも言えるチャンネル。

🏠「ただよび」

https://tadayobi.net/

▶ 特徴

短時間になるように編集された動画
予備校のような長い授業ではなく1動画10分程度で見ることができるのが売り。20分を超える動画は少なく、隙間時間でも視聴が可能。講師が板書している時間などは早送りがされるなど時間短縮のために編集も行われており短時間で見やすい環境が整っている。また重要な解説にはテロップや要点のスライド、効果音が入るようになっており編集という動画の利点を最大限に活かしたニュースタイルの授業を展開している。

定期テストから難関大学対策まで
YouTubeの再生リストが整っており生徒個人に合わせて必要な動画を選択できる。また動画タイトルに設問の語句が載っているため検索をうまく使えば知りたい問題を見つけ出すことも可能。わからない問題でネックになっているワードを入れて検索してみよう。

通常の学習と並行に行う
チャンネルが開設されたのは2020年4月とまだ日が浅い。動画数は着実に増加しているが、全ての教科・単元・レベルが完璧に揃っているわけではないので、自分に合った内容になっているか確認したほうが良い。出演している講師の参考書などはただよびの公式ホームページでも紹介されているが、必ずしも動画の内容とリンクしているわけではないので購入する際は注意しよう。従って、普段の学校や塾・予備校などでの勉強をしっかり行っていく中で、わからない問題をピンポイントで視聴し、HPに公開されている時間割に従って定期的に講義を受けることで理解を深めるなど、学習の補助としてこのチャンネルを活用するという使い方が現状では望ましいであろう。

基礎から標準レベルまでの解説を丁寧に
ただよびのコンセプトとして学校の定期テストから、難関大学対策までを売りにしているが、無料で視聴できるYouTubeでは基礎〜標準レベルの問題解説が多い。応用〜発展レベルについては、有料のプレミアムが担っている。分野別に見やすく網羅されているため、YouTube上で基本的な内容をしっかりと押さえ、プレミアムや他のチャンネル、自分で参考書、問題集を使うなどして学習を進めていこう。

🔊 ただよびからのメッセージ

有名予備校講師の質の高い授業をいつでも・どこでも・誰でも受講できる「ただよびベーシック」は全て無料で受講できます。大学受験に最も必要な基礎学力を十分つけることができます。さらに、受験対策をしたい方にはプレミアムコースをご用意しております。徹底した低価格で授業とテキストをご提供いたします。
超人気予備校講師の授業だから、とにかく楽しく、わかりやすく、効率的に学習できます。もちろん、学校の定期テスト対策や授業でわからなかったところの補強、大学受験対策まで完結します。

DATA
❶ -
❷ -
❸ -
❹ -
❺ -
❻ -

✉ tadayobi_support@redqueen.co.jp
🐦 @tadayobi_jp
公式サイト：https://tadayobi.net/
「ただよび」オンラインストア：
https://tadayobi-books.com/

▶ オススメ動画

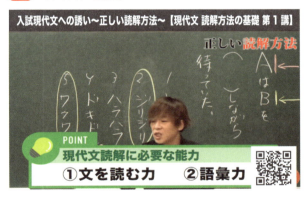

現代文「入試現代文への誘い〜正しい読解方法〜」について、宗慶二先先による講義動画。予備校界のカリスマである現代文・宗慶二先生の授業が無料で受けられる。宗先生の授業を受けて「現代文が得意になった！」「現代文って面白い！」という声が多数寄せられている。情熱的な授業に引き込まれること必至だ。

「ただよび」顧問に就任した出口汪先生と「ただよび」講師陣のトーク動画。
常に受験業界のトップ講師として活躍する出口先生の授業がただよびで受講可能となった。現代文を感覚ではなく明晰な論理分析で読み解いていくのが出口先生の授業だ。すべての教科学習の基礎となる出口先生の講座は超必見！！

――最初にただよびに加入されたきっかけを教えてください。

ただよびのある方から「来てくれ」と呼ばれたからです。うかがって1週間後くらいに決まりました。決まるまではすごく早かったですね。

――映像授業のご経験がおありとのことで、映像そのものへの抵抗感はなかったと思うのですが、やはりYouTubeとなると塾・予備校業界では比較的新しい媒体かと思います。どんな思いでオファーを受けられたのですか？

ある予備校に行ったらサテラインが勝手に放映されるじゃないですか。生徒の選択肢として、予備校を選ぶときに、選んだところがたまたまサテラインだった、みたいな感覚で、ただよびに行ってみたらYouTubeだった、みたいな感覚なのかなと。今の時代YouTubeだから特別ということはないと僕は思っています。コバショーさんはどうですか？

――僕もそれに近い感覚です。ただ、一般的な塾・予備校業界でいうと、まだまだ「YouTubeでしょ？」という先生方が多いので……

そうですね。ただそれがスタンダードになっていくだろうし、スタンダードになっていくべきだと僕は思っていて。予備校を選ぶときに大手予備校かただよびを選ぶのかとなって、ただよびだったらYouTubeだねと、ただそれだけなのかなと。昔は一般的な予備校というと、大教室で授業をするのが普通で、個別指導はなかったじゃないですか。でも今となってはどこの予備校でも、個別指導はあって当たり前に変わってきましたよね。それと同じように、YouTubeは今出始めかという感じですが、あと5年くらいしたらそれが普通になるんじゃないかなと個人的には思っています。

――実際に授業そのものでいうと、YouTubeだと一般的な塾の授業と違う部分はあると思いますが、どんなところで違いを感じますか？

クラス分けがない点ですね。YouTubeは、いくらこちらが基礎向けだと言っても信じてくれないじゃないですか。初心者向けに応用的な内容を省略したら「足りない」と言われたり、逆にハイレベル向けの授業で基礎的なことを教えないと批判が起きたり……とか。YouTubeだけ見ると万人向けにやっていると思われているので、そこは改善されるべきかなと思いますし、改善されればもっとよくなるかなと。予備校ならレベル分けされていて、上のクラスに行きたい人は上がればいいし、下がりたい人は下がればいい。YouTubeだとそれができないので、その点だけはどうしたらいいのかなと。そうだなぁ、文句言えないシステムにすればいいんじゃないですかね（笑）そもそもコメントって必要ですかね？僕は必要ないと思っているんですが。

―（笑）。一般的なYouTubeだと、エンタメのチャンネルだとコメントのやりとりが楽しいというところはあると思うんですけど、授業なので、よくも悪くもこちらが持っている情報を視聴者にお伝えする、というところが大きいですよね。

そうですね、そこが教育でYouTubeを使うときの唯一であり最大の難しいところだと僕は思います。おっしゃるとおり、エンタメ動画とか、あとは動画の内容に合致しているコメントであればあってもいいと思うんですけど。例えば変に英語ができすぎる人が文句を書き込んでくるとか、そういうのがなくなればいいですね。

―それこそ2ちゃんねるの時代から好き勝手言う人はいましたからね。やっぱり人間の性なのかなと。

たしかにそうですね、コバショーさんのおっしゃるとおり2ちゃんねると同じですね。予備校でやっていてもいろいろ言う人はいますからね。だとしたらYouTubeが教育のスタンダードでいいですね。今心変わりしました。昔から文句言ってる人はいましたもんね。僕、自分のも他人のもYouTubeで授業に対するコメントを見たことがないんですよ。理由は単純に、もしコメントを見たら、自分がやっていることがブレるから。例えば「こうやってください」っていう要望があったとして、それに合わせちゃうと絶対にブレると思っているので。いい評価でも悪い評価でも、一切コメントは見ないことをポリシーにしています。予備校でも昔からアンケートがあったと思うんですが、それをもらってもこの人生で1回も見たことがないですね。良い評価だからと予備校側が見せてくれることもあったんですけど、予備校って、ある1人の学生の意見を100人の意見として言ってくることがあるじゃないですか。100人中1人の意見を聞いて、それに合わせてやっていたら意味がないので。アンケートもだし、YouTubeのコメントもあえて見ないほうが講師の質は上がると僕は考えています。

―そこは考え方いろいろですよね。それでいくとYouTuberだと、コメントで「良かったです」と言われて、やりがいを感じる発信者もいるんですけど、先生の場合「やっててよかった」と手応えを感じるのはどういうタイミングですか？

まず、予備校で「先生、これ習ってないんですけど」と言われたときに「YouTube見とけ！」と言えるようになったのは楽ですね。いちいち教えなくて済むじゃないですか。正直、これは学生が選択していいと思っていて。

僕の YouTube じゃなくても、他の先生がわかりやすく教えているものもありますし、それは学生が選んでくれたらいいかなと。あとは、手応えを感じたのは「見てます」と言われることが多くなったことですね。翻訳・通訳の講座を持っているんですけど、先日もそこで初対面の方が「YouTube 見てます」と言ってくれて。要するに僕のやり方を知ったうえで授業を受けてくれるので、一からやり方を説明しなくていいし、(自分のやり方を)好きで来てくれているわけですしね。YouTube は簡単に見られてしまうのが良い面でも悪い面でもありますが、見てみて「いいな」と思ったら(授業に)行っちゃう、ということができるのがいいところだと思います。

—逆に YouTube だと、授業が 10 〜 20 分くらいに短くまとまってると思うんですが、短くすることでやりにくさを感じることとか、あとは編集を入れることによる違和感とか、何かありますか?

僕はほとんどカットがないので、基本的に 10 分だったら 11 分くらい撮るんですね。端と端を取って、あとは咳払いとかを多少取ってつなげるだけで、ほとんどリアルな姿を届けています。30 分撮って 10 分とかにしているわけではないんですよ。逆に言うと、偉そうに聞こえたら申し訳ないんですけど、ただよびの講師は「10 分で」って言われたら 10 分でまとめられる力がある人が集まっていると僕は考えているので。みなさんかいつまんでうまく教えています。

—授業の計画とか、中身は先生方が考えられてるかと思うんですが、準備は大変ですか?

僕は授業の準備は一切していないです。スタジオに入ってそのままですね。

—ただよびとか、YouTube とかで何か苦労していることはありますか?

ほとんどないですね。YouTube で言ったら、さっき言ったレベル分けとかですかね。一人で撮影していると自己満みたいになってしまいますけど、スタジオでスタッフさんとかとやっていると、テレビの収録みたいでやっていて楽しいですね。楽しんでできているので、特に苦労していることはないと思います。

—今年 4 月に始められた YouTube チャンネルと連携した有料チャンネルがありますが、先生として「こんな動画を出していきたい」などがあれば、ぜひ教えてください。

基本的にただよびチャンネルで出しているのは基礎レベル(MARCH レベル)で、有料チャンネルのほうがレベルが高い(早慶上智)という感覚で分けていますね。なので同時進行でやってもらえたらいいかなと。例えば基礎の部分は家庭教師に見てもらって、有料チャンネルだけ受けるとか、一つの選択肢として考えてもらえればいいと思っています。ただよびの場合、普通の予備校と違って無料動画でいくらでも講師の授業が見られるので、「こんな先生なんだ」というのがわかった上で授業を受けたければ受ければいいわ

けですよね。ただよびとしては、無料動画を見て「有料も見たい」と思ってもらえるような授業を提供していると自信を持ってやっています。

――今後の展望や目標、思いがあれば、ぜひお聞かせください。

ただよびとしては、「YouTubeだけでもしっかりやれば受かる」ことを伝えたい、というのが一番の目標ですね。今年も合格したというお手紙はいただきましたが、まだ100通いかないくらいです。親御さんの世代は、まだ今の段階では「YouTubeで合格できる」というのは理解できていないと思うんです。でもお金を払うのは親御さんです。実のところ、親御さんが先にYouTubeで僕たちの授業を見てくれたときのほうが、反応がいいんですよ。子どもが先に見て、「この有料授業受けたい」って言っても、親御さんはお金を出しにくいと思うんですよね。でも親御さんが先に見れば、子どもに「これやってみれば？」となりやすい。今は意外とそのパターンが増えてきています。そうは言っても世代間ギャップはまだあるので、少し時間はかかるかもしれませんが、今後はスマホ・動画授業や「YouTubeで十分に合格できる」ことを親御さんたちにもっと理解してもらう点が課題ですね。

――最後に、ただよびで勉強する受験生に応援メッセージをお願いします

単語集や熟語集をやってもらうのは前提なんですけど、ただよびをちゃんとやってもらえば、合格する水準までいくので、安心して見ていただきたいです。ただよびとしてもう一つ言いたかったのは、視聴者の年齢層を見てみると、30〜40代が非常に多いんですよ。そう考えると、対象を無理に受験生に絞らなくてもいいのかなと。それが予備校じゃないところのいいところなのかなと思いますね。教育は子どもだけが受けるものではないので、いいことかなと思います。あとは学校や塾の先生が見ているみたいですね。僕の授業がうまいか下手かという問題は別にして、仮に先生たちが誰かの授業の動画を見て、それでスキルアップすれば、日本の教育自体は上がることになると思っています。

講義系 登録者数 10万人〜

チャンネル名
予備校のノリで学ぶ「大学の数学・物理」

URL : https://www.youtube.com/yobinori

●登録者数＝71.9万人　●動画本数＝635本　●再生回数＝1億2,606万

（2021年6月現在）

| ジャンル | 高校・大学 理数 | 対象 | 大学受験 | レベル | 標準 | 更新頻度 | 週2〜3回 |

▶ チャンネル概要

元日本学術振興会特別研究員にして元予備校講師のヨビノリたくみ氏が教鞭を取り、挫折しがちな大学理数科目を予備校の授業のように深く分かりやすく講義するチャンネル。高校理数科目も対応しているほか、広く理数系の教養を提供している。

運営者　ヨビノリたくみ

理系の高校生や大学生向けの授業動画を配信しているチャンネル。受験にとって発展的な内容はもちろん、他にも一般向けにやさしく解説した「微分積分」「三角関数」「複素数」などの動画もある。他にも理系なら思わずクスっとしてしまう動画もあり、受験の息抜きにも最適。元予備校講師の経験を生かして「どこよりも分かりやすく」「どこよりも面白い」授業を目指して活動している。

▶ 人気動画

受験で出る漸化式の基本形全パターンを1つの動画にまとめている。漸化式について「これでもか！」という量をやさしく丁寧に解説しているため、苦手意識がある人でも得意単元になる可能性大。概要欄では「出題される問題の99.9％は動画内のいずれかのパターンに帰着する」としているが、0.1％が出題された場合は「数学って奥が深いなぁと感動してください。他の受験生にないその冷静さこそが合格につながります」とユーモアを交えて補足している。

チャンネル名	予備校のノリで学ぶ「大学の数学・物理」	使い方
(レーダーチャート: 網羅度4, 分かりやすさ, 動画の見やすさ, 使いやすさ, 学習環境, 理系のプロ)		現役の理系大学生にとっては、大学数学の授業動画の活用が最も実践的となる。大学の授業は専門用語が多すぎて理解できない、もしくはテスト前に教科書のページが指定されだけで「あとは自分でやっておいてね」で丸投げされたなど、困った時にこのチャンネルは力を発揮する。 YouTube チャンネルの再生リスト及び公式サイトでも「線形代数」「解析学」といったかたちで単元がまとめられているので、対象の講義をナンバリングごとに進めていくのが効果的。 高校数学・理科も同様の受講ができる。特に積分などは難易度目安も示されているので、効果的に活用しよう。
総合評価 ☆☆☆☆☆		

コラム（講評） 予備校のノリで理系の学問を究め、理系の目を通して世界を見る、唯一無二のスタイル

東大院卒のヨビノリたくみ氏（講師）と東工大院卒のやす氏（編集）による大学レベルの数学・物理学を中心にした授業動画配信チャンネル。たくみ氏は元研究者と元予備校講師の両方の特徴を兼ね備えている。扱っている内容は高度であってもポイントを整理してエッセンスを噛み砕いて伝えており、そのクオリティーは他の追随を許さない。大学理科・数学以外のコンテンツの幅も広く、高校数学から、社会人にも人気の物理学講座、学術対談、ノーベル賞解説まで、知的好奇心をくすぐる教養分野を広くカバー。ヨビノリをきっかけとして学問の世界へ橋渡しされる未来の研究者も多いだろう。

🏠 「yobinori」

http://yobinori.jp/

▶ 特徴

予備校ノリの授業スタイルはシンプル・イズ・ベスト
メインの授業動画においては馴染みやすい黒板を用いた授業型式が採用されている。多くの場合授業冒頭でちょっとした小ネタがあった後、単元で出てくる定理・法則のポイント解説が進んでいく。一度に大量の情報を出すことはなく順を追ってシンプルに提示されるので、要点が整理されやすい。また大学数学の授業であれば高校数学の知識に紐付けて導入される場合があり、難しい単元でもスムーズに入り込みやすい。直接板書していくスタイルだが要所で早送りされていたり、重要な文言はテロップ出しもされているので、スピーディーに視聴することが可能だ。
授業を受ける際は実際にノートを取るのもよいだろう。それを想定して板書も組み立てられている。こちらの理解度に合わせるように注意喚起も入るため、小ネタのクオリティーも含めて本当に予備校で授業を受けているように感じるだろう。

理系の目を通して世界を観る視点を養う
授業以外の教養系コンテンツは文理や学生・社会人問わずオススメだ。たとえば最大の再生数を誇る「中学数学からはじめる相対性理論」では速さの公式と三平方の定理を用いて特殊相対性理論を解説していく。「宇宙の歴史」では難しい数式を用いることなく、平易な語り口で宇宙の誕生から終焉まで講義する。少しでもこの分野に知的好奇心がある視聴者はぜひチェックしてみるべきだろう。

体系化された再生リスト
理系学生が学習を進めるとき、また社会人が教養動画を視聴する際も、綺麗に整理された動画リストが用意されているため、目的に応じて瞬時に必要な動画を見ることができる。チャンネル内の再生リストと連動した公式サイト「yobinori」は特に体系的に学びを深める際に重宝するだろう。

コラボやネタ動画も豊富
ヨビノリたくみ氏とユーモアは切っても切り離せない。再生リストに「ネタ動画」と銘打って一連の動画が収録されているぐらいだ。ネタとは言いつつ理数の内容にからめたものが多く、勉強の合間に「ヨビノリたくみとは一体何者なにか？」と彼自身の研究をしてみるのもおもしろいだろう。他の YouTuber とのコラボも必見だ。

🔊 本人からのメッセージ

勉強はやればやるほど楽しくなっていきます。この言葉を信じてがんばってみてください。YouTube上には我々を含め、勉強で身につけた知識で誰よりもはしゃいでいる人たちがたくさんいます。くじけそうになったときは、そういった人たちの動画をのぞいてみることを勧めます。きっと勉強に対するワクワクが復活することでしょう。みなさまが無事に受験を突破し、我々のチャンネルの大学生向け講座を利用してくれることを楽しみにしています。ふぁいと！

DATA
① 1993/02/26
② 神奈川県
③ -
④ 東京大学大学院 修士(学術)
⑤ 教育系 YouTuber
⑥ -

@Yobinori

▶ オススメ動画

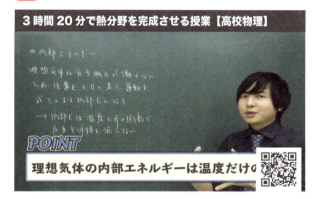

3時間20分で熱分野を完成させる授業【高校物理】

癖のある高校物理の熱分野をたった1本の動画で学べる授業動画。学校では飛ばされがちな単元までしっかりとカバーしているのが特徴。ヨビノリたくみ氏自身が大学で研究していた分野でもあるため、かなり熱の入った「モチベーションがあがること間違いなし」の授業だ。3時間超の動画だが、大人気動画の一つ。

中学数学からはじめる相対性理論

誰もが聞いたことはある「相対性理論」を一般向けに解説した動画で、YouTuber、アーティスト、お笑い芸人らが生徒役として参加している。日本のYouTubeにおいて初めて1000万回再生を突破した授業動画。受験には直接関係ないが、息抜きに視聴してみてはどうだろう。

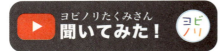

ヨビノリたくみさん 聞いてみた！

— YouTube に動画投稿を始めたきっかけを教えてください

自分が理系の大学に進学して、授業を理解するのに苦労した場面が何度もありました。大学に入る前、予備校の授業とかは楽しかったのにこんなに違うものなのかと。学部・修士の6年間ずっと「予備校のようなノリで大学の分野を扱うものはないのかな」と考えていましたが、博士課程に進んでも出てこなかった。じゃあもう自分でやろうと考え、チャンネルを立ち上げました。

— ブログなどではなく、YouTube という媒体を選んだ理由はなんでしょうか？

学生時代、塾や予備校でアルバイトをしていたので、「授業」というスタイルじゃないと自分の経験は生かせないと思いました。記事で書くスタイルに自信があるわけではなかったので、授業動画を出せるもっとも大きいメディアで、自分が大好きでもあったYouTube を選択しました。

— ぶつかった壁はありますか

笑いが取れないことですね（笑）。予備校でも笑いを取ることを意識していたので、動画を出して、視聴者からコメントが来るまでリアクションが一切わからないのは難しさを感じました。困り果てた結果、最初の頃はスベり芸に走っていました（笑）。

— 最初の頃の登録者数や再生回数はいかがでしたか？

大学の数学・物理というマニアックな分野を扱うにあたって、自分なりに調べて計算していました。理系の大学生が80万人くらい。物理を使うのはそのうち一部。そうやって計算していくと想定される視聴者は2万人くらいでした。なので当時、1,000〜2,000回再生いくと順調だと感じていました。

— 最初から1,000回再生はかなり高い数字ですよね

かなり作戦を練ってスタートしました。最初の動画を2017年7月に出したのですが、大学生のテスト期間に合わせました。大学1年生にとっては入学して初めての試験で、多くの学生が頭を抱えて過去問とにらめっこしたり、周囲でできる友人に質問したりしている時期です。ここでテスト対策の動画を3本連続で出したのが狙い通りにいきました。

— 60万人以上という教育系 YouTuber としてはかなり大きなチャンネルになりましたが、一気に伸びたタイミングはありましたか？

3つあります。
1つ目はチャンネル開設から1年ほど経って出した自己紹介動画です。当時、1本目の動画として自己紹介動画を出している YouTuber が多かったものの自分はずっと謎の大学院生として動画を出し続けていました。そろそろ気になっているだろうと、1年経過してようやくチャンネルの目的や理念を話し

たら、チャンネルに関心の強い人たちが多く見てくれたみたいで、そこから様々な話が来るようになりました。
2つ目は、AbemaTVで放送した「ドラゴン堀江」に出演したことですね。講師として威厳がないとそもそも勉強してもらえないと思ったのでガツガツいったら、「堀江貴文さんに数学を教えている気が強いやつ」、「毒舌キャラ」として認知が広がりチャンネルを知ってくれる人も増えました。登録者が10万人を超えたのはこの頃ですね。
3つ目はコロナ禍ですね。ただでさえ授業で苦戦していたのに、遠隔授業に不慣れな先生たちの授業がわかりやすくなるはずがなく、より困った状況になりました。いまの大学生は、僕がチャンネルを開設した頃以上に動画で勉強することに抵抗はないんですよね。そこで見てくれる人が大きく増えたと感じます。

―教育系以外のYouTuberの人との交流も多いですよね

教育の枠にとらわれず、面白いことがやりたいなと思っています。将棋のプロ棋士・藤森哲也五段と対局もうれしかったですね。いろいろ手を広げたのも理系大学生以外の登録者増加につながっているかなと思います。

―授業動画を作る際、工夫している点はありますか？

視聴者に覚えてもらうために服装を統一しました。YouTubeで動画を見て面白いと思ってもらえても、誰の動画かってなかなか覚えていないんですよ。私服で歩いていて声をかけられたことってほとんどないんですけど、スーツで歩くと一気に話しかけられます。あと、どんなに面白くなくても授業動画の中で1～2回はボケるように大事にしています。ボケはその場でアドリブです（笑）。

―今後、チャンネルの目標はありますか？

チャンネルの登録者数にはもう満足しています。理系の母数などを最初に意識していたので、「登録者100万人を目指そう」みたいな目標はなくて、理系大学生がより助かるような、少し踏み込んだ内容の動画を出していこうと考えています。
大衆向けの動画の方が再生回数は伸びるけど、最近はマニアックな動画を増やしています。数字を気にせずこれができるのはチャンネル登録者数が現在の数字まで伸びたからですね。
あとは、大学の研究を伝える役割を担いたいですね。大学の先生に出演してもらう企画増やしています。大学の先生の魅力・本質は授業ではなく研究だと正しく伝えていくのがチャンネルの課題です。

| 講義系 | 登録者数 10万人〜 |

チャンネル名

PASSLABO in 東大医学部発「朝10分」の受験勉強cafe

URL：https://www.youtube.com/channel/UC7ly4Q6oT3rcdOKQcQVvMgg

- 登録者数＝26.5万人
- 動画本数＝612本
- 再生回数＝4,897万

（2021年6月現在）

| ジャンル 数 英 他 | 対象 大学受験 | レベル 標準〜難関 | 更新頻度 毎日 |

▶ チャンネル概要

東大医学部卒の宇佐見天彗氏を中心として運営する、朝の10分を活用した科目指導・勉強ノウハウ伝授型チャンネル。直近では英語に力を入れつつ、難関大志望者向けの数学の解説を中心にした動画の人気も高い。その他、各科目共通テストの対策法、勉強における自己管理指導など、トータルで受験生のサポートを行っている。

運営者　宇佐見天彗

2019年5月1日からメンバー4人で活動するチャンネル。「学びをエンタメに」「毎朝10分の隙間時間で、1問から無数の学びを」をコンセプトに、数学や英語などの入試問題の体系化された解説が好評だ。
また「地方と都会の教育格差をなくしたい」という思いから、現役合格までのカリキュラムや勉強法を伝えたり、勉強LIVEや共通テスト受験など「受験生目線」を軸にした挑戦もしている。

▶ 人気動画

香川県の公立高校から、東京大学現役合格までの受験のリアル（勉強法）をストーリー形式で語った1時間の動画。地方出身というハンデを背負う中「東大現役合格」という目標を、どういう思考と戦略で現実にしたのかを、綺麗事抜きでありのまま全て話している。「高い目標を持っている地方出身の高校生はもちろん、中学生から大人まで一度は見て欲しいPASSLABOの原点、とも言える動画」という。

PASSLABO in 東大医学部発「朝10分」の受験勉強cafe

レーダーチャート評価項目：網羅度、分かりやすさ、動画の見やすさ、使いやすさ、学習環境、熱血講義

総合評価 ☆☆☆☆☆

使い方

数学は基礎内容を扱う数学攻略LABOシリーズと、東大・京大などの難関レベルを扱った入試演習LABO・入試数学解説シリーズに分かれている。数学攻略LABOで基礎〜標準事項を身につけた前提で、演習・解説動画に関しては難関大入試の切り口が分からない、解法の引き出しを学びたい、といったケースの視聴がオススメ。最初は朝の10分を使って1日1題程度から確実に進め、慣れたら複数題挑戦していくのが良いだろう。英語やその他科目に関しては共通テスト対策や勉強の着眼点なども含めた動画が中心となっており、こちらは興味のある箇所から始めることができる。

コラム(講評)　「東大医学部卒」たちと一緒に受験を戦うチャンネル

『現役東大生が教える「最強の勉強法」』『東大現役合格→トップ成績で医学部に進学した僕の超戦略的勉強法』などの著作で知られるPASSLABO室長・宇佐見氏。勉強法や自己管理について信念とメソッドを持ちチャンネルを運営している。PASSLABOは各科目のコンテンツ提供にとどまらず、トータルで受験をサポートする「塾」的な側面も大きい。「東大医学部卒」という肩書きからだけでは分からない、学ぶことの泥臭さを伝える動画は、きっと受験生を激励してくれる。

🏠「note：パスチャレ」

https://note.com/pfsbr123

▶ 特徴

数学解説動画の圧倒的スピード感・迫力
数学の解説形式は基礎的なレベルに関しては手元の問題用紙で一緒に解いていくものが多く、難関大演習はホワイトボードでの板書形式が中心。後者の入試解説動画はまさに熱血で、単純にテクニックを挟むだけでなく、解法における「美しさ」「おもしろさ」を強調した授業がハイテンションかつスピード感をもって展開される。
難関大の演習であっても隅に基礎ポイントが記載されているので、基礎と応用のイメージがしやすく、動画編集も細かく入っていて重要な箇所でアップになるなど、見飽きない工夫が随所に施されている。

英語では解法の着眼点を解説
PASSLABOが今力を入れているのが英語である。中学もしくは高校1年生レベルの英文法・単語でもそれを「深堀り」していくことで、文法のみならず英作文や長文読解などに応用力できる力をつけることを主眼としている。単純な暗記学習で終わらせないための視点がいくつも提供されているので、動画を視聴したあとに学校の問題を解き直したり、文法・単語学習に適用してみるなどして、日頃の勉強にフィードバックしていくのがオススメの活用法。

難易度に偏りはあり。視聴目的に留意すべし
さまざまなコンテンツがあるため、生徒が自らのレベル感を把握し、目的意識をもって取り組む必要がある。たとえば難関大の数学入試演習動画は分かりやすいが、解説スピードも速いため、演習量を確保していない生徒がこればかり集中して観ると「分かった気になる」という事態になりかねない。数学であれば学年ごと、英語であれば文法ごと、といったような積みあげ式の単元整理はされていない。基礎的な数学LABOシリーズでも入試問題を扱っているので、全体のレベルは高め。範囲学習は一通り終了した上での視聴が良いだろう。

受験生に寄り添ったチャンネル
勉強方法の紹介はもとより、宇佐見氏本人自らも共通テストを受験するために勉強しており、自学自習用のライブ配信も実施。視聴者である生徒はPASSLABOメンバーと一緒に受験を戦うといった姿勢で学ぶことができる。「【激励】東大合格までの"受験のリアル"をお話します」では宇佐見氏自身の実体験も赤裸々に語った上で、努力すること、自分の頭で考えることの重要性に関して熱いメッセージを受験生に送っている。

🔊 本人からのメッセージ

PASSLABOは「学びをエンタメに」をモットーに、「地方公立高校から東大現役合格する」ための勉強法や戦略を配信しています。特に地方出身の高校生は、浪人が前提になっている常識や、大手予備校が周りにないなどの理由で、志望校を諦めてしまう人が少なくありません。ただ高い目標や憧れを持ったのなら、限界を決めずに挑戦して欲しいです。そのために必要な「戦略」と「情報」も提供していますので、少しでも参考にしてもらえるとうれしいです。志望校合格を心から応援しています。

DATA
❶ 1996/03/01
❷ 香川県高松市
❸ 東京都
❹ 香川県立高松高校 東京大学医学部医学科卒業
❺ 教育系Youtuber
❻ -

✉ passcalonline@gmail.com
🐦 @todai_igakubu
🐦 @PASSLABO_STUDY

▶ オススメ動画

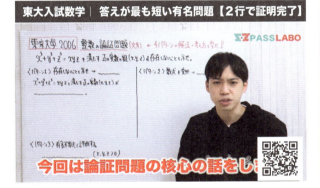

「1つの問題から、無数の学びを」というテーマの数学解説の動画。東京大学で出題された入試問題を初めてみた時、どう考え解き進めていくのかを様々な視点から解説している。解けた時には快感が伝わるはずだ。「数学が面白い！もっと解いてみたい！と思ってもらえたら」という運営者の思いが込められている。

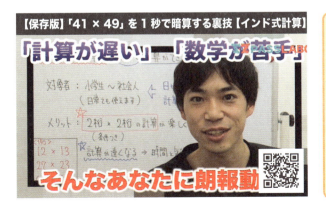

リクエストの多かった「インド式計算」のやり方を解説した動画。インド式計算は、小学生から社会人まで使える「日本人なら誰でも知っておくべき」美しい計算の技法という。2桁×2桁の計算が楽しくなる、計算が早くなる、時間と気持ちに余裕が生まれるなど、多くのメリットがあるので、ぜひこの動画を視聴してみよう。

宇佐見天彗さん 聞いてみた！

— YouTube に動画投稿を始めたきっかけを教えてください

地方と都会の教育格差を感じていたのがきっかけです。東大に入ったあと、開成高校や灘高校卒業の同期と話すと高校の勉強環境や授業内容のレベルが地方公立校とは全然違うと気づきました。勉強の先取りもしていて、大学で習うようなことも当たり前のようにやってきているんですよね。この格差をなくすために、自分には何ができるだろうかと考えました。まずは教育現場を知らなければと思い、集団指導や個別指導、過去問添削、家庭教師などのアルバイトに挑戦しました。でも、僕が本当に教えたいのは地方の子たちなんです。アルバイトでは目の前にいる東京の子しか教えられないところにギャップがありました。あるとき YouTube があると知り、これなら地方の子にも教えられるのではないかと個人的に始めたのが 2016 年 7 月です。

— 本格的にパスラボをグループで始めた理由は？

ちょうど東京大学医学部 6 年生になるとき、学生でいられる残り 1 年間のうちに教育についてできることを何かやりたいと思っていました。そのときに『ドラゴン堀江』に出ていたヨビノリたくみさんに感銘を受けて、運良くご本人とお会いすることになったんですね。そこで教育に対する想いを話したところ、「本格的に YouTube をやったほうがいいよ」と勧めていただいたのが大きなきっかけです。それから 2019 年 5 月 1 日にパスラボをスタートしました。

— 始めて間もない頃の手応えはありましたか？

再生数が伸びるまで 2 ヶ月くらいかかりました。当初は英語に特化したり、YouTube のコメント欄を使って添削をしたり、自分なりにこだわってやっていたものの数字は数百回再生程度。本当に悪戦苦闘の連続でした。

— 再生数やチャンネル登録数が伸びたきっかけは？

2019 年 7 月 20 日に公開した『東大合格までの"受験のリアル"をお話しします』という動画がきっかけです。僕自身がなぜ教育に携わっているのかを語ったストーリー動画で、ここから一気にチャンネル登録数が 1 万 5 千人〜 2 万人になりました。この動画の制作に 1 ヶ月くらいかけていたので、これで伸びなかったら本当にやばかったです。

— ほかに転機となるポイントはありましたか？

1 つ目は『数学攻略ラボ』をシリーズ化し、数学メインに切り替えたことです。初めは手元のノートを使って手書きで解説していたんですね。これが「体系的にポイントを押さえられていて、わかりやすい」と好評でした。2 つ目は解説をホワイトボードにして、メン

バーを観客として入れた動画にしたことです。観客とのやりとりや質問を交えてやる授業は当時のYouTubeでは珍しく、新しい取り組みでした。この形式で公開した『伝説の京大入試数学』の反響が大きかったです。

— YouTubeをやっていて、地方における教育の課題を感じることはありますか？

地方の公立高校の子が東大現役合格するための、勉強法のノウハウや情報が足りないと思っています。学校の先生から「YouTubeの解説動画を授業やプリントで紹介しても良いか」といった相談も多くなりました。学校や塾の先生も知らないこと、地方に住んでいると耳に入らない情報を積極的にYouTubeで伝えていきたいです。

— 医師国家資格に合格したのに、どうして教育の道へ行くことにしたのでしょうか？

今、教育の分野から離れて研修医になってしまうと、もう戻って来られなくなると思ったからです。医者と教育の二足のわらじでは、しっかりと教育に関われません。リスクのある決断でしたが、教育の道でやっていきたい想いのほうが強かったです。

— これからの目標や展望を教えてください。

YouTubeチャンネルでは、動画や勉強ライブを活用して視聴者と深く関わり、信頼関係を高めていきたいです。個人では共通テストや模試などに挑戦し続けて、受験生と同じ目線で感じた経験を発信してきたいと思っています。それから10年、20年先になるかもしれませんが、最終的にやりたいのは『ドラゴン桜』の世界観を実現させることです。地方の高校生を5人くらい集めて、本気で東大現役合格をさせる取り組みをしたいと思っていて。地方に恩返しする想いを込めて、できれば無料でやりたい。僕が実績を積んで、そこで得たノウハウを提供して合格する人が増えてくれば、本当に誰にもできないことがやれるのかなと思うんですね。これが医者ではなく、教育の道に進んだ僕の最終ゴールです。

佐見すばる
学部／PASSLABO室長

講義系　登録者数 10万人〜

チャンネル名
鈴木貫太郎

URL：https://www.youtube.com/channel/UCye8PYMLvXg-h48ITPFwb2w

●登録者数＝14.1万人　●動画本数＝1,617本　●再生回数＝4,866万

（2021年6月現在）

| ジャンル | 数学 | 対象 | 大学受験 | レベル | 標準〜難関 | 更新頻度 | 毎日 |

▶ チャンネル概要

元内閣総理大臣の「鈴木貫太郎」と全く同じ名前であるが、扱っているものは数学。東大や京大、医学部の問題を扱うこともあれば中学レベルの問題を扱ったりと、扱う数学の範囲はかなり広め。オイラーの公式を中学生の知識で理解するシリーズ動画をきっかけにYouTube投稿を開始し、毎日動画を投稿している。

運営者　鈴木貫太郎

大学入試を中心に数学の興味深い問題を取り上げての紹介や、数学雑記帳的な内容を中心に基本的に一発撮り無編集で投稿している。定理・公式が出てくるたび「なぜそうなるか」を踏み込んで解説する。本人は「受験生の役に立ちたいという気持ちは微塵もない」と言うが10万人がチャンネル登録するなど多くの支持を得ている。

▶ 人気動画

y=e^xはなぜ微分しても変わらないのか、自然対数の底であるeの定義から解説する動画。ロンドン在住時代、家庭教師として初めて数学ⅢCを学び、自然対数の底eの意味がわからず苦戦した経験をもとにeの本質に迫っている。eを理解し、その後オイラーの公式にも独学で理解しようと挑んだことが、チャンネルの開設につながった。

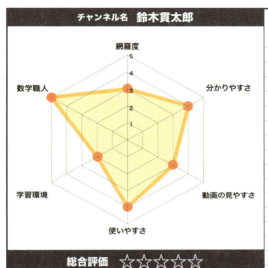

使い方
数学特化のチャンネルとしては有数の規模を誇る。元文系・専業主夫という異色の数学系YouTuberとして毎日大学入試の数学の解説動画を更新している。サムネイルに問題を記載するスタイルを確立したYouTuber。動画は編集が少なく撮って出しのものが多いが、生徒目線に立った解説が好評であり、数学の学びなおしをする大学生・社会人層からの支持も厚い。毎日投稿をしているため過去動画も大量にある。数学が好きな生徒や長期休暇で時間がある生徒は1日2〜3問チャレンジするのもオススメ。

総合評価　☆☆☆☆☆

コラム（講評）「数学系YouTuber」というジャンルを築いたチャンネル

現在では10万人以上のチャンネル登録者数を誇り、過去3年間以上毎日更新を続けている。動画のジャンルは大学入試の数学の問題解説が中心だが、将棋の解説や友人のYouTuberを自宅に招いて手作りの寿司を振る舞う様子を配信するなど数学以外の動画も存在する。数学の解説動画では有名な東大の入試問題「$\pi > 3.05$を証明せよ」を投稿し、216万回以上の再生回数を有している。

「鈴木貫太郎 Official Website」

https://kantaro1966.com

▶ **特徴**

「毎日1問」の定期視聴に最適
毎日もしくは定期的なタイミングで問題を解きながら視聴するのがオススメ。動画のサムネイルに必ず問題が記載されているので、自分で一度問題を解いてみてから視聴すると良いだろう。数学がかなり得意な生徒であれば、解き方を頭の中で思い浮かべて整理した上で動画を見るというのも手である。

生徒に寄り添った解説が好評
動画はシンプルで字幕や効果音はほとんどなく、ホワイトボード1つで説明しきるスタイルだ。
しかし動画の最初から雑談も少なくシンプルに解説だけを動画にしている点、解法もスタンダードなものから独自の工夫を凝らしたものまで紹介している点などから生徒からの支持は厚い。
変にカットや効果音がない上、「そもそも微分とは〜」みたいな前置きもない分、シンプルに入試問題に取り組みたい生徒には最適なチャンネルだろう。

利用するのは範囲学習・問題集が終わってから
このチャンネルで扱われているのは、大学入試数学の標準的な問題、もしくは難関の問題である。稀に高校入試の問題や比較的平易な大学入試問題も扱っているが、数は少ない。そのためこのチャンネルでの学習に取り組むのは、教科書の範囲学習や標準的な問題集が終わってからで良いだろう。少なくとも学校配布の問題集や基礎問題精講がある程度解けるレベルでないと、何を学んでいるのかさえあやふやになってしまう。
大学入試の数学を大量に扱っている数少ない価値あるチャンネルのため、ぜひ有効活用してほしい。

網羅度・レベル感に注意
範囲学習が終了し、一定以上のレベルを身に付けた生徒には非常にオススメできるチャンネルだが、それぞれの問題にレベル設定がないので、動画を片っ端から見ていっても自分のレベルに合っているとは限らない。やはり一定以上のレベルに到達してから、毎日1問程度の肩慣らしとして学習時間の合間に取り組むことをオススメする。
また、サムネイルやタイトル内に文系・理系設定がないため、文系の生徒が取り組むと急に理系範囲の解説が登場することもあるので注意が必要である。

🔊 本人からのメッセージ

小手先のテクニックで素早く点を取りたいと思っている受験生には不向きな内容のものばかりです。公式をドンと提示して当てはめるだけ、という解説は避け「どうしてそうなるか」ということを必ず説明するようにしています。理解していない公式は覚えられないけど、理解していれば公式を忘れてもその場で答えにたどりつけます。「なぜそうなるか」をじっくり考えたい方はぜひともご視聴ください。

DATA
① 1966/02/18
② 埼玉県北本市
③ 東京都
④ 埼玉県立浦和高校　早稲田大学社会科学部中退
⑤ 塾講師　専業主夫
⑥ -

✉ kantaro@momo.so-net.ne.jp

▶ オススメ動画

人類の至宝といわれるオイラーの公式「$e^{i\pi}=-1$」を中学生レベルの知識から出発して理解しようとする10回シリーズの第1回。「YouTubeの仕組みも、収益化できることも何も知らずに出した」という初投稿動画であり、書籍化もされた。自然と再生回数が伸びていたためその後の動画投稿につながったという。

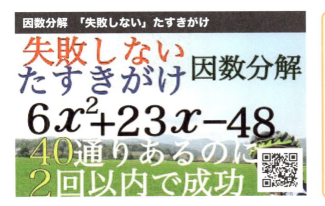

たすきがけの因数分解、やみくもにやって失敗するのを防ぐ方法を解説する動画。
単なるテクニックではなく本質をついた内容となっている。ごく当たり前のことなのに知らない人が多く、毎年4月に新高校1年生が視聴して「助かった」等のコメントが多く届いているそうだ。

—YouTubeに動画投稿を始めたきっかけを教えてください

2017年7月に「中学生の知識でオイラーの公式を理解しよう」という全10回の動画を出したのがきっかけです。なぜそんな動画を突然投稿したかというと、ちょっと長くなるのですが、高校時代は勉強が苦手で、数学を初めて勉強したのは2浪目でした。なんとか早稲田大学に合格し、大学時代に「早稲田アカデミー」の講師としてアルバイトを始めました。中学受験の算数を担当し、3年間でプロと名乗れる程度にはなりました。その過程で大学は中退し、早稲田アカデミーに入社していました。

シンガポールで勤務している際、妻と知り合い、2人目の子どもが産まれたのを契機に私が主夫になりました。妻の転勤でロンドンに住んでいた頃、子どもが通っていた現地校の生徒のお母さんたちから家庭教師を頼まれて、高校生たちに数学を教えるようになりました。向こうでは合成関数など数学ⅢCの分野（注・当時。現在は数Ⅲ）も高校2年で学ぶ範囲内。受験では数学ⅡBまでしか勉強していなかったので、ここで初めて数学ⅢCも勉強したことが自然対数の底e、そしてオイラーの公式に挑むきっかけになりました。やっと理解できたら、今度は誰かに伝えたくなった。ちょうどその当時住んでいたスロベニアで、妻の同僚に東大文Ⅲ出身の方がいました。その人も数学ⅢCは履修していないということで、3時間半かけて説明してみた。その経験を動画にして投稿したという経緯です。

その後、数学小ネタシリーズを出したり、京都大学の素数の問題を出したりする中で大学入試の動画に需要があると気づきました。2018年の4月から毎日出すことにして、いつの間にか1000本以上の動画を出していました。

—伸び悩んだり、つらかった時期はありましたか

オイラーの公式の動画が伸びていたといっても、最初は登録者3〜4人。少ないながらも収益化できたらいいな、と。その後毎日投稿し始めたので登録者や再生数が少しずつでも増えることがモチベーションにつながっていました。一方で、ちょうど投稿を再開した頃にYouTubeの規約変更で収益化の基準が変わって、半年以上申請が通らなかった。あの時期は動画を出し続けるのがつらかったですね。

—授業動画を伸ばす自分なりのコツはありますか

もちろん内容も大事ですが、動画の伸び方には問題の選定が大きく影響しますね。サムネイルで問題を提示していますが、東大の過去問「$\pi > 3.05$を証明せよ」のようなキャッチーなものは伸びやすい。逆に、確率のように長い日本語の問題はなかなか伸びない。動画を出すようになって途中からは問題を選ぶ時点で伸びる・伸びないはな

んとなくわかるようになりました。とはいえ、YouTube を見ていると内容は悪くないのにあまり再生されてないチャンネルも見かける。なぜ私の動画が再生されているのか、と考えながら暗中模索でやっています。

ー毎日動画を出していくのに苦労はありますか

毎日頭を悩ませています（笑）。サムネイル映えして、質のいい、そして解説しやすい良い問題を探すのは骨が折れます。過去問や問題集を片っ端から買い集めて「良い問題ねーなー」と頭を抱えながら考えています。今では入手困難なものをメルカリなどで買い漁っていたら「メルカリのイベントで登壇してくれ」と言われたこともありました。それでも最近はネタ切れ気味です。あと、数学の知識を高めるための勉強はもちろん日々続けています。

ー動画を撮影する際、こだわっていることはありますか

私は撮影する際、事前に一度問題を解くものの手元に解答を準備せずにその場で自分で解いているんですよね。カットや編集もせず、どういう風に考えたか全部公開する。塾講師時代からこのスタイルでやっていて、板書ほき

れいに書くわけではない、生徒には「板書を写すんじゃなく、とにかく説明を聞け」と言っていました。そこが臨場感につながっているのかな。

ー YouTube で発信を続けて良かったと感じることはありますか

主夫をやっていたので、社会と接点ができたことは大きいですね。教育系 YouTuber の人たちをはじめ、仲良くさせてもらっている人もたくさん。この歳になって新しい知人・友人が増えていくのはありがたいですね。あとは、趣味の将棋でしょうか。YouTube きっかけに藤森哲也五段と対局ができた。目隠し対局とはいえ、プロの先生と平手で指させてもらえたのは感動しました。

ー最後に、今後の活動について教えてください

なるべく早く数学動画の毎日投稿はやめたいな（笑）。春は大学入試問題でちょこちょこ面白そうな問題は出てきたりもするけど、いかんせんネタが尽きてきた。明日の分までしかストックがないとか明後日は何を扱うかなーと、毎日締め切りに追われているような状態。ただ元がなまけ者なので、一度毎日投稿をやめたらずるずる投稿しなくなってしまいそう。ネタがある限りはもうしばらく悩みながら続けていきます。

講義系　登録者数 10万人〜

チャンネル名
Morite2 English Channel
URL : https://youtube.com/c/Morite2Channel

●登録者数＝13.5万人　●動画本数＝981本　●再生回数＝4,035万

(2021年5月現在)

| ジャンル | 英語 | 対象 | 大学受験 | レベル | 標準〜難関 | 更新頻度 | 毎日 |

▶ チャンネル概要

人気予備校講師の森田鉄也先生が、英語を中心に大学受験に関する情報や入試問題の講評などの動画を投稿しているチャンネル。TOEIC満点を幾度となく取得するなど、圧倒的な英語力を持つ先生の独自の視点によって繰り広げられる解説は、自学自習では見つけられない新たな発見を与えてくれる。また、様々なゲストを呼んでのコラボ動画では、普段聞くことのできない貴重な裏話などを知ることができる。

運営者　森田鉄也

武田塾英語課課長、河合塾講師、TOEIC満点92回の英語講師が大学受験やTOEIC、英検などの資格に関する情報を発信。大学受験やTOEICを勉強する受験生から高い支持を得ている。最近では食事をしながら雑談するサブチャンネル(もりてつさんチャンネル)も大人気。

▶ 人気動画

日本一難しいと言われる灘高の英語にTOEIC満点講師が挑戦し、その難しさを体感する動画。前半は実際に解きながら出題形式を紹介、後半では要所要所で高難易度の英語表現を紹介しながら解説をしている。最難関高校の英語vsトップ英語講師の動画は注目を集め、40万回以上の再生回数となっている。

チャンネル名	Morite2 English Channel

レーダーチャート項目：網羅度、分かりやすさ、動画の見やすさ、使いやすさ、学習環境、コラボ企画

使い方
英語の講義だけではなく、各大学の英語入試問題の講評や、様々なゲストを読んでの勉強法紹介など、受験生にとって有益な情報が数多く公開されている。このチャンネルで学習を進めるというよりも、学習の進め方に迷ったり、過去問に入ったりする前のタイミングで自分に必要な動画を視聴するなど、あくまで補助的な使い方が望ましい。また、大学入試だけでなく英検やTOEIC等の民間試験についての動画も多く公開されているので、こちらに関しても対策の第一歩としてこのチャンネルを活用しよう。

総合評価 ☆☆☆☆☆

コラム（講評） 豊富な人脈と知識を存分に活かした唯一無二のチャンネル

TOEIC満点、英検一級等、業界の中でも屈指の実力を誇る英語講師であると同時に、YouTuberでもあるという異色の経歴を持つ森田先生は、他のチャンネルでは真似できない魅力的なコンテンツを発信し続けている。英語講師としての大学入試や英検、TOEIC等の解説は、自身の資格の取得経験や、豊富な指導経験に基づいた本質的なものであり、非常に有益であるし、人脈を生かした様々な大物ゲストとのコラボでは、英語だけにとどまらない、学習全般において役に立つような話を聞くことができる。

🏠「Morite2 English Writing」

https://morite2.base.shop/

▶ 特徴

トップ YouTuber とのコラボ動画
YouTuber とのコラボ動画が 100 本を超えている。自身のキャリアを生かし、出演に至った YouTuber は大物ばかりで、受験業界に留まらない教育系 YouTuber 全般とのコラボ動画がある。英語だけでなく、コラボを通じて様々な科目について話をしているが、やはり英語講師とのコラボ動画は特に充実している。森田先生だけでなく、ゲストの方が勉強法などを話したり、ゲストのこれまでの経歴や過去のエピソードを深堀りしていくような企画もあり、ためになるだけではなく純粋に面白いと思える動画も多い。

大学受験英語の解説に加えて TOEIC や英検の解説も豊富
最近は共通テストのリスニング対策や大学別の文法・語彙問題など、講評だけではなく実際の問題解説にまで踏み込んだ動画も公開されている。それ以外にも英検の面接対策や、TOEIC の傾向分析などの動画もあり、特に TOEIC ついては自身の点数発表が名物企画になっている。TOEIC の対策と問題解説動画は 50 本以上用意されているため、高校生に限らず、英語学習者であれば誰でも得るものがあるチャンネルといえる。

英語講師との対談動画
動画本数にして 100 本以上の英語講師との対談動画が用意されている。その中には出演者のパーソナルな部分への質問をはじめ、英語の勉強法について触れられた動画が多く、さまざまな講師の英語に対する考え方を知ることが可能。内容としては試験の対策法だけでなくライティングやスピーキングなど、英語学習の根本について話していることも多い。普段はあまり情報発信をしていないような講師が勉強法や参考書等について語っているものも多く、ここでしか見ることのできない貴重な動画も多数ある。

勉強法に限らないユニークな企画
公開されている動画は、勉強法や問題解説だけでなく、森田先生の人柄が存分に発揮されたユニークな企画であることも多い。例えば英語講師やネイティブとのコラボでは、難しい英語の問題を解く企画をしたり、森田先生だからこそ話せる予備校や YouTube での裏話をしたりするなど、時に英語学習とは関係ないような動画が公開されている。要所で笑いを取りに行く森田先生のユーモアも相まって非常に面白い内容となっている。

🔊 本人からのメッセージ

YouTubeでは様々な勉強方法や成功談に触れることができるが、そのやり方が必ずしも自分に合っているとは限らない。
これから受験シーズンを迎える人たちはなんでもかんでも鵜呑みにせず、自分に合った勉強方法を確立し、しっかりスタートダッシュを切ろう。
受験は人生におけるターニングポイントで、後悔する人も少なくない。後悔しないようにやりきってほしい。

DATA
① -
② 神奈川県横浜市
③ -
④ 慶應義塾大学文学部英米文学専攻　東京大学大学院（言語学）
⑤ 予備校講師
⑥ TEFL, CELTA

🐦 @@morite2toeic

▶ オススメ動画

日本一英語が難しいと言われる早稲田大学理工学部の問題をネイティブに解かせたらどうなるのかを検証している。普段は東進ハイスクールで英語を教えているアメリカ人講師でも苦戦する専門用語・学術知識が必要な英語入試問題。2人の英語講師のやり取りからその難しさが垣間見える。

英検2級の面接で必要なことを順を追って解説した動画。
この動画をみれば、点を取るためのコツ・注意点・面接の流れが理解できる。「減点されてしまう言動」や「聞き直しは何回までOKか？」など、面接前に必ず知っておいたほうがいいことばかりなので、面接を控えている人は必見だ。

森田先生 聞いてみた！

— YouTube に動画投稿を始めたきっかけを教えてください

予備校業界がこのままじゃ頭打ち状態だと感じたことが大きいです。また、講師としてもなかなかやりたいことを自由にできない部分もありました。そんな頃、AbemaTV で放送していた「ドラゴン堀江」に出演していたたくみさん（予備校のノリで学ぶ「大学の数学・物理」）を見て「YouTube で授業をしている人がいるんだ」と知りました。活路を模索するため、東進の講師時代、2018 年の 12 月末にチャンネルを開設しました。

— 開設当初はたいへんでしたか？

契約の関係で英語の授業はできなかったため、当初は手探りでした。大学受験と関係ない話を動画にしたり、安河内哲也先生や西きょうじ先生といった大物予備校講師を招いて対談したり。どういう風にやっていくか考えたときにオススメ欄でコバショーさんの「CASTDICE TV」を見て「これだ」っ

てなりましたね。自分が教えなくても、他の人から聞き出すのはアリなんだなと気づきました。このあたりが今の動画の原型になっていますね。

— リップサービスありがとうございます（笑）。最初はチャンネルの伸びはどうでしたか？

いまと比べると全然たいしたことなかったですね。1 本目は「え、YouTube やるの？」と多くの人が見てくれたものの、その後はしばらく鳴かず飛ばず。再生回数も 100 回とか 200 回だったんじゃないかと思います。その後、教育系 YouTuber の人たちと一緒にコラボなどをするようになって、手応えを感じるようになりました。かつての自分の受験の経験とかも話すようになったりして、反応がいいものが出てきましたね。

— 当時は鼻にだけマスクをした姿で動画に出ていましたよね

いずれは取るつもりだったけど、黒歴史になった方が面白いと思って。「Atsueigo」の ATSU さんと撮影した際に「マスク取ってください」と言われて外したのがターニングポイントになりましたね。ただ、登録者 1 万人いくまでにはかなり時間かかりました。

1年終わるくらいでやっと到達。伸びなくなる時期は何度もありました。

ー教育系YouTuberではかなり伸びている方で、特に2020年前半は一気に伸びましたよね

あの時は2月に入試問題の講評をやって、東進を辞めるタイミングの3〜4月で勝負をかけようと思っていました。登録者1万人を超えて一気に伸びる人も多かったので、ここだなと。

ー今動画を作る際に工夫されていることはありますか？

問題の解説・講評をすることが多いですが、編集に時間をかけすぎないようにしています。その試験を受けた人やこれから受ける人以外はあまり最後まで見ないんですよね。最後まで見てもらえるよう編集にこだわっても意味がないなと思っています。最近の動画はテロップの量を減らしていますね。

ー編集は森田先生自身でされているんですか？

今は自分でやっていますね。他の人にお願いしてたこともあったけど、英語を多く扱うので間違いが出る可能性もあります。あと、編集を外注すると完成までに数日かかってしまうのもネックとなり自分でやっています。作業時間は1日5時間くらいでしょうか。短いものはもう少し早く終わりますがそれでも2時間半くらいはかかっています。サブチャンネルはほぼテロップを入れていないので1時間以内には終わります。メインチャンネルはコラボ相手と自分のコメントでテロップの色変える作業などで時間がかかっています。

ーチャンネルの今後の目標はありますか？

今年もう一発大きく伸ばしたいですね。現在方向性を決めているところです。新メンバーも入ったので、どうなっていくか自分でも楽しみです。

講義系　登録者数 10万人〜

チャンネル名
Historia Mundi
URL：https://www.youtube.com/channel/UCzSU4Vjk2VBJFHPvB5SJxHA

● 登録者数＝11.1万人　● 動画本数＝635本　● 再生回数＝2,263万

（2021年6月現在）

| ジャンル | 世界史 日本史 地理 | 対象 | 大学受験 | レベル | 基礎〜標準 | 更新頻度 | 月数回 |

▶ チャンネル概要

「一度読んだら絶対に忘れない世界史（日本史）の教科書」で有名なムンディ先生こと山崎圭一氏のYouTubeチャンネル。歴史にとどまらず、大学受験の範囲の地理も扱っている。社会が必須の文系の生徒だけでなく、理系の生徒でも役に立つ動画がたくさんあり、文理問わず選択科目に合わせて柔軟に活用することのできるチャンネルである。

運営者　山崎圭一

現役の公立高校教員「ムンディ先生」が運営するYouTubeチャンネル。世界史授業動画「世界史２０話プロジェクト」および日本史授業動画「日本史ストーリーノート」を中心に、歴史を楽しむ動画を公開している。

▶ 人気動画

001 人類の出現 世界史２０話プロジェクト第01話

世界史を全20話で授業するプロジェクトの第1話。世界史は、日本史と違い明確な時代の名前がなく、時代のまとまりが掴みにくい科目だが、この動画では「話」というまとまりを設けることで、まとまりを意識しながら授業を進めている。

チャンネル名	Historia Mundi	使い方
		ムンディ先生こと山崎氏が世界史を中心に全範囲を講義する。世界史のほかにも日本史や地理の動画も公開されている。動画の概要欄からホームページに飛ぶことができ、そこで動画の内容とリンクしたプリントを無料で配布している。現状世界史と日本史については全範囲のプリントを配布しているので、動画を視聴する際は印刷してそこに書き込みながら視聴すると良いだろう。レベルとしては教科書レベルで、初学者でも理解できる授業になっている。進度を気にする必要がないので学校や塾の授業の予習にも復習にも活用でき、先取り学習をしたい生徒にもオススメできる。

評価項目: 網羅度 4、分かりやすさ 5、動画の見やすさ、使いやすさ、学習環境、歴史の伝道師

総合評価 ☆☆☆☆☆

コラム(講評) Amazonでベストセラー1位獲得のYouTuber

著書はAmazonの世界史(日本史)教科書参考書カテゴリーでベストセラー1位を獲得。ムンディ先生の愛称で親しまれている山崎氏のチャンネルはわかりやすさで絶大な支持を得ている。動画は山川出版の教科書に沿って全範囲を動画で網羅し、世界史、日本史は動画に沿ってプリントも無料で配布。まさに「学校で人気の先生の授業」だ。YouTubeの再生リストで動画を探さなくても、ホームページから時系列順に並んだ単元を選び動画を見ることができるように親切な設計となっているのも人気の秘訣。

🏠「ムンディ先生のホームルーム」

http://mundisensei.com/

▶ 特徴

王道の講義形式
テロップや効果音などの編集はないが、高校教員としての豊富な経験に裏付けされた分かりやすい解説で視聴者を飽きさせない。特に世界史の動画で頻出する各単元の地域の地図が非常に精巧に描かれている。一見単調な講義形式に見えるが、重要なポイントを的確に押さえた無駄のない講義は非常に面白く、確かな基礎力を身につけさせてくれる。色わけや字も綺麗で板書が非常にわかりやすくまとまっている。学校で誰しもが経験したであろう、正に「王道の講義」と言えるような、高いクオリティを備えた動画である。

教科書に忠実な、癖のない解説
どの科目もあくまで教科書に忠実で、イメージとしては予備校の授業というよりも、学校の教室で行われている授業に近い。解説は非常にわかりやすく、次にどんな教材を使用しても困らないようなスタンダードな解説である。したがって、学校の定期テスト対策や先取り学習にも活用しやすい。講義内で入試問題に言及することは多くないが、この講義の内容を完璧にすれば、入試に挑むための基礎力を盤石にすることができるであろう。

問題対策は自分自身で
教科書レベルの内容は網羅されているが、大学別対策や問題演習などの動画はない。講義で学んだことを点数にするためには動画の内容を暗記するだけではなく、その知識を生かすための問題演習や過去問演習が別途必要になる。演習の中で疑問生じた場合や、講義で扱わなかった知識が出てきた際は、講義プリントの余白に書き込むなどして活用していくのがオススメ。講義を一度視聴するだけで終わらせず、学習の軸として徹底的に活用しよう。

難関大志望者は追加で対策を
講義はあくまで教科書レベルであるので、難関大志望の生徒にとってはやや情報不足である。場合によってはレベルの高い講義や参考書を用いてもう一度全範囲を上塗りしていく作業が必要になる。難関大志望の生徒であればなるべく早い段階でこの授業を視聴し、次のレベルに進むための土台固めとしてチャンネルを利用するのが好ましい。自分の志望校のレベルを確認し、追加の対策が必要かどうか把握しておこう。

🔊 本人からのメッセージ

歴史は、受験だけで終わらせるにはもったいない面白さをもった科目です。ぜひ、歴史そのものを好きになって楽しんでほしいと思います。
また、歴史にはさまざまな解釈の仕方があることを覚えておいてください。私が上げている授業動画は、あくまで私が解釈した歴史です。多くの先生方の授業をみて、歴史には色々な解釈の仕方があることを知っていただければ、より歴史の面白さが伝わるかと思います。

DATA
❶ -
❷ 福岡県太宰府市
❸ -
❹ 早稲田大学教育学部
❺ 福岡県公立高校講師
❻ -

✉ ofrjfz@gmail.com

▶ オススメ動画

001 日本列島と日本人 日本史ストーリーノート第01話

日本史を全20話で授業するプロジェクトの第1話。日本史を20の時代に分けて授業を進めていて、「日本史を楽しみながら学習していきたい」「歴史を好きになりたい」と感じている方にオススメの動画シリーズ。まずはこの第1話を視聴してみよう。

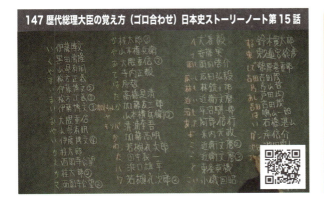

147 歴代総理大臣の覚え方（ゴロ合わせ）日本史ストーリーノート第15話

日本史をストーリーで解説していく動画シリーズの明治時代後半で公開されている。総理大臣と政策を覚えていくことが重要になっていく場面で、ゴロ合わせで一気に覚えてしまおうという趣旨の動画。ムンディ先生自身が高校〜浪人時代、友人に教えてもらった暗記方法がベースになっているという。

— YouTubeに動画投稿を始めたきっかけを教えてください

きっかけは生徒からの要望です。人事異動により勤務先を移ることが決まったとき、学校の生徒から「先生の授業を継続して受けたい。YouTubeで教えてくれませんか」との声をもらいました。私としても「最後まで教えてあげたい」という想いがあったので動画投稿を始めてみました。

— 動画をみてくれている生徒たちと交流する機会はありますか？

たまに「先生に会いたいです！」とメッセージをくれる生徒がいるので、直接会って交流することもあります。ただせっかくなので、他の子たちも呼んでオフ会を開催するんです。多いときは20〜30人ほど集まってくれます。

— 先生の動画は「年代を使わない」といった特徴がありますが、どのように今のスタイルを考案されたのでしょうか

基本的に歴史は、ストーリーを覚えてから年代を押さえていくのが筋だと思っています。その上で「年代を使わない」というのは、ストーリーを覚えやすくするための1つの方法です。その方が頭に入りやすいと感じているからです。ただ、当然ながら受験をする上では年代も必要になるので、あくまで年代を使わないのは「ストーリーを覚えるまで」ですね。

— なるほど。ほかに工夫されていることはありますか？

1回目の授業をはじめる前に、全体の授業回数を伝えるようにしています。これは、生徒が授業をしていく中で「行方不明にならない」ための対策です。例えば「授業は全200回です」と事前に伝えることで、生徒は「200回で授業が終わるんだ」「今100回目だからあと半分だな」と判断できます。自分の進捗状況を理解できることは、科目への理解度を高めるのはもちろん、安心感にもつながるでしょう。年代を行き来しがちな歴史においては、今自分がどこを・どの程度勉強しているのかを把握しておくことが大切なんです。

— 著書はシリーズ累計70万部の大ベストセラーですが、受験対策を意識されたものですか？

私が出している動画と比べると、かなり外側を削ぎ落して歴史の骨格だけを残したような内容になっています。「受験に使えますか？」と聞かれることもあるのですが、この本だけでは正直足りません。勉強にとりかかる前の準備として、また一般書として大人が歴史の概要を把握するために読んでいただけたらと思います。

— 教員の人事異動は、教員の教え方にもバラつきなど生徒への負担も少なからずあると思うんですが、授業動画はそういった部分を補う意味でも役に立ちそうですね

その通りなんです。ほかにも、生徒

の中にはとある理由で学校に行けない子や、文転（※理系から文系に転向すること）により歴史の授業の一部を受けられなかった子、学校の授業についていけない子など、さまざまな事情を抱えた子がいます。そういった子はクラスの4〜6人と少ない数ではありますが、今の学校教育ではカバーしきれない部分でもあるので、授業動画が役立っていたらうれしいです。また、YouTube動画なら何度も繰り返しみることができますし、ゆっくり止めながらでもみることができます。自分に合った使い方をしてもらうことで、学校教育でカバーできない生徒をフォローできるのが授業動画なんです。

ー実際の現場での授業と動画内での授業は、連動しているのでしょうか？

そうですね、押さえるべき内容としては同じです。ただ、実際の授業と授業動画とではそれぞれ異なる良さがあるので、表現の仕方としては少し違うかもしれません。例えば、リアルの授業では生徒の反応がみれたり、生徒に問いかけができたりするのがメリットですよね。

ーYouTubeに動画を投稿し始めたときの、周りの先生方の反応はいかがでしたか？

好意的な反応が多かったですね。動画を上げることにより、他の教員にとっては比較対象ができるので、良くも悪くも参考になったようです。教員は普段1人で授業をし、他の教員の授業を覗ける研究授業も年1〜2回と多くありませんので、比較対象ができただけで喜んでもらえました。特に年配の先生が「動画参考になったよ」と言ってくださるのがうれしかったですね。

ームンディ先生の後続で、同じように動画を上げてくれる人が増えるといいですね。

そうなんです。私の後続で他の方たちが授業動画を出してくれるようになれば、教育業界にとって良い働きかけになると思います。とくに、私よりも若い公立高校などの先生方がさまざまな授業動画を出すことで、さらに活性化するんじゃないかと思うんですよ。そうなったら、私が動画投稿をやってきた意味も感じられそうですね。

ー今後のオンライン授業のあり方についてはどう考えておられますか？

今後は、国や地方公共団体が費用をかけて授業動画をつくり込み、全国民がオンラインで視聴できる環境を整備していくことが必要だと考えています。一教員が1人でやっていては、どうしても誤った事実を伝えてしまう可能性がありますから。動画には、専門家の監修を入れるなど権威性を保つ工夫をしつつ、実際に授業動画がもたらす効果についても、大学や研究機関でしっかりと検証をしていく必要があると考えています。

講義系　登録者数 5万〜10万人

チャンネル名
Masaki Koga [数学解説]

URL：https://www.youtube.com/c/MasakiKoga

- 登録者数＝5.08万人
- 動画本数＝427本
- 再生回数＝632万回

（2021年6月現在）

ジャンル	対象	レベル	更新頻度
数学	大学受験	基礎〜難関	不定期

▶ チャンネル概要

京都大学大学院で数論を専攻、中高一貫校の非常勤講師として実際の教育現場での指導にも携わっている古賀真輝氏による「分かりやすさより正確さ」を第一とした数学講義の専門チャンネル。難関大学入試、大学数学など、数学を究めたコンテンツに特化。大学数学分野に関しては院試の対策動画も存在している。高校生向けの数学の教養分野トピックもあるので、これから数学を究めていきたい人にオススメのチャンネルだ。

▶ 人気動画

あなたは極限を誤解していませんか？をテーマに、極限の定義の正しい理解の仕方を詳しく解説した動画。高校数学で習う「極限」は少し曖昧に定義されたものであるため、誤って理解してしまうことがある。入試問題の解説のほかにも、この動画のように高校数学のさまざまなトピックについても解説している。

運営者　古賀真輝

入試問題の解説など高校数学を中心に解説動画を投稿するチャンネル。大学数学に関してもシリーズ講義を投稿している。

数学は論理があってこその学問であるので「『分かりやすさ』より『厳密さ』第一」をモットーに、入試問題をより細かいところに注意して解説したり、論理にこだわって解説されている（もちろん、分かりやすく伝える努力は大前提）。

| チャンネル名 | **Masaki Koga [数学解説]** |

総合評価 ☆☆☆☆☆

使い方

数学の標準的な学習が終わり入試演習に取り組む生徒にとっては東大・京大をはじめとする難関大の解説動画が充実しているため、網羅的に志望大学の問題に取り組むことができる。1本の動画は大問ごとに10〜15分程度でまとめられていて、文理や単元の記載もあるため、たとえば赤本で一度解いたものの解法が定着をしていない問題があればすぐに参照して活用することができる。「入試数学基礎ワンポイント演習」では教科書の範囲を入試問題に応用しており、基礎的な学習の範囲もカバー。こちらは学校での復習、または今から問題集にチャレンジする際に活用するとよいだろう。

コラム(講評) 数学のスペシャリストによる講義専門チャンネル

開成高校から京都大学・大学院に進み数論を研究している古賀真輝氏による本格的な数学講義専門チャンネル。高校時代に数学オリンピック本選出場も果たした数学力は折り紙つきだ。動画内容は高校数学・大学数学の講義を中心としていて、勉強法などの動画はほとんど存在しない。「分かりやすさより正確さ」をモットーにしているため、真っ向から数学に取り組む高校生・大学生には見やすい。全体の難易度は高めだが、数ⅠAⅡB範囲も含めて基礎的な内容の動画もあり、タイトルに細かい単元の記載があるため、体系的に学習できるように構築されている。

「Essential Mathematics」

http://mkmath.net/

▶ 特徴

授業スタイルはオーソドックス
大学入試演習はタイトルに年度・大学名・文理・単元が明示されているので使いやすい。解説動画は冒頭に問題が提示され、ホワイトボードに板書していく最もシンプルな授業スタイル。板書の箇所だけ早送りになることもあるが、基本的には編集は入っていない。問題を取り上げている意図や解き方のポイントを説明したあと、雑談を挟むことなく一気に解説が進む。そのため難関大の大問を10分程度で効率的に視聴できる。またその大学でよく出題される問題傾向などのコメントが端々にあるため、本気で難関校を志望する学生はぜひとも視聴して解法の視点を磨くべきだろう。

公式・定理の証明から数学的な本質まで数学を原点から学ぶことができる
「解の公式」「正弦定理」など、高校数学で頻出の定理・公式についての証明を網羅的に扱っている。丸暗記しがちな定理・公式だが、より本質的に理解することで解法の視野が変わってくるため、定理・公式についての証明に曖昧な部分が残っている場合はこれらの動画を利用して総復習しておくのがよいだろう。また、ただ問題の解説を行うだけではなく、その問題の背景知識や本質にまで迫る解説や、問題文の解釈に至るまでさまざまな切り口で学ぶことができる。これらは特に難関大学志望の受験生にとっては非常に有用な情報だろう。

数学の世界地図によって個々の単元を学問レベルまで昇華
最も再生数が多いのは「数学の世界地図」という動画で、高校以降の数学の研究分野の見取り図が紹介されている。数学の世界は「宇宙」とまで形容されており、古賀氏自身もまだまだ未知の分野があると述べている。数学を専門に進路を検討している高校生、また大学で数学を学んでいる学生が思考整理として活用するのにもオススメだ。

動画内で完結する内容が多く、自分で問題整理する必要があり
公式サイトが準備されているので、YouTube講義動画の単元整理ができる。また動画内で扱われている内容の演習プリントを一部確認できる。ただし基礎内容の講義は掲載されていないものが多いので、各動画冒頭で提示される問題を自分でひかえておくなど工夫が必要なケースもあり。一部講義ノートはnoteにて販売されている。

🔊 本人からのメッセージ

「数学はただ問題が解けるようになれば良い」という考え方では、数学の勉強が問題演習するだけとなってつまらないものになってしまいます。数学の論理は突き詰めると難しいものですが、それらが根本から理解できるようになると、まるで山の頂上から景色を見渡すように見通しよく数学が理解できて、面白さ・美しさも感じることができるはずです。私のチャンネルではそのようなことを心がけて動画を配信しています。ぜひ一緒に数学を学んでいきましょう。

▶ オススメ動画

古賀真輝　DATA

❶ 1996/06/14
❷ 東京都
❸ 京都府京都市
❹ 開成高校卒業，京都大学理学部卒業，京都大学大学院理学研究科数学・数理解析専攻修士課程在学中
❺ 京都大学大学院理学研究科数学・数理解析専攻修士課程学生，私立中高一貫校数学科非常勤講師
❻ 中学校・高等学校教諭一種免許（数学）

✉ https://mkmath.net/mail
🐦 @4p_t

同値を制する者、受験数学を制する [0. ガイダンス]

高校数学を「同値」を通じて見つめ直そうというシリーズ動画。同値記号の扱い方は多くの生徒にとって難しいものだが、使い方をマスターすれば数学の考え方を根本から理解できるようになるはずだ。方程式を解くという基本から軌跡の問題まで、同値を意識したい場面を隅から隅まで解説している。

数学にはどんな研究分野がある？数学の世界地図を一枚に描いて紹介してみた！

大学以降で学ぶ数学がどのようなものなのか、数学の世界を広げていくように様々な分野を「地図」に書き込みながら解説した動画。難しいことは話さず概要のみを話しているため、高校生でも十分ワクワクしながら視聴できる内容だ。当チャンネルで最も再生数の多い動画となっている。

古賀真輝さん 聞いてみた！

―YouTube を始めたきっかけを教えてください

始めたのは 2014 年でもう 6 年になります。高校 3 年生で受験の頃でしたが、志望校を東大から京大に変えて心にゆとりができて、数本、動画を出しました。ずっと数学を解説する仕事をしたい、早く大学生になって塾の先生とかをやりたいと思っていたので気が早まってしまって。「数学を話したい」というのがモチベーションでした。本格的に動画をあげ始めたのは大学 2 年生になった頃で 4 年ほど前です。今もそうですが、入試問題の解説が中心でしたね。

―始めるにあたってのハードルはありましたか？

ホワイトボードは家にあったし、カメラは iPhone から始めたので機材などをそろえるハードルはあまりなかったです。初めから本名で顔も出してやっていますが、最終的な目標は教員になることなので将来にもつながると思いました。特に抵抗なく始められました。

―始めたときの目標や登録者や再生の伸び方について教えてください

結構昔なので、正直よく覚えていません。最初は収益化や登録者数などはあまり気にせず「数学を話す場」をつくるためにやっていました。登録者が 1000 人になった時に人数を意識し始めましたね。
最初は大学生活とも両立しつつ、登録者数や再生数も気にせず動画もあげられるときにあげる感じで。1 万人を達成したのが 2018 年末に極限の動画を出してからです。それで一気に伸びて 1 万人を達成して、その後は指数関数的に伸びました。極限の動画の後、入試本番の直後の 2 月に動画を出すようにしていたのでチャンネル登録者数が伸びていって。数千から万へ、この時期の伸びが一番大きかったです。同時期に他の教育系 YouTuber も増えてきたので、僕もチャンネルを大きくできたらいいなと思っていました。

―これまで YouTube をやっていて壁とか苦しかったことはありますか？

YouTube で生きていこうとは思っていないので「これで暮らさなくては」という心理的負担はないです。でも、ここ 1、2 年くらい入試問題をあげているのに「伸びないなー」というのはあります。動画をあげても再生されないとやはり悲しいですね。1 年半くらい前から、入試問題は飽和しつつあるのかな、新しい方向性を模索しないといけないのかなという課題はあります。

―教員もされていますが、YouTube をやっていてプラスになったことはありますか？

去年から教員をやっていて 2 年目ですが、当初は現場で教えるのと YouTube は別のことだと思っていま

した。今勤めている学校を受ける時にも学校にYouTubeのことは何も言っていませんでした。

でも、コロナの影響が出てからオンラインで授業をすることになって。YouTubeで経験があるのでスムーズにオンラインで授業をやることができました。世間でも「オンラインでどうやって教育をするか」「オンラインでどうやって生徒に伝えるか」という議論はあったと思いますが、その影響で現場とYouTube、相互でいいところを持ちよっていけたらなと思うようになりました。

例えば、授業でカバーしきれない範囲は「僕のこの動画を見ておいてくださいね」とプリントにQRコードを貼ってわたしたり、補助教材として僕のYouTubeの動画を使ったり。逆に、YouTubeではまだ1本だけですが、現場の経験を生かしてソフトを使った実演をあげたりもしました。教育現場とYouTubeの良さを取り入れ合って何かできないか、この1年くらい考えています。

ー今後の目標ややりたいことを教えてください

まだ学生なので、まずは修士過程を卒業します。他の人と比べてコンテンツがそろっていないのが弱点だと思うので、来年以降やるべきことが落ち着いたら、京大・東大の入試問題を十何年分そろえるというようにコンテンツを充実させていきたいですね。ただ、それだけでは今の時代、チャンネルは大きくならないと思います。今まで通り、厳密さを大切にするというポジションは大事にしながらやっていきます。そしてICT教育、ソフトを使った実演なども見せつつといった感じで。

ーやっぱり将来は学校の先生が目標ですか？

そうですね。将来は教員になりたいと思っています。

ー教育系のYouTuberは塾系の人が多いのですが、古賀さんのように学校の先生できちんと生徒を指導できる先生が増えるといいですね。「こんな風に勉強するといいよ」という受験生へのメッセージをお願いします。

僕自身、数学は厳密にやることを心掛けています。そして数学は着実に理解するしかないと僕も数学を勉強しながら実感しているところです。分からないことはできるだけごまかさずに着実に積み上げていってほしい。分からないことを「分からないからいいや」と放っておくと、後でどこかで壁にぶち当たってしまう。自分で考えるなりYouTubeを活用するなりして積み重ねていってほしいと思います。

講義系　登録者数 5,000〜1万人

チャンネル名
ガチでノビる受験数学 東大医学部の解説動画

URL：https://www.youtube.com/channel/UCaI01EW97D3rYNz9EbFpt8A

●登録者数＝8,930人　●動画本数＝213本　●再生回数＝68万回

（2021年6月現在）

| ジャンル | 数学 | 対象 | 大学受験 | レベル | 標準〜難関 | 更新頻度 | 不定期 |

▶ チャンネル概要

東大医学部卒の現役医師・シーナ氏による難関大学志望者を対象とした数学講義専門チャンネル。難関大数学で特に重要だと思われるテーマを集中的に取り扱っていると同時に、本質的な理解ができる解説を提供してくれるため、高い目標を志す生徒から支持を集めている。

▶ 人気動画

運営者　シーナ

東大医学部卒の現役医師・シーナ氏による数学講義専門チャンネル。論理、ベクトルの使い方、シグマの本質を始めとして学校の授業や市販の参考書では学びにくい分野を網羅し、東大理3レベルの数学力を養う。その洗練された授業内容で東大京大難関大志望者から厚い信頼を得ている。数学が見えている人にとって当たり前な考え方＝ワンランク上の基礎を習得し、飛躍的に数学力を上昇させよう！

あなたはしっかり納得して問題を解いていますか？東大京大志望者必須のガチノビ看板講座、論理攻略シリーズ。なんとなく問題を解いているが腑に落ちていない、難関大に向けて数学を完璧に理解したいといった方にオススメ。論理攻略①では命題と条件、必要十分、同値変形など論理の基礎を固め、難関大頻出テーマである値域と軌跡を扱う論理攻略②へと接続していく。安いテクニックを超え、難問に通用する本当の実力を養成する。

| チャンネル名 | ガチでノビる受験数学 東大医学部の解説動画 |

（レーダーチャート：網羅度 4、分かりやすさ 2、動画の見やすさ 2、使いやすさ 1、学習環境 2、難関大対策 5）

総合評価 ☆☆☆

使い方

取り扱うレベルは標準から難関である。そのため高校教科書レベルの基礎知識は身に付けていることが前提となり、その知識を確実にしつつ難関大突破のための得点力を育成するのがこのチャンネルの目的である。一つの動画につきテーマは一つ、単元は細かく区切られているので、「ガチIA」など習った順から積み上げて受講していくのがよいだろう。講義は必ずおさえるべき概念や考え方の理解という点に主眼が置かれているものが多く、それらが端的に言い表されている点でも復習しやすく数学力が身につけやすくなっている。内容的には教科書・青チャートを越えるものもあるので、前後の関連する講義も含めてじっくり理解するまで受講しよう。

コラム（講評） 本格派数学チャンネル

開成時代に「偏差値100」を誇ったシーナ氏は東大理Ⅲから医学部に進み現在は医師。誰よりも「合格する／させる力」を持つ先生が教える数学解法に隙はなく、本当に難関大に受かりたいという生徒にとっては強力な武器となる。教科書の内容と実際の難関大入試問題には大きなレベル差があることが多く、参考書学習でも苦労する生徒が多いが、ガチノビはそこの橋渡しをしてくれる。そのため授業動画は実際の入試で応用できる標準～難関レベルの定義や概念の解説が中心。「簡単ではない」とシーナ氏自身も伝えているが、単元が細かく分類されているので何をやったらいいのかと道に迷うことはない。

🏠「ガチノビ」

https://gachinobi.jp/

▶ 特徴

「教科書だけでは通用しない受験数学」
東大をはじめとする難関大学の数学入試は教科書だけでは通用しない、というのがシーナ氏の考えだ。そのため高校範囲を越えた概念の理解にも力を入れている。特に「論理」「写像」「ベクトル」などの範囲については、それを理解・活用できるかで正解へ辿りつける確率が大きく変わってくる。そのため章立てをして集中的に講義を行っている。単元によってはnoteで無料テキストがダウンロードできるので、これらの重要単元については予習・復習を欠かさず行うべきだろう。

「入試問題演習」は予備校の雰囲気
シーナ氏が実際に入試問題を解く一連の動画が再生リストにまとめられている。こちらでは塾や予備校での授業のように、必ず解かなければならない問題、正解したい問題、超難問、などのアドバイスがなされている。また実況形式で入試問題に挑戦していたりもするので、臨場感のある解法過程を視聴することができる。シーナ氏でさえ「東大はボコボコにされるから怖い」「文系数学を甘くみていた」など率直な感想を漏らしており、受験生がちょっと親近感を湧いてしまいそうな場面も見どころ。

実践的かつ本質的な勉強法
難関大学合格のための勉強法の紹介にも力を入れている。受験対策を大きく戦略と戦術に分けて考えており、最終的に「過去問を自分で解き、自分の力で正解を出すこと」の重要性を伝えている。チャンネルで最も再生回数の多い「青チャートの使い方」では「例題」を解くことの重要性、また他動画ではおすすめの数学参考書も取り上げられているので、ガチノビで腰を据えて勉強する受験生はこれらの動画もチェックしておこう。

問題の無料ダウンロードは note から
特定の単元に関してはnoteでテキストを無料でダウンロードができ、こちらはYouTubeでの解説を前提としている予備校テキストのようなイメージ。一方で公式サイトで販売されている「Gold Standard」は参考書に近く、自学自習をすすめることができる。

🔊 本人からのメッセージ

本来予備校に高い授業料を払ってやっと学べるかどうかというレベルの内容を無料で大放出しており、安かろう悪かろうの原則を無視したチャンネルになっております。ガチノビに限らず、物もサービスも「安くて当然、良くて当たり前」の時代がすでに到来していますが、この時代を生き抜くために大事なことは面倒臭がらずアンテナを高くして良い情報に積極的に触れてみること＝好奇心を持つことです。良質な動画を用意してお待ちしておりますので、ぜひご視聴ください。

DATA
❶ 1990/08/04
❷ 東京都
❸ 東京都
❹ 開成高校、東京大学医学部医学科
❺ 医師
❻ -

🐦 @mathnyans3

▶ オススメ動画

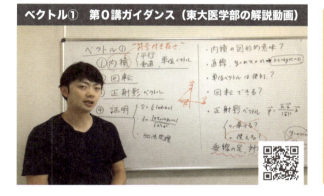

ベクトルの使い方の巧拙が数学の得意不得意を分けると言っても過言ではない。ベクトル①では内積、単位ベクトル、回転、正射影ベクトルの上手な使い方を学び、ベクトル②では主に斜交座標を扱う。ベクトルの学習は億劫かもしれないが、その無限の有用性に気付いたときあなたの数学の世界は激変する。

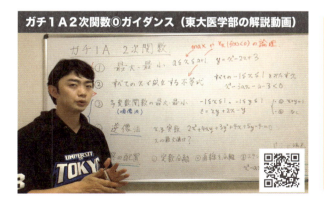

「高1で習う2次関数で東大レベルの論理的思考力を鍛えよう！」がテーマの動画。2次関数を用いてmax{a,b}、全称命題、多変数関数の最大最小、順像法と逆像法、解の配置など超重要テーマを扱う。数1でも数3でも入試問題で問われる論理的思考力は変わらないし、それは高1から身につけることが可能である。

シーナ先生 聞いてみた！

― YouTubeを始めたきっかけを教えてください

東大理3を目指して本気で受験勉強をする経験をしました。その経験を人に伝えたい気持ちが強くなったのがきっかけです。また、通っていた塾で教わる数学が市販の参考書から得られる内容よりも面白いものでした。高校の数学はこんなに楽しいのに、学校の授業では「なんだかつまらない」と感じてしまうのは寂しいことだと思うんですね。教育格差是正と言ったら話が大げさですが、日本中の人が数学の面白さにアクセスできるようにしたいと思ったのも理由の一つです。

― シーナ先生は現役医師ですが、YouTubeを始めるときに抵抗はありましたか？

最初の頃は、社会に顔を一切出さずにやっていこうと思っていました。しかし、いろいろなチャンネルを視聴者視点で観る中で「いくら面白い内容でも顔が見えていないと再生する気になれない」と気付いて。それで僕は、顔を出してホワイトボードの前でやるスタイルにしました。とはいえ、やはりネット上に顔を晒すことに抵抗があったので、初めの頃は恥ずかしかったですね。

― 周りの友人や知り合いでYouTubeをやっている人はいましたか？

まったくいませんでした。ですので「まず、どうやって動画を撮影して編集するの？」といった状態で。本当にすべてがゼロからのスタートです。

― 試行錯誤でスタートしたあと、最初の反応はどうでしたか？

つたないことが多い中でバズった動画がありました。鈴木貫太郎先生の動画をよく観ていて、扱っている問題を僕のやり方で解説する動画を作ったんですね。そうしたら貫太郎先生がTwitter上で「東大理3の人が動画を作ってくれました」と紹介してくれて。それがきっかけとなって、最初の一週間ほどで登録者数が1,000人ちょっとまで一気に上がりました。

― 他に登録者数が伸びるタイミングはありましたか？

論理の動画を何十本か上げたことで信頼を得られたと思っています。論理は数学の教科書でも、あまりトピックとして扱われていません。この動画が完成してから「ガチノビは論理をしっかりやっている」とTwitter上で自然と広まり、視聴者数や登録者数がコンスタントに伸びるようになったと思っています。

― 始めてから1年経ちましたが、壁を感じたことはありましたか？

初めの頃、人数が増えた分だけYouTubeのおすすめに載りやすかったり、数学的に言うと指数関数的にブワーっと伸びたりすると想像していたんです。でも、まったく逆で、logみたいな動きをしてたんですよ！そこで、こういう動きもするのかと気付きました。最初に伸び

たのは貫太郎先生のおかげだったので、この動きだと「案外きついぞ」と。最初の数ヶ月はかなり伸び悩みましたね。

―医師の仕事と両立しながら動画を出すのは大変なのでは？

なかなか両立は大変です。基本、休みの日に撮影時間を確保して撮りだめしています。そのあと編集もまとめてしておいて、週1回で出すようなペースです。うまく時間の確保ができず、更新に波があることもあるので、動画を継続して作り続ける難しさを感じています。

―仕事とYouTubeを両立するコツはありますか？

撮りだめをするか、睡眠時間を削って深夜にやるしかないです（笑）。僕の場合は、教育分野に興味があって睡眠時間を減らしてでもやりたいし、休日に遊びに行かなくても動画を作っていたほうが楽しいと感じることが多くあります。人にやらされる勉強や仕事はきついですが、自分が興味を持てることであれば少し過密スケジュールでもできると思っています。

―やっていて良かったことはありますか？

大阪の公立高校の先生が無償でホームページを作ってくれたり、コラボする仲間が増えたりしたことは良かったです。似たような考えを持った人が自然と味方になってくれるのは、これまでになかった貴重な経験になっています。あと、動画の撮り方や編集の仕方など、医者の世界にはない別の思考回路を使えるところが楽しいです。

―これから先、どのようなスタイルでやっていきたいですか？

医師をしながら副業で教育に携わることは、個人的に大切だと思っています。たとえば僕に憧れる人がいたとして、このスタイルでやっていれば、医師の道も教育者の道も選択肢として与えられる。ここには他の選択肢が入るかもしれませんが「自分の好きなことをしながら、教育に携わることも両方できるんだよ」と伝えたいです。いろいろな選択肢があったほうが、人生が面白くなりそうですよね。

―今後の目標を聞かせてください

登録者数10万人が目標です。そのために、標準レベルの子たちにも動画を届けたいと考えています。難関大学を目指す人に対象を絞らず、多くの生徒が観てわかりやすい動画を作って視聴者数や登録者数を伸ばしていきたいです。また、登録者数が伸びたら、YouTubeをやりたい理3合格者にガチノビの名前を貸してあげるのはありかなと。名前を使って自由に「ガチノビ物理」や「ガチノビ科学」などができれば、登録者数が瞬間的に伸びやすい環境は作ってあげられると思っています。

講義系 登録者数 5万〜10万人

チャンネル名
「ただよび」ベーシック理系
URL：https://www.youtube.com/channel/UCWOfTTUsPqdQzTdfZyA4DLw

● 登録者数＝5.47万人 　● 動画本数＝347本 　● 再生回数＝473万回

（2021年6月現在）

| 主な科目 | 数 物理 化学 生物 | 対象 | 大学受験 | レベル | 基礎〜難関 | 更新頻度 | 毎日 |

▶ チャンネル概要

ただよび文系チャンネルの理系バージョン。大手予備校で活躍する講師が多数出演しており、無料で理系科目の講義動画を視聴することができる。動画はコースごとに制作されており、継続して同じ講師から講義を受けることができる。

▶ オススメ動画

「高校数Ⅲ 2次曲線① 楕円の定義と導出」についての髙瀬仁宏先生による講義動画。入試における得点力にこだわるのであれば「解ければそれでOK」とはならず、「真の数学力をつきつめる」に至るはず。この授業では単なる解法の紹介にとどまらず定義の重要性を説く。

🔊 本人からのメッセージ

有名予備校講師の質の高い授業をいつでも・どこでも・誰でも受講できる「ただよびベーシック」は全て無料で受講できます。大学受験に最も必要な基礎学力を十分つけることが出来ます。さらに、受験対策をしたい方にはプレミアムコースをご用意しております。徹底した低価格で授業とテキストをご提供いたします。超人気予備校講師の授業だから、とにかく楽しく、わかりやすく、効率的に学習できます。もちろん、学校の定期テスト対策や授業でわからなかったところの補強、大学受験対策まで完結します。

運営者　レッドクイーン

スマホやパソコンで大学合格を勝ち取れるオンライン予備校「ただよび」が運営するチャンネル。「ベーシック理系」では、数学・物理・化学・生物の4つの理系科目の講座が配信、受験のプロの講義が無料で受けられる。各科目の基礎固めができる内容だ。発展的な内容は有料版のプレミアム(見放題のコース)が用意されているため、応用や志望校にあった効率の良い勉強をしたい人はぜひチェックしてみよう。

✉ tadayobi_support@redqueen.co.jp
🐦 @tadayobi_jp
🏠 https://tadayobi.net/
「ただよび」オンラインストア：
https://tadayobi-books.com/

インタビュー担当
髙瀬仁宏

大好きな数学と野球が出来る教員を志し、東京学芸大学入学。大学時代から大手予備校講師として教壇に立つ。全国規模の模試やテキストの制作も手掛ける。

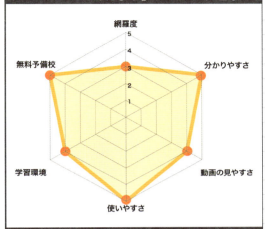

チャンネル名	「ただよび」ベーシック理系

使い方

ただよび文系チャンネル発足から約2ヶ月後に誕生した、理系チャンネル。基礎的な問題から標準的な問題の解説が多い。大学別の講義動画はなし。大事なポイントではテロップや効果音を入れた編集で、見逃しがないように工夫されている。サムネイルとタイトルがしっかり一致しており、かつ単元名がストレートな名前で入っているため動画が探しやすい。また講師別にサムネイルの色分けもされており、講師ごと・教科ごとに再生したい際の使い勝手にとことん配慮されている。

総合評価 ☆☆☆☆☆

コラム（講評） 主要な理系科目の講師が揃い、盤石のコンテンツを提供する

チャンネル開設からしばらくは数学の講義が多めだったものの、すぐに化学の講師が登場。その後、生物と物理の講師も登場した。これにより予備校で活躍する主要な理系科目の講師が揃った事になる。これから勉強を始める人、基礎のやり直しがしたい人に向いている。ほとんどの講師の動画投稿曜日と時間はある程度決まっているため、毎週何時という形で指定の講師を定期的に視聴できるのもポイント。「理系」と冠したチャンネルだが、国公立文系の生徒にも必見のチャンネルだ。理科の選択科目で使われやすい3科目は導入済みだが、現時点では地学には未対応。

▶ 特徴

10分に凝縮された無駄のない授業

1動画は約10分程度のものが多いが、板書の時間などは編集でカットされておりリアルな授業と比べると10分以上の内容が詰め込まれ、講師の解説だけに集中できるような配慮がなされている。難しい理系用語や暗記事項にはテロップも入る親切な動画設計。また再生リストや公式ホームページを見ると、科目別単元別に動画が探しやすいのも利点だ。

理系チャンネルだが国公立文系志望者は必見

名前こそ「理系」向けのチャンネルに見えるが、数学IA・IIBや物理基礎、生物基礎の解説動画など、国公立文系の受験者に必要な分野が充実している。ぜひ理科の選択科目は、これらの動画を視聴して学習を進めていこう。ホームページから自分の選択科目を選び、必要な範囲・分野を重点的に視聴することでより効果的に活用できる。

―髙瀬先生がただよびに加入したきっかけを教えてください

自分でYouTubeに動画を上げていたのもありますが、講師として働いている駿台予備校以外にも活躍の場を広げたいと思っていました。そのとき、ただよびから声がかかって「全国に自分の授業を届ける」とか「教育の機会均等を目指す」といった話に共感したんですね。そこで、お話を受けて授業をすることになりました。

―ただよびの講師としてYouTubeで授業をやることに不安はありましたか？

どれだけの本数の動画を撮るかもわからない状況からのスタートでした。予備校で対面授業をしている以上は内容を比較されてしまうし、生徒から不公平だと思われないか不安もありました。他の数学担当の先生と、内容を話し合いながら始められたところは良かったです。

―ほかの先生やただよびのスタッフ陣と、授業内容を話し合いながら進めているのですか？

話し合いをして、一年間で最低限やるべきことは先に決めています。撮影が早く終わった場合に、追加授業や共通テスト対策などの企画を話していますね。ベストの状態で動画を撮って公開しているつもりなので、来年以降もさらに内容を補完しつつ、年々アップデートしていきたいです。ただよびに

は、単調になりやすい授業を面白くできる編集力もあり、これからも発展できる無限の可能性を感じています。

―ご自身のYouTubeと、ただよびでやる内容に違いはありますか？

自分のYouTubeでは、ピンポイント解説のような位置付けで動画を作っていました。対面授業の補足ができればいいなと。ただよびのほうは講師として参加しているので、本当の授業のように全力でやっています。

―ただよびの授業をやっていて難しかったことはありましたか？

目の前に生徒がいないので、反応を見ながら話す内容を変えられないところが難しいです。そのため、対面で生徒に教えてきた経験をもとに、つまずきやすいポイントを想像しながらやるようにしています。対面授業のときにしっかり生徒の様子を見て、苦手そうな反応をしているところは記録して、動画にも反映していきたいと強く思っています。対面授業を怠けてしまうことで、現役の生徒と感覚がズレてしまうことは避けたいですね。

―生徒の反応が直接見えない中で手応えはありましたか？

正直、手応えはないですね。生徒の生の反応がない分、動画が上がったときに、どういう反応が来るのかすごく楽しみです。全部動画を出してから、反応を見ながら対策を考えたいです。

―コメント欄はチェックしていますか？

コメント欄は、しばらく見ないでおこうと思っています。というのも、コメントに影響されて自分の授業ができなくなるのが嫌だからです。なるべく一年間分を撮り終えるまでは、見ないで進めるつもりでいます。ただ、視聴者の声を聞かないということではありません。コメントのチェックや反映は、信頼するただよびのスタッフにお任せして、自分は最後までブレることなく、授業の撮影に集中したいと考えています。

―大切にしたいポイントや工夫したいところはありますか？

YouTubeの動画として、なるべく最後まで見てほしいと思っています。授業動画は一本の作品だと思っていて、最初のほうで話したことが最後につながるような構成を組んでいるんですね。ですので、最後まで見てもらうために、自分の話術や編集で工夫する必要があるのかなと。ほかの先生やスタッフと相談しつつ、いろいろ試しながら、良い授業を作っていけたらいいなと思っています。

―今後の目標を教えてください

地方では学校や塾などの環境が整っておらず、同じ教科でも異なる授業になってしまう現状があります。都内と地方の教育を均一化するために、映像授業でフォローしていきたいです。

―ただよびを通じて叶えたいことはありますか？

さまざまなレベルの生徒に合うものを提供できる場を作っていきたいです。まずは、数学の楽しさに触れてもらい、毛嫌いせずにやってもらえるような環境になったら良いなと。最終的に日本のみんなが数学を好きになってもらえる、そうなったら楽しいなと思っています。

―生徒たちに応援メッセージをお願いします

授業で「努力するってすばらしいんだぜ」と、いつも話しています。たとえば、数学をがんばって勉強する、受験に合格するでも良いです。今、自分ができる最大限の努力をして「がんばって良かった」と思える生活を過ごしてほしいなと。その経験を踏まえて、努力することのすばらしさを誰かに伝えられる人になってもらえたらうれしいです。

講義系　登録者数 10万人〜

チャンネル名
WEB玉のタマえもん

URL : https://www.youtube.com/channel/UCligv9W8ChJl0P-28Eev8Jw

(2021年6月現在)

● 登録者数＝22万人　● 動画本数＝996本　● 再生回数＝4,216万回

| ジャンル | 数 英 世界史 生物 化学 地学 | 対象 | 大学受験 | レベル | 基礎 | 更新頻度 | 不定期 |

▶ チャンネル概要

玉先生ことタマえもん氏による高校学習の基礎範囲についての講義系チャンネル。全ての講義はアニメーションのみで展開される。扱っている講義動画は高校範囲のみならず、公務員試験や医療系までカバーしている異色コンテンツ。

▶ 人気動画

形で覚える日本史の流れをアニメにした第1弾の動画。日本史が苦手、一問一答は得意だけど流れがどうしても覚えられないという人には、このアニメがおすすめ。これは高校生向けのアニメだが、中学生向けのアニメもあるので、中学生や歴史の苦手な高校生、公務員試験のための勉強ならそちらの動画を見るといいかもしれない。

運営者　タマえもん

WEB玉塾は、夢を追いたいけど経済的な理由などで塾に通えない人が「夢や夢につながる大学を諦めない（諦めるにしても親とか周りのせいにしない）」ために作った無料で通えるネット塾。
大学受験がメインではあるが、公務員対策にも最適。今ではビジネス学などの社会人向けや中学生向けのアニメもあり、大学までと言わず、あくまで見る人の人生がおもしろい人生になるまでを応援したいとの思いで運営されている。

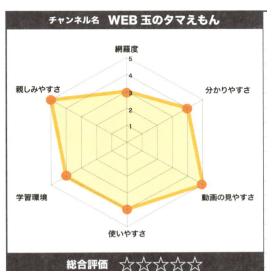

| チャンネル名 | WEB 玉のタマえもん |

使い方
公式サイトにも記載があるように「センター7割」の内容をざっくりと講義していく内容なので、各レベルの演習や二次対策、単語や用語の知識定着は自身で進めていく必要がある。そのため有効な活用法としては、特に苦手な科目がある、もしくは勉強そのものに抵抗がある生徒が、学校の授業の予習・復習として基礎理解に用いるのがよいだろう。アニメーションなのでイメージがつかみやすく、導入として理解しやすいように作られている。一つの動画は短いもので5分以内におさまっており、時間があるときに苦手な単元を一気に視聴することも可能だ。

総合評価 ☆☆☆☆☆

コラム（講評） ライトな講義の背景に信念あり

WEB玉は元高校教師である玉先生が教育の現場で目にした「お金のせいで塾にいけない」生徒、またそれが原因となって結果的に夢を諦めてしまう生徒を何とかしたいという思いから作った授業動画チャンネルで、メインは高校科目が対象になっている。玉先生が自分で書いたイラストがかわいらしく、アニメーション編集されているため気軽に視聴できる。そのため学習習慣がついていない、学校の授業についていけない、そもそも受験に必要な科目を学校で受講できない、といった生徒の味方になるだろう。高校授業動画以外にも公務員試験用の中学歴史、看護師監修の解剖生理学講義などさまざまなコンテンツも用意されているため、受験がすでに終わったがそれ以降も視聴し続けている大学生・社会人のファンも多数。

 「WEB玉塾」

https://www.webtamajuku.com/

▶ 特徴

見やすく楽しいアニメーション。広告も無し。
授業は全編アニメーションで、玉先生手描きのオリジナルのキャラクターが関西弁で講義していく形式。音声は加工されており、実際にキャラクターがせりふを喋っているように感じ独得の掛け声なども面白い。ただし動画が短いこともあり雑談はほとんど無い。板書も基本的にはアニメーションの内に含まれているが、そこから手書きでポイントを書き足す場合もあり。スタイルが強く打ち出されているチャンネルなのは間違いないので、自分にとって受講しやすい形式の動画かは実際に視聴して判断するのがよいだろう。また20万人を超すチャンネル登録者の規模を持つが広告をつけていないため、一気に集中して視聴したい生徒にとっては稀有なチャンネルでもある。

玉先生の授業の背景を深堀できる「玉ラジオ」
玉先生は熱い人物である。自らの教育観や生徒に対するメッセージがときおり授業中にもこぼれるが、よりパーソナルな考えを知りたい際、そして関西弁ではないしゃべりを聴きたい人は「玉ラジオ」の視聴をおすすめする。勉強に対するモチベーションアップにつながる内容だが、授業と異なり雑談が多いのと、一本あたりの時間が長いので、受験生はタイトルを見て自分に必要な箇所を選択し、漫然と視聴するのは避けよう。

体系的な学習にはWEB玉公式サイトを活用しよう
公式サイトから授業動画一覧を確認できる。チャンネル内の再生リストよりこちらの方が科目・単元を網羅的に見ることができるので、自身が予習・復習したい分野から使う際に重宝する。
多くは基礎的な内容のWEB玉だが、数学や理科に関しては一部センターレベルの過去問も扱っており、こちらは範囲学習を終えた段階で入試問題がどのように出題されるかを知りたいときに使うのがいいだろう。

オリジナルのプリントは定期テスト前の復習にも利用可能。
公式サイトでは講義と連動したオリジナルの学習プリントを無料でダウンロードすることができる。特に世界史のイラストは圧巻で、覚えるべき人物がすべてオリジナルのイラストで作成され、それを年表に張り付けていくような型式だ。学校の復習や定期テスト前に、学校の友人などとも共同で学べるようにデザインされている。

🔊 本人からのメッセージ

これからは時代が変わるスピードがどんどん上がっていくから、どんな時代でも生き抜く力を頑張って育てていこう！時代がどんどん変わるのは大変だけど、それだけどんどん便利にもなるから（文句言ってもどうにもならないし）、この時代を生かして自分を変えて人生もおもしろく変えていってください。家にとって雨を防いでくれる屋根が一番大事！ そしてそれは人にとって頭の部分ですよね？ つまり「変わらないとアカン（瓦ないとアカン）」ということです。

DATA
❶ 02/08
❷ 熊本県玉名市
❸ 熊本県玉名市
❹ 熊本大学教育学部
❺ 塾1年先生5年あとはWEB玉塾
❻ 中学理科の教員免許

✉ webtamajuku@yahoo.co.jp

▶ オススメ動画

社会に出る前・就活する前に知っておきたいけど、学校で教えてくれない仕事やお金に関する基本的なことをまとめた動画。いい大学に入っても社会に出て失敗したら意味がないということで、社会人向けのビジネス学を視聴して学んでみよう。

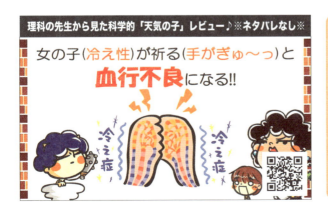

新海誠監督の話題作「天気の子」を科学的に解説してみた動画。
中学生向けて「理科が嫌いな人が少しだけ理科を好きになってくれたら」「理科で赤点をとったり、受験に落ちたりなど理科が人生の邪魔にならないようになれば」との思いから作り始めたアニメとなっている。

講義系 登録者数 5万〜10万人

チャンネル名
数学・英語のトリセツ！

URL：https://www.youtube.com/channel/UC7zx7uOmqXsD153rPSUvxcg

（2021年6月現在）

- 登録者数＝9.87万人
- 動画本数＝1,301本
- 再生回数＝1,469万回

| ジャンル | 数 英 | 対象 | 高校・大学受験 | レベル | 基礎〜標準 | 更新頻度 | 毎日 |

▶ チャンネル概要

河合塾で数学を教える迫田氏と東進で特別講師として英語を教える斉藤氏による中学生レベルからの授業が見られるチャンネル。基礎が定着した中学生にも使うことができ、基礎が定着していない高校生にも基礎の部分を多く解説している。予備校講師ならではのわかりやすい授業で「わかる」を期待できるチャンネルである。

運営者　ネクストエデュケーション

現役の大手予備校講師による、中学・高校生向けの数学、英語の授業動画チャンネル。教科書内容の説明から入試問題、入試で使えるテクニックなどを紹介している。表面的な解法暗記や当てはめ学習ではなく、原理・原則をしっかり伝えられるよう意識して制作されている。また、数学、英語ともに動画付きの参考書を出版しており、その講義の一部を見ることが可能。

▶ 人気動画

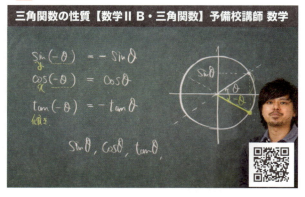

高校数学で非常に基礎的な内容だが、「$\cos(\theta+90°)$＝？」と問われたら、すぐに「$-\sin\theta$」と答えられるだろうか？これらの三角関数の性質を、公式として丸暗記するのは、実はかなり無駄な行為だ。原理・原則を押さえれば、パッとできるようになるので、ぜひ試しに視聴してみてほしい。他にも、数学では無駄な公式がいっぱいあるため、覚える量を最小限にして、正しい知識を身につけていこう。

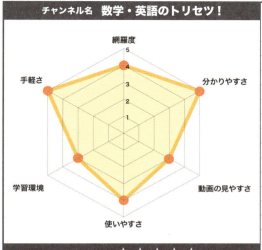

使い方
入試の結果を左右しやすい、数学と英語を専門にしているチャンネルである。難易度としては、中学数学、中学英語から解説が始まり、高校数学においてはⅠAⅡBの範囲を網羅しているが比較的簡単なものが多く、暗記事項や公式の証明の動画が多い。問題演習の動画は少なめである一方、大学の入試問題演習の解説は100本近くあり多め。英数どちらも現役大手予備校講師による安心と信頼のこもった解説で基礎的なものから学習することができるため、勉強そのものがあまり好きではない人にも視聴してみてほしいチャンネルだ。

総合評価　☆☆☆☆☆

コラム（講評）　コンパクトに収まった有名予備校講師の無料授業

河合塾数学講師の迫田氏と東進ハイスクール特別英語講師の斉藤氏の2人によって運営されているチャンネル。英語は長文読解とリスニングと発音アクセントの解説動画が豊富に用意されている。数学は中学数学からⅠAⅡBまで基礎的な解説が揃っており、かつ短時間で説明を行っているのが特徴。センター数学の過去問解説では9割以上得点したい人と、7〜8割の得点で良い人に対してその問題を解くための目安となる時間を教えてくれる。解説は全体的に短時間でコンパクト。板書1枚で終わる内容なので隙間時間でも勉強が可能だ。

「数学/英語のトリセツ！」

https://torisetu.me/

▶ 特徴

基礎的な公式演習と数学の理解に向いている
トップ予備校講師が大学受験数学の基礎問題を一歩ずつ丁寧に解説してくれる。ゆっくり大きな声で解説してくれるので聞きやすく、高校受験数学の解説もしているため仮に中学数学でつまずいていたら該当の単元を探せばきっと見つかるだろう。基礎固め、単元導入の授業として見ることをオススメする。

数学は標準的な問題解説が少ないが難関大解説は多め
標準レベルの問題演習の動画がほぼないため、得点力アップのためには自分自身で問題数をこなす必要があるだろう。基礎的なことはチャンネルで学べるが学校の定期テストや全国模試で得点するためには別途違った形での勉強が必要。その一方で、大学入試問題演習は100本近く用意されている。取り扱われている大学としては、東大・京大・地方国公立の問題が目立つ。地方国公立の問題も多く用意されているのでここで標準的な問題を学ぶのも良いが、前提知識がついているかには十分注意したい。

英語は長文対策と発音アクセントの解説が強い
英語は文を読むためのルールが1から順番に説明されており、その知識を長文読解解説でそのまま応用することができる。英文解釈から長文読解まで50本以上の動画が解説されているので一通り視聴すれば長文を読むための知識はある程度身につけることも可能だ。ただし英文解釈は暗記が若干多いので、視聴者側の勉強量にも左右される。また発音アクセントに関しても受験生が間違えやすいところや得点につながりやすいところを中心に解説している。

英語の文法知識は自身での勉強が必要
数学と違い英語は広範囲を網羅できていないのが現状。いわゆる文法の中でも代表格的存在である、不定詞、動名詞、関係詞、仮定法などの問題演習の解説がない。精読の動画内で一部文法事項にも触れられているが文法としての得点力アップに貢献できるとは言えない。よって文法事項は別の勉強が必須である。

🔊 本人からのメッセージ

「頑張っているはずなのに結果が出ない」という方は、是非いくつかの動画を見てみてください。表面的なテクニックではなく、本質的に数学・英語を理解できるように授業をしています。本物の予備校講師の授業を体感してみてください！

DATA
❶ (迫田) 1985/07/04
　(斉藤) 1984/01/13
❷ (迫田) 鹿児島県姶良市
　(斉藤) 福岡県糸島市
❸ -
❹ (迫田) 早稲田大学理工学部数理科学科
　(斉藤) 九州大学　大学院経済学府産業マネジメント専攻在学中
❺ 二人とも会社経営をしつつ予備校講師
❻ -

✉ info@torisetu.me

▶ オススメ動画

英語の綴りと発音の違いを説明した動画。「ファー」と聞くと、「遠い」のfar、「毛皮」のfur、どちらを思い浮かべるだろうか。「前後の文脈で分かるから発音はそこまで気にしなくてもいい」という声もあるが、発音で違いが分かるにこしたことはない。

高校入試の数学で使えるテクニック【放物線と直線】について解説した動画。高校受験は知らないと損をする公式がとても多く、入試の合否に直結する可能性もある。チャンネルでは正四面体の諸公式、断頭三角柱など多くの公式やテクニックを紹介しているので、ぜひ視聴してみよう。

講義系　登録者数 5万〜10万人

チャンネル名
eboardchannel
URL : https://www.youtube.com/channel/UCdC0lKlglmChng1c9d2otlA

(2021年6月現在)

●登録者数＝8.11万人　●動画本数＝2,629本　●再生回数＝2,722万回

ジャンル　英 数 国 理 社　　対象　高校受験　　レベル　基礎〜標準　　更新頻度　不定期

▶ チャンネル概要

eboard（いーぼーど）は小中高生のための無料学習サイトを運営しているNPO法人で、「学びをあきらめない社会の実現」をミッションに様々な取り組みを行っている。YouTubeチャンネルでは実際の科目内容の解説を行っていて、イラストや図表などを活用した授業はコンパクトにまとまっており、非常にわかりやすい。小学生中学生に向けた動画が多めとなっている為、高校生は基礎を定着させたい場合や中学の範囲からやり直したい場合に活用したいチャンネルである。

運営者　NPO法人
eboard 代表理事
中村孝一

小中高生のための無料学習サイト「eboard（いーぼーど）」のチャンネル。
小1〜6の4教科、中1〜3の主要5教科、高1数学に関する約2,500本のうち、2,000本程度の映像授業が閲覧できる。ひとつの動画は5〜10分とコンパクトで「となりで説明してくれる」ような親しみやすい授業スタイルとなっている。現在、動画に字幕をつけて、ろうや難聴のひと、発達障害など学習に困りごとがあるひとにも、学習の機会を保証する「やさしい字幕」をつけるプロジェクトが進行中とのこと。

▶ 人気動画

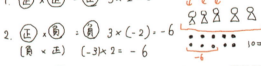
正負のかけ算

中学数学の導入部分、つまずきやすい正負のかけ算を解説した動画。
全編「大阪のオバちゃんがこどもにアメちゃんを配る」という例に沿って説明されており、楽しく学習できる。「オバちゃんが、-2個アメをくれる」とはいったいどういうことに…？　ぜひ動画を視聴して、正負のかけ算の仕組みを理解しよう。

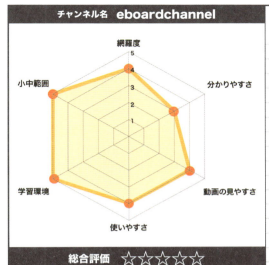

チャンネル名	eboardchannel

使い方

小中学生の全科目で広範囲を網羅している。英語の長文読解や入試問題演習などはないが教科書の範囲の解説をメインに行っている。高校1～2年生で勉強を始める人や、しばらくサボっていた人にとって高校入試の範囲の復習は必須。そういう意味では中学の範囲は高校生にとっても使いやすいものがあるだろう。再生リストから一気に見て復習するのがオススメ。また、紙媒体でのテキストなどは存在しないため、必要に応じてノートを取りながら受講するのが良い。演習量としてはやや物足りないので問題集などで補いたい。

総合評価 ☆☆☆☆☆

コラム（講評） 豊富な動画数で、勉強の第一歩として適したチャンネル

小中高生のための無料学習サイト。YouTubeで見られる範囲は小中の教科書レベルの解説までだが範囲は広く、中学の理科で「物理」「化学」「地学」と大学入試を意識した分類がされていたり、中学国語・漢文の範囲で大学入試にも登場しそうな論語を扱ったり、文法で動詞の活用系や敬語を扱ったりと、必ずしも高校受験だけではなく大学受験に通じる内容も見ることができる。社会も地歴公民が教科書通りの範囲で揃っており、流れを掴むのには良い教材と言える。

🏠 「eboard」

https://info.eboard.jp/

▶ **特徴**

全ての小中学生に、教科書のサブとして使える
小中学生の教科書レベルの範囲で動画が揃っている。イラストや図表を用いて非常に丁寧に解説されているので、学校についていけない生徒でも理解できるだろう。ただしあくまでも基礎的な内容の解説と小テストがある程度なので実践的な中学受験や高校受験の問題は自力で用意して解く必要がある。このチャンネルを勉強のきっかけとして、問題集や参考書も並行して活用していきたい。

高校生にも一見の価値あり
大学受験の勉強に高校受験の勉強の土台は必須。動画では中学生の内容、場合によっては小学生の内容にまで遡って解説がなされているので、高校1年生で勉強につまずいてしまったり、勉強をサボってしまった高校2年生でも安心して取り組むことができる。特に小中学生の時にあまり勉強をしてこなかったような生徒は、まずはこのチャンネルを視聴して基礎に抜け漏れがないか確認していくことがオススメだ。

大学入試に登場する論語や和歌が見られる
一見非常に簡単な題材を用いて授業を行っているようにも感じられるが、実は国公立2次や難関私大でも出題されそうな本格的な国語の題材を扱っている。これらの学習に壁を感じているような生徒は、まずこのチャンネルを視聴して物語などの概要をつかもう。その後追加で対策をすることは必要だが、このチャンネルで学んだことを知っておくだけでも周りの受験生に差をつけることができるはずである。

ホームページから小テストも受けられる
高校生はチャンネルの再生リストが単元、項目ごとに順番になっているためそのまま一気に視聴できる。ホームページから視聴すると視聴後に簡単な小テストを受けられるので必要に応じて使い分けるのも良いだろう。

🔊 本人からのメッセージ

周りに塾がなくても、学校に行けなくても。たとえ、学校をやめてしまっても、学べる場所があるように。わたしたちeboardは「学びをあきらめない社会の実現」をミッションに、「学びのセーフティネット」になるように映像授業を制作しています。

教科や単元ごとの 動画一覧はこちら。
https://www.eboard.jp/list/

DATA
❶ 1985/07/20
❷ 兵庫県西宮市
❸ 東京都
❹ 大阪大学外国語学部卒
❺ NPO法人 eboard 代表理事
❻ -

🐦 @eboard_jp
Facebook : https://www.facebook.com/eboard.jp/

▶ オススメ動画

古代日本について「日本列島の誕生」「人類の誕生」などを解説した動画。
日本人はどこからやってきたのか?や祖先がどのような生活をしていたか?といったことが分かりやすく解説されている。歴史の動画は「わかる歴史」シリーズとして、古代から戦国時代までの流れを一気に視聴可能となっている。

宇宙のはじまりについて解説した動画。
「なんで生物って存在するんだろう?」「なんで地球ってあるんだろう?」「どのようにして私たちは生まれたのだろう?」という原点が分かりやすく解説されている。イメージがしやすいように映像が豊富に使われいる。人気動画の1つだそうだ。

講義系 登録者数 5万～10万人

チャンネル名
カサニマロ【べんとう・ふきのとうの授業動画】

URL：https://www.youtube.com/channel/UCZ3daKzWhRfpCYhfC6qrT-g

● 登録者数＝7.09万人　● 動画本数＝787本　● 再生回数＝953万回　（2021年6月現在）

| ジャンル | 国 数 英 物理 化学 地理 日本史 生物基礎 | 対象 | 大学受験 | レベル | 基礎 | 更新頻度 | 毎日 |

▶ チャンネル概要

高校範囲の化学・物理・英語・数学・日本史・国語・地理・生物基礎などを2人で解説。文系と理系で担当は分かれている。現在の投稿者2名は現役の大学生。解説動画だけでなく勉強法に関しても動画を投稿しているので、モチベーションを維持しつつ、そのままこのチャンネルで勉強が可能だ。

▶ 人気動画

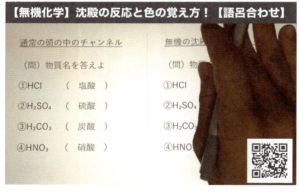

大学範囲の化学には踏み込まず、「まずは22分で暗記！」というスタンスで学べる動画。無機化学の沈殿の単元は、暗記量が膨大で、体系的に覚えるのがポイントだ。概要欄には講義資料が準備されており、視聴前にダウンロードするといいだろう。
この動画の後は「【無機化学】金属イオンの分離問題の解き方」の視聴がオススメだ。

運営者　べんとう
　　　　ふきのとう

理解だけにとどまらない、語呂合わせなどを利用した「誰でも嫌でも覚えられる授業動画」を配信しているチャンネル。
科目は高校範囲の英数国理社と、ほぼ全部網羅。授業動画だけでなく、受験生のメンタルケアにも力を入れているのが特徴だ。
二人体制で運営されており、理系担当（兼編集）がべんとう、文系担当（兼分析）がふきのとうだが、明確な線引きはないそうだ。共通テスト直前直後などは、時折奇妙な動画もアップロードされるかも…？とのこと。

チャンネル名 カサニマロ【べんとう・ふきのとうの授業動画】	使い方
(レーダーチャート: 網羅度4、分かりやすさ4、動画の見やすさ3、使いやすさ3、学習環境4、初学者への優しさ5)	高校生の単元に絞って投稿を続けているチャンネル。多くの科目を網羅しているのが特徴。再生リストから各科目、各単元に分けられており、お目当ての授業にたどり着きやすい。解説は至ってシンプルであるため、見る人を選ばない。動画の種類としては、ホワイトボードの前で解説する動画とタブレット端末での解説動画があり、内容に合わせて使い分けがされている。また、授業以外の動画もあるため休憩中にリフレッシュを兼ねて見ることも可能だ。
総合評価 ☆☆☆☆	

コラム（講評）勉強が苦手な生徒に向けた充実した基礎問題の解説

現役の大学生による高校生のための講義系動画。一部、勉強法などの動画もある。公式や考え方などが「わかる」レベルまで解説を行っており、各科目必要な解説は一通り揃っている。ただし解説はあくまでもシンプルであり、学校の教科書の説明をそのまま応用している。なので学校の授業でわからなかった箇所などを補填するには向いている。基礎的な知識や各単元の導入として視聴するならば使いやすい。問題演習の動画は少なめで大学の入試問題演習などは扱っていないので、自力で補填する必要あり。

🏠 制作・編集（理系）：べんとう Twitter　　 🏠 分析・企画（文系）：ふきのとう Twitter

https://twitter.com/Bentweetou

https://twitter.com/fukinotwoou

▶ 特徴

基礎的な知識を身につける動画として
解き方や考え方などは学校の教科書に沿ったレベル。そのため受験対策というよりは定期テスト対策など日々の学習を行いたい高校1年生や2年生向け。3年生もまだ学校でやっていない範囲や忘れてしまった範囲の見直しには最適。長期休暇にまとめてみるなどして、復習はもちろん予習までしてしまうというのも有効な使い方の一つ。

ほぼ全科目の範囲を抜け漏れなく投稿
投稿している科目に関しては主要単元を漏れなく投稿している。なので再生リストで科目を選択し1から順番に見ていっても問題ない。動画の長さにばらつきがあるが通して見るのがオススメ。科目数と動画数が多いので当該チャンネルが気に入った人には入試に必要な受験科目の基礎部分がこのチャンネル1つで見られるのも強み。

標準レベルの問題演習や大学入試問題演習は自力で
扱っている動画のほとんどは導入と基本問題の解説。演習問題を解説した動画はほぼない。よって一通り動画を見た後は自分の力で暗記および復習を行い、問題演習を通して得点力アップのために時間を割かなければならない。内容の理解や、問題集の解説を読んで自力で理解するところまではこの動画で対応可能なため、適宜活用して自分の勉強を促進しよう。

暗記事項の整理は今後に期待
スタンダードな解説なので短時間でさらっと復習したい人にはやや不向き。しかし、単元の説明中に違う単元の説明が入ることもあるため、単元ごとの関わりや繋がりを理解しやすい。暗記事項は画面上に記載がないものをさらっと口頭で説明してしまうタイミングがごくまれに見受けられるが、今後暗記事項がまとまった動画なども出ることが予想されるため、そういった問題も対処されるだろう。

🔊 本人からのメッセージ

本当に立ち直れなくなったら、まずは徹底的にネガティブになってください。そして脳を疲弊させてください。気分を休めるのはそこからでも遅くありませんよ。
僕から言わせれば、感情はただの体の化学反応です。脳のノルアドレナリンが過剰に分泌するから怒るし不安になるんですよ。だから、あなたはなにも悪くないです。
立ち直らなくていいんです。笑わなくてもいいんです。ちょっと明るいため息をついてみよう。

DATA
❶ -
❷ -
❸ -
❹ 大学生
❺ -
❻ -

🐦 べんとう @Bentweetou
🐦 ふきのとう @fukinotwoou

▶ オススメ動画

【古文】古文やばい人＿助けます【共通テスト】【勉強法】

①古文単語

最低２００語（４０点狙うなら）

おすすめ単語帳は「**読んで見て覚える重要古文単語315**」だが、自分の単語帳を遂行すべし。（マジでやばいときは**５６５**もあり）

カサニマロ動画
「**古文単語を２２分で１３６語マスターできる動画**」
他２動画で**２３６単語**マスターできる。

多くの受験生にとって「どうやって勉強したらいいの？」の悩みの種となる、古文の勉強法を6分でまとめた動画。
単語、文法、敬語、主語一致判断など「わかっちゃいるけど、どうすりゃいいん？」という悩みを一挙に解決してくれる動画となっている。

聴けば受かる魔法の曲＿「ウカルンバ」

運営者のべんとう氏作詞作曲、受験生へ送る応援歌を収録した動画。
「ダメならダメでいいじゃないか 緊張したって成功しないさ」「運命は最善になる 信じるんだ」といったメッセージが受験生の心を打っている。「めちゃくちゃいい歌」「ウカルンバ聴いてると元気出る」と好評だ。

| 講義系 | 登録者数 5万～10万人 |

チャンネル名
中学生の勉強応援『スタフリ』

URL：https://www.youtube.com/channel/UCfQg4KKD0sq29KriXg_7SMw

- 登録者数＝6.06万人
- 動画本数＝613本
- 再生回数＝464万回

（2021年6月現在）

| ジャンル | 数 英 社 理 | 対象 | 高校受験 | レベル | 標準 | 更新頻度 | 毎日 |

▶ チャンネル概要

エンタメ感満載で見る人を楽しませつつ勉強の辛さを少しでも和らげようという趣旨の動画が多く、解説動画も豊富にそろっている。「スタフリ」という名前の由来は「STUDY FREAK」で、全国の生徒に学びの楽しさを伝え、勉強に熱中して欲しいという願いが込められている。多数の講師が参加しており、特に芸人や議員が登場するなど講師陣がバラエティに富んでいる。

▶ 人気動画

運営者　山城大樹

2020年4月7日生まれの中学生の勉強を全力で応援するYouTubeチャンネル。
中学生向けの世界一楽しい授業や超効率的勉強法が配信されている。
世界一楽しい授業を担当するのは塾経営者、お笑い芸人、本を多数出版している者、市議会議員など個性豊かな先生で、顧問として予備校界のレジェンド「出口汪」先生も在籍している。
塾に通えない子、勉強についていけなくなった子、もっと学力を伸ばしたい子にとって最高の学びの場を提供するため日々全力投球しているとのこと。
目標は「日本全国にスタフリの名を轟かせること」だそうだ。

中学英語3年分を50分（学校の授業1回分）で解説するという無茶振り企画の動画。「不定詞」「分詞」「比較」・・・中学3年間でたくさんの文法事項を習うが、「今習っているこの単元が全体のどの部分なのか」「それぞれの単元がどうつながっているのか」がわかっておかないと英語力はあがらない。1つ1つの「点」でしかない文法項目を「線」につなげるのがこの動画の醍醐味である。ぜひこの動画を見て英語への向き合い方に革命を起こしてほしい。

チャンネル名	中学生の勉強応援『スタフリ』

使い方

2020年に開設された比較的新しいチャンネルだがすでに登録者6万人を突破。毎日投稿で各科目の網羅度を一気に増やしている。編集もかなり凝っており、登録者数も動画本数も勢いのあるチャンネル。再生リストがかなり整理されているので、希望する学年・科目を選ぶことができる。講義動画として活用できるだけでなく、勉強法や受験生の疑問に答える動画が揃っているので、モチベーションアップや情報収集、リラックスを兼ねて動画を見ることができる。無料の「スタフリオンラインスクール」といったサービスもあり、勉強のモチベーションを上げるためのコンテンツも充実している。

総合評価 ☆☆☆☆☆

コラム(講評)「教育×エンタメ」で日本一を目指すチャンネル

エンタメでの日本一を目指すと公言しているため、動画で授業をする先生は一風変わっており、芸人から、現役の市議会議員まで揃えている。ただ面白いだけでなく数学を教える芸人のタカタ先生は東京学芸大学卒、理科担当の森田先生は東工大卒と、しっかりとした実力と学歴を持った講師を招聘しチャンネルを盛り上げている。動画のアニメーションや効果音など凝った編集をして動画を盛り上げるが、内容は至って真面目であり中学の学習内容を網羅している。毎日投稿でその網羅度は日々拡大中である。

「STUDY FREAK」

https://www.studyfreak-school.com/

▶ **特徴**

エンタメと実力ある授業の両立
科目によって先生が変わるが、どの先生も「エンタメ」力と講師としての実力を兼ね備えていりため、授業のスタイルが気に入れば、いつまででも見ていられるようなものになっている。ただの無機質な授業がどうしても受け入れられない生徒や、勉強すること自体がそもそもあまり好きではない生徒が楽しく勉強したい気分の時に使うことで勉強のメリハリがつき、効率よく学習を進めることができるだろう。また暗記色の強い科目でも、暗記量を必要最低限に抑えて、流れを理解することで内容を習得することを目的とした授業もあるため、暗記が苦手な人にもオススメできる。

特に数学と英語の網羅度は高く高校生にもおすすめ
中1から中3までの数学と英語は高校受験範囲まで網羅されている。特に英語は高校に入って単元がかなり増えるわけではないので、「分詞」や「関係詞」といった中学で習うが高校でもつまずきやすい範囲をこのチャンネルで見直しておくのが良いだろう。ただし中学英語なので分詞構文や関係副詞は出てこないため、高校生が使うときには文法の参考書などと照らし合わせながら自分の学習しているところを明確にしておくようにしよう。

問題演習は自力で行う
科目の範囲は毎日投稿によって拡充されている最中だが、実際の入試問題の解説をする動画はまだ少ない。これから出るかもしれないがしばらくは自分自身で入試問題を解く必要がある。しかし、問題集の取り組み方を解説している動画もあるため、それらを参考にしながら問題演習にもしっかり取り組めば、自力で問題を解けるようになるだろう。定期テストに出やすい問題や、抑えておくべきポイントを絞った動画もあるのでうまく活用しよう。

小論文と勉強法動画は高校生にも役立つ
小論文の書き方を解説する動画があり、推薦入試で小論文を使う学生なら中高問わずに基本的なことは参考になる。また勉強法系の動画を豊富に出しているため、そういった動画も中学も高校も共通して使うことができる。高校生が見る場合は、自分の中でどれが必要でどれが必要ではないかの判断をしっかりできるようにしよう。

🔊 本人からのメッセージ

中学生のみなさんも夢を追いかけている最中でしょうが、僕たちスタフリの先生一人ひとりも夢追い人です。数学で世界を変えたい人、歴史のスペシャリストになりたい人、政治で日本をよくしたい人、教育を変えたい人。オトナになってもそれぞれ夢に向かって全力で駆け抜けています。画面を通じて少しでも「カッコいいオトナだな」「こんなオトナになりたいな」「おれも頑張ろう」と思ってもらえれば勉強の中身なんかよりももっと大事なことを伝えられるんじゃないかと思います。ぜひ、僕たちと一緒に大きな夢を追いかけましょう！

DATA
① 1989/04/25
② 大阪府大阪市
③ 大阪府大阪市
④ 立命館大学
⑤ 会社役員
⑥ -

🐦 @study__freak

▶ オススメ動画

スタフリ名物「オンライン合宿」の動画。
夏期、秋期、冬期とこれまで3回実施しており、チャンネル登録4,000〜5,000人のときでも最大700人くらいが同時視聴していたスタフリの人気LIVE配信コンテンツである。朝から晩までLIVE授業やゲスト講師の授業を無料で受けることができる。

受験勉強が辛い人に向けて作成されたモチベーションアップ動画。スタフリは全科目の授業が受けられるだけでなく、勉強法やモチベアップ動画も配信している。特に視聴者のみなさんに人気なのがモチベ系動画でこの動画を見て、「勇気をもらった」「頑張る！」「絶対に合格する」といったポジティブなコメントが数多く寄せられている。

講義系 登録者数 1万〜5万人

チャンネル名
YouTube 高校
URL：https://www.youtube.com/channel/UCGdGyJ6N07dvumQSTOCEOQg

（2021年6月現在）

●登録者数＝4.3万人 ●動画本数＝139本 ●再生回数＝605万回

| ジャンル | 日本史 | 対象 | 大学受験 | レベル | 難関 | 更新頻度 | 週2回 |

▶ チャンネル概要

日本史専門チャンネル。教科書に出てくる史跡を旅して現地の映像と共に日本史を解説。旅をしない場合もGoogleマップを駆使して映像による解説を探究する。大学受験から一歩踏み込んだ内容が多く、難関大学志望者や日本史マニアが楽しめるチャンネルとなっている。

運営者　YouTube 高校

日本史の教科書に出てくる史跡を旅して、現地の映像と共に日本史を解説するチャンネル。
チャンネルの特徴は
・現地の映像で記憶に残りやすい
・地図で位置関係がわかる
・写真で歴史上の人物が覚えやすい
などが挙げらる。
「1回の授業では分からなかった」「もっと詳しく知りたい」という人に向けて、見るだけで歴史の流れがわかるようにと制作されている。

▶ 人気動画

旧石器時代から江戸時代までを14分にまとめた動画。チャンネルの紹介も兼ねているので、初めて視聴する人はこの動画から見てみるといいかもしれない。この動画を見て「他の動画も見てみたいな」と思ったら、自分の興味がある時代の動画を視聴したり、年代順に動画を視聴したりして活用してみよう。
「日本史は暗記」という考えが「日本史って面白い。いつの間にか覚えていた」に変わっていってほしい、という運営者の思いが込められている。

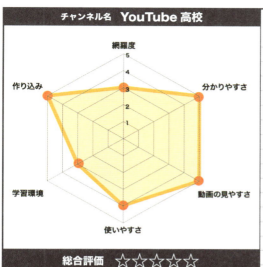

使い方

大学受験日本史に必要な知識も動画内ではきちんと網羅している。受験日本史を超えた説明もあり、どこまで深く理解するかは受験生次第だが、偏差値60以上の生徒や難関大を志望する生徒には理解を深める上で面白いチャンネルになりうる。初学者や、日本史は共通テストでしか使わない生徒にとっては無用の長物となってしまう危険性もあるので、自分の学力レベル、志望校のレベルを考慮して活用したい。あくまで基本的な知識は習得した上で、プラスαとしてこのチャンネルを活用することをオススメする。

コラム(講評) 大学受験の日本史を超えた日本史を探究できるチャンネル

日本史の面白さを「アニメーション・効果音・写真・映像」を駆使して見やすく迫力ある動画で伝えるチャンネル。大学受験レベルから深い教養レベルまで網羅でき、日本史が好きな受験生にとっては深くて細かい説明に魅了される。難関大学の歴史系学科や早慶などの難解な日本史を出題してくる大学志望者には最後の資料集的な扱いで視聴するのも良いと思われる。日本史に関してはプロフェッショナルな解説を行う動画だが、日本史の演習問題や大学別入試問題演習などはない。このチャンネルを見て点数を 向上させられるかは視聴者にかかっている。あくまでも必要な単元や項目がわかっている状態で深い知識を必要とする場合に、目的を持って視聴しよう。その際には独自の「良い意味でマニアック」な説明が、難関大学受験時に数点押し上げる要因になりうるチャンネルとも言える。

🏠 「YouTube高校」Twitter

https://twitter.com/Y_Eschool

▶ 特徴

偏差値 60 以上あると面白さがわかる動画
大学受験日本史では教科書の内容を超えた問題を何割か出題する大学が存在する。ほとんどは教科書の内容をきちんと学習すれば良いのだが、それでも対応できない問題はある。そういった内容もカバーできているチャンネルなので、全国模試で高い偏差値は安定して取れるが、難関大学の問題が難しく感じる受験生にとっては視聴の価値あり。初学者や日本史が苦手な生徒にとっては情報量が多く、動画を活かしきれない可能性もあるので、まずは教科書などでしっかりと基礎固めをしたい。

細かい内容にとらわれすぎないように注意
日本史に限らず世界史もそうだが、一部例外はあるにせよ、入試問題は基本的に教科書の範囲から出題がされる。よって本チャンネルで登場する細かい内容をすべて覚えることは、入試の点数を取るという意味においては効率が良いとはいえない。勿論覚えていれば難関大の入試において周りの受験生に差をつけられる可能性もあるが、あくまで資料集的な感覚で、細かい内容にとらわれすぎずに取り組むことが大切である。

アニメーションを駆使した動画で惹きつける
Google マップや実際の写真を駆使し視覚的に語句や出来事をイメージさせてくれるチャンネル。歴史の出来事の状況に応じた BGM や、状況の変化時に鳴る効果音、十分すぎるほど細かいテロップ、日本地図を全体に用いて人物の動きをつけるなどかなり細かい演出で日本史を楽しませてくれる。編集重視の講義系チャンネルは少ないため、歴史好きにはたまらない動画とも言える。動画内で登場する地図やイラスト、写真などは実際の入試問題でも役に立つことがあるので、講義と結び付けて覚えておきたい。

問題演習は自身で行う
十分すぎるほど深くて広い説明がされている動画だが、ここの範囲が〇〇大学で出たなどの入試に直結するような発言はない。単純に日本史の面白さを伝えるチャンネルなので、やはり点数をあげていくためには自分自身で暗記と問題演習が不可欠。教科書に掲載されていない知識なども紹介されているので、自分が使っている参考書や教科書などに情報をつけ足していくと良い。

🔊 本人からのメッセージ

僕が浪人していたころ、予備校に通う電車の中で「大学受験レベルの日本史を映像でわかりやすく解説する動画がYouTubeにあったらいいのになー」と思っていました。大学を卒業して就職した後にふとそのことを思い出して、YouTubeで検索してみたのですが、僕が思い描いていたような動画はまだ誰も投稿していませんでした。同じことを考えている受験生はいるはずと思い、現在動画を投稿しています。
あの頃の僕のような受験生にこのチャンネルが届いたらとてもうれしいです。

DATA
❶ 02/11
❷ 福岡県
❸ -
❹ 福岡教育大学教育学部卒
❺ 公立小学校教諭経験有(3年) 現職は非公開
❻ 小学校教諭一種免許状

🐦 @Y_Eschool
Instagram : @youtube.ele.school

▶ オススメ動画

平安時代後期に起こった源平合戦を8分で解説した動画。源平合戦シリーズは古文の勉強でも登場する「平家物語」をもとに、平家物語の話の流れがわかるように制作されている。試験で平家物語が出た時には圧倒的に有利な状況で問題に向き合うことができる。

教科書では数ページで終わってしまう「建武の新政」や「初期の室町幕府」についてを「太平記」をもとに詳しく解説した動画。
今ではあまり人気のない南北朝時代だが、以前は戦国時代よりも認知度が高かった時代だ。幕末にも大きな影響を与えた時代なので、歴史は繋がっていると実感することができる。

講義系　登録者数 **1万〜5万人**

チャンネル名
数学力向上チャンネル

URL : https://www.youtube.com/channel/UCfv5E8GzkSE-CJx3xTpUfEA

●登録者数＝3.47万人　●動画本数＝493本　●再生回数＝475万回

（2021年6月現在）

| ジャンル | 数学 | 対象 | 大学受験 | レベル | 基礎〜標準 | 更新頻度 | 週2回 |

▶ チャンネル概要

頭の回転を速くするためには、早いテンポの授業についてくることが重要というのがモットーのチャンネル。テンポの速い数学の解説で数学の力と頭の回転の速さの両方を身につけられるチャンネル。何回も見ることが推奨されており、見ているうちに頭の回転が速くなることが期待される。

▶ 人気動画

「数列」に関する講義動画。
公式をただ暗記するだけでも、意味を理解しただけでも数学力は向上しないそうだ。大切なのは「意味を理解しそれをどう実践的に利用していくのか」ということ。この動画を視聴すれば、その実践的な利用法を学び、数学力を向上させることができる。

運営者　**及川豪人**

現役予備校講師による数学講義を配信するチャンネル。今は数学が苦手または得意ではないが、これから大学受験に向けて数学力を本気で向上させたい人向けに配信されている。

及川豪人氏の数学講師としての指導歴はまもなく20年。自分が有名になることよりも、目の前の生徒の成績を確実に上げることにすべてを注いできた。「生徒が教えた知識を使えないのは、生徒の能力ではなく教える人間の責任」を信念とし、指導を続けているとのこと。

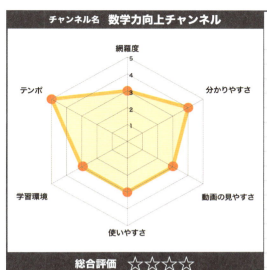

使い方
基礎から標準レベルの問題を扱うが、数学の各単元の導入解説はないため、まだ習っていない単元の学習には不向き。医学部専門予備校で数学の講師を務める人物が運営しているだけあって、ある程度の前提知識を必要とする骨太の解説である。学校か塾で一度はその範囲を受けていないと動画を理解するのは厳しいだろう。それでも基礎的な解説から標準的な問題まで、必要最低限のものは完全に網羅している。公式の「なぜ？」を解説する動画も多いため、動画を理解できれば公式に依存しない、受験の本質的な部分をも理解できたといえるだろう。

コラム（講評）何度も動画を見て数学の力と頭の回転を鍛えよう

教科書レベルの標準的な問題解説が多い。話のテンポが速めであるが、繰り返し聞き続けることで普通に感じられるようになり、それが「頭の回転を速くする」ことと関係があるとのこと。どの動画も比較的高速でしゃべっているが、滑舌はよく聞きやすい。解説は設問から回答まで最短ルートを通れるように工夫されている。公式はどう使うかに着眼しており、応用についても述べられている。シンプルな解説だが基礎をある程度わかっていないと内容にはついていけない。

Twitter

https://twitter.com/vcxk11

▶ 特徴

標準的な問題解説と単元の考え方を身につけられる
基礎内容の導入でもなく、大学入試問題演習でもないが、数学の各単元の公式や考え方を一通り動画で学習することができる。授業方式は黒板の前の講義形式の動画か、ルーズリーフに書きながら撮影する動画の2パターンがある。近年は黒板を用いて授業をする動画がほとんど。文字の大きさや声の大きさはちょうど良いため、視聴時にストレスを感じることはまずない。内容が独立しているものが多いため、サムネイルで気になったものから見ていくというスタイルでも良いだろう。

模試対策や大学入試問題演習はほとんどない
受験生が点数を上げたいところである模試や入試の演習解説の動画はほとんどない。あくまでも各単元の標準的なレベルが多いので、点数を上げるためには自身で問題集や過去問を解いて、塾や予備校などで解説授業を受ける必要がある。しかし有名な問題集から良問をピックアップして解説する動画もあるため、コメント欄を含めて勉強になることが多い。授業を受けて問題を演習し、わからないところや理解が浅いと感じたところはまた見直すといった使い方をしながら、自分の中の理解をどんどん深めていこう。

最短ルートを通る無駄を省いた問題解説
授業をする時に、単元から派生した知識などが出てきて話が逸れがちな講師も多い中、設問を読んでから解くまで最短距離を通る解説が見所。無駄な解説が省かれており、ストレートに答えに辿り着くことができる。解説も詰まったりしないし聞きやすい。問題を複雑に考えずにシンプルな考えを得られる動画として有用。

有料メンバーシップ限定の動画が多い
有料のメンバーシップに加入すると難関大学対策講座が受けられる。標準的なことは無料で、発展的な内容や大学入試問題演習などは有料という棲み分けがはっきりされているチャンネル。また問題演習プリントもnoteで有料。あくまでも無料で見られる範囲は標準的な内容が各単元1回までと思った方が良い。そこから先は気に入れば有料コンテンツを購入するのも一つの手だ。

🔊 本人からのメッセージ

数学力を向上させるのに必要なことは、センス・才能ではありません。良質なインプットとそれを超える量のアウトプット。良質なインプットは、私にお任せください。
ただ、それと同じくらい大事なことがあります。それは「楽しむこと！」
数学力向上チャンネルで、ただ良質な情報を得るだけではなく、楽しみながら一緒に成長していきましょう。

DATA
❶ -
❷ -
❸ -
❹ -
❺ 予備校講師
❻ -

公式LINE：https://lin.ee/fWyhZha

▶ オススメ動画

「数Ⅲ微分法」に関する講義動画。
数学の試験では、出来た！と思ったときに大きなミスをしてしまうことがあり、数Ⅲの微分法でも合否を分けてしまうほどの大きな落とし穴が存在するとのこと。本動画で、大きなミスを二度としないように微分法をマスターしよう。

「和積公式」に関する講義動画。
数学力を向上させるのに必要なことは、思考力だけではない。それと同じくらい大事なことは「計算力」「計算スピード」だ。計算方法を改善することで、試験の点数は飛躍的に伸びていくそう。本動画で、その一部を覗き見てみよう。

講義系 登録者数 1万～5万人

チャンネル名
やる気先生の授業動画

URL : https://www.youtube.com/c/yarukisensei

- 登録者数＝3.25万人
- 動画本数＝2,649本
- 再生回数＝1,348万回

（2021年6月現在）

| ジャンル | 英 数 現代文 中学 英 数 | 対象 | 高校・大学受験 | レベル | 基礎 | 更新頻度 | 不定期 |

▶ チャンネル概要

やる気先生ことナカムラショウ氏は塾の経営者で、YouTubeチャンネルでは高校および中学の英数を中心とした動画が投稿されている。教科書レベルから定期テストがメインとなるが、センター・共通テスト範囲も一部扱っており、基礎力を身につけたい生徒におすすめだ。

▶ 人気動画

ax+by=1となる整数解1組の求め方（互除法の別解まで）【高校数学A】

センター試験、大学入学共通テストで頻出の「2元1次不定方程式」について、実際テストで使う時のことを想定しながら作られた動画。
塾生から「学校で互除法を利用した方法を学んだけど、わかりにくい」という声が多く、それに答えつつ、もっとわかりやすく早く確実にできる別解も紹介して高評価を得ている。

運営者　ナカムラショウ

自宅で塾を営むナカムラショウ氏が、塾生の家庭学習サポートのための授業動画をアップするチャンネル。
「苦手でもゼロから意味がわかる！」ことを最重視して作られている。
学びエイド認定鉄人講師で、受験生の気持ちを忘れないよう勉強も継続中とのこと。文系から独学で数検1級、日商簿記1級、英検1級(1次まで合格中)を取得している。
サッカープレミアリーグのチェルシーが好き。

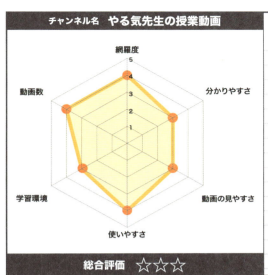

使い方

高校数学の基礎を身につけたい受験生はまず再生リストを活用して「高校数学」シリーズから学びたい単元をピックアップしよう。タイトルに「積の法則(場合の数)」など細かいフラグが立っているため、自分が苦手な分野から取り組むことができるだろう。通常の解説動画では入試問題をこなすというよりは基本的な考え方の解説が主になるため、理解できたら必ず学校の問題集を解き直すなどして手を動かすことも必要だ。より実践的な問題に挑戦したい生徒のためには「応用編」も準備されており、こちらは動画冒頭の問題をまず解いて解説を受けることを勧める。

コラム(講評) 塾の先生ならではの面倒見の良いチャンネル

有名講師が集う授業動画サービス「学びエイド」の鉄人講師でもあるやる気先生。文系でありながら数検を取得し、現在も並行して英検1級に挑戦中、さらには来るべきAI教育の道を模索して機械学習やプログラミングも勉強している。その近況報告は度々動画でも取り上げられ、自ら身をもって学ぶことの楽しさとコツを教えてくれる。
もともとは家庭学習のフォローのためにYouTubeに動画をアップしてきた経緯もあり、その内容も自学自習する生徒に寄り添っている。

🏠 「Study Doctor」

http://study-doctor.jp/

▶ **特徴**

授業スタイルは時期や科目によって変化

YouTubeで授業を受ける際に板書の方法にこだわる生徒は、やる気先生の授業スタイルが時期によって変化していることには留意したい。特に過去の高校数学分野に関しては手元のノートに手書きで解説していく動画が多いが、一部文字が見切れてやや見えにくいものも存在している。直近投稿が続いている中学範囲に関しては、数学は無駄のないアニメーション、また英語はホワイトボードに記載し重要な箇所でアップになるなどオーソドックスな形式・編集が採用されている。

単元をばらばらに視聴すると慣れるまでに時間がかかる可能性もあるので、なるべく一つの単元は連続して受講するのが良いだろう。

再生リストを活用しよう

YouTubeチャンネル内の再生リストはかなり細かく設定されているので、自分の学ぶ単元はここから選ぶのが便利だ。YouTube授業動画は他にオンライン授業動画サービス「Study Doctor」にまとめられているが、こちらはやる気先生以外の講師の動画もあるためその点は注意。

その他、やる気先生のブログに一部対策問題が掲載されているが網羅的ではないため、生徒自身が授業で扱う問題を解きたいときは、動画の一時停止などして対応する必要がある。

必ず自分の手を動かす時間を確保

このチャンネルを視聴する際は、基礎事項を身につけるという点に力点を置こう。演習形式で問題をどんどん解くと言うよりは、基本的な考え方に時間が割かれているため、動画を視聴したあとに自分で学校の例題を解き直すことなどが必要になってくる。

また高校数学であれば応用問題も一部取り扱っているが、難易度や大学の水準などは明記されていないことが多い。こちらも入試演習に取り組む際は自分で問題を用意し、その上で不明点があったら動画に立ち戻るような進め方がよいだろう。

センター・共通テスト対策が人気

基礎事項が中心となる当チャンネルだが、センター・共通テスト対策動画も一部存在し、根強い人気がある。特にメインでは取り扱っていない現代文の再生数が多い。まず解法が提示され、そのあと手元で傍線を引きながら解説してくれるので実践的だ。模試で現代文が時間切れになる受験生はぜひ視聴してみてほしい。

🔊 本人からのメッセージ

コロナ、本当に大変ですね。勉強だけでなく、色々な楽しい機会も奪われたことだと思います。少なくとも勉強面に関しては、ゼロからの初学でも学び直せる環境が整っています。僕だけでなく、他の教育系YouTuberの方も、みんなの力になれるよう熱く本気で動画作っています。このピンチをチャンスに変えられるよう、共に頑張っていきましょう！

DATA
❶ -
❷ 大阪府
❸ -
❹ 大阪府立大学経済学部中退
❺ 自営業（塾）
❻ 数学検定1級、日商簿記検定1級、英語検定準1級

🐦 @yarukisensei

▶ おすすめ動画

高校入試直前などに、中学英文法を「最短で、でもモレなく」復習できるように作られた動画。
中学英文法の全てを、例文豊富に3時間で学び直せる。授業動画に連動したチェック問題のついたプリントも用意してあるので、学校や塾の夏休みや冬休みの宿題などにも使える。

社会が苦手だった塾生が30点アップしたプリントをもとにして作成した動画。一問一答形式にすることで、知識がスルスル入っていくようになっている。ストーリーを意識してそれらをつなげることで、より忘れにくくなるとのこと。1本5分で見られ、プリントもあるので、テスト前の総復習にも便利だ。

講義系　登録者数 **1万～5万人**

チャンネル名
化学好きな東工大生・かずき

URL : https://m.youtube.com/channel/UC5nQ1QvSob0wbv2JEiWDQvA

- 登録者数＝2.31万人
- 動画本数＝221本
- 再生回数＝241万回

（2021年6月現在）

| ジャンル | 数 化学 物理 | 対象 | 大学受験 | レベル | 標準～難関 | 更新頻度 | 不定期 |

▶ チャンネル概要

化学好きな東工大生・かずき氏による高校の化学・物理・数学を対象とした講義チャンネル。大学受験問題が多数扱われていて、実際にかずき氏が受験で使った解法を紹介しているため、得点力強化のための実践的な内容となっている。

▶ 人気動画

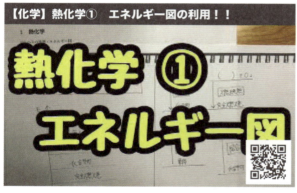

運営者　**化学好きな東工大生・かずき**

東京工業大学に在籍する「化学好きな大学生」による大学受験生を対象とした理系科目専門の勉強チャンネル。大学受験を経験してあまり時間が経っていない大学生だからこそできる受験生に寄り添ったチャンネルである。化学や物理は理系受験科目の中において、圧倒的に短期間で成績が上がる科目と言われている。一方で勉強方法をわからない受験生が多く、そのような受験生の手助けとなれるよう工夫されている。

「化学・重要問題演習」シリーズの動画。「化学・重要問題演習」シリーズでは、入試で頻出の問題を通して、それぞれの単元への理解を深めていくことがテーマだ。難易度は、定期テストレベルから標準大学レベルとなっている。かずき氏も「このシリーズ学習後にご自分の問題集を解くと、驚くほど解けるようになると思いますので、ぜひご活用ください」とオススメしている。

チャンネル名	化学好きな東工大生・かずき

レーダーチャート項目：網羅度、分かりやすさ、動画の見やすさ、使いやすさ、学習環境、分野別対策

総合評価 ☆☆☆

使い方

このチャンネルで扱われているのは共通テストから難関大までの様々な入試問題で、教科書レベルの知識は一通り身に付けた上で視聴するのがよい。特に共通テスト対策、またかずき氏自身が在学している東工大の対策動画が充実している。どのレベルの対策動画を見るにせよ、実際に自分でまず手を動かして解いてみて、その上で解法のポイントを吸収するような活用の仕方が効果的だ。化学であれば「有機化学」「理論化学」、数学であれば「複素数」など単元ごとの講義もあるが、「そもそも複素数とは」という知識は前提になる場合が多く、それらが入試でどう出題されるかという観点が中心になっている。

コラム（講評）受験生に近い立場から、使いやすい解法を講義

かずき氏自身が「ずば抜けて勉強ができるわけではありませんが、だからこそ受験生の立場により近い解法などを説明できればと思っています」と述べており、天才的な解き方やひらめきを重視するのではなく、受験生が実際に使いやすい解法紹介が充実しているチャンネル。現役の東工大生ということもあり、受験生の年齢に近い。そのため例えば「受験生が過去問を入手する方法」など、実際の10代に近い視点からのアドバイスも貴重である。多くの視聴者がいるため全てには返信できないと断りがある上で、連携するTwitterアカウントで質問や要望を受け付けている。これらも併せて利用することで、生徒自身が実際に塾で個別指導を受けているような感覚で活用することができる。扱っている動画は現状講義のみで、勉強法や自己管理術がピックアップされているわけではないが、このチャンネルの方針自体やかずき氏のスタンスそのものが受験期を乗り越える上で支えとなる部分が多い。

Twitter
https://twitter.com/OC593Mc7CCDTtLu

化学好きな東工大生（化好き）
@OC593Mc7CCDTtLu

▶ **特徴**

無駄のない、問題解説まで一直線の解説動画
手元の問題用紙に解説しながら直接解答を書きこんでいく、またはパワーポイントのスライドや、電子黒板を利用して画面に直接書き込んでいく授業形式。顔出しは行っていない。冒頭で問題を取り上げた意図に触れているので、「良問」や「頻出」の見極め方など、入試問題を解いていく上での勘を身につけることができる。雑談は挟まず一直線で解答まで解説してくれるので使いやすい。ただし喋るスピードがやや速いので、視聴前に事前に解いておくか、随時一時停止しながら視聴することをオススメする。

共通テスト対策にも注力
共通テスト前には多くの対策動画がアップロードされている。過去のセンター試験で出た単元などを網羅的に扱っているため、受験生にとっては最終的に頻出ポイントの整理ができる。またこれから入試対策をはじめていく生徒にとっても、これらのポイント整理が今後の学習の指針となるため、速い段階から取り組むことができる。

単元に特化した動画も有り、知識整理に活用
東工大をはじめとした難関大の入試問題が多数扱われているが、単元ごとの知識整理も再生リストにまとめられている。特に化学系が充実しており「無機化学」「有機化学」などは入試での最重要事項が体系的にまとめられている。基礎範囲の学習を終えたうえで、実際に入試でどのように問われるか知りたい分野がある場合、ぜひリクエストしてみよう。

公式サイトや問題掲載リンク先を活用しながら学習環境を整えよう
動画で取り扱っている問題は何らかのかたちでダウンロード環境が整っている場合が多いため、各動画の概要欄をチェックしておこう。
ただし一部の入試問題は著作権の関係でリンクが貼れない、またはデッドリンクになっているものもあり、この際は冒頭で表示される問題をスクリーンショットするか、自前で問題を用意する必要がある。

🔊 本人からのメッセージ

僕自身も大学受験はとても苦労しました。特に、物理は勉強の仕方が分からず闇雲に勉強をしていたため、全く力がついていませんでした。しかし、勉強の仕方を学ぶと驚くほど成績が伸び、東工大に合格することができました。同様に、物理や化学の勉強方法が分からず、模試の点数が全く上がらない経験をしている受験生が多くいるのではないかと思います。このチャンネルはそのような受験生の手助けができればと始めたチャンネルです。受験生の皆さん、物理・化学を極めて、大学合格を目指しましょう。

DATA
❶ -
❷ -
❸ 東京
❹ 東京工業大学在学中
❺ 大学生
❻ -

✉ kagakuzuki.kazuki@gmail.com
🐦 @OC593Mc7CCDTtLu

▶ オススメ動画

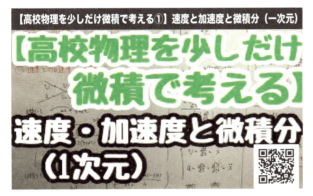

「高校物理は少しだけ微積で考える」シリーズの動画。「高校物理を少しだけ微積で考える」シリーズでは、高校の授業では曖昧になっている公式の導入などを学ぶことができる。微積と聞くと難しく感じるかもしれないが、必要とする微積のレベルは高校三年生までの範囲であるため、安心して動画を視聴しよう。

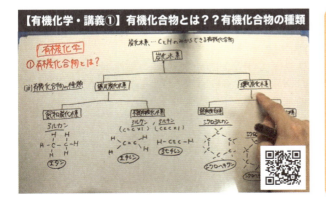

「有機化学・講義」シリーズでは、情報量が多く学習が大変な有機化学の分野を簡潔に学ぶことができる。有機化学は大学入試においてとても大切な分野で、現役生にとって苦手分野の一つになりがち。しかし、勉強を進めるととても楽しくハマってしまう分野でもあるそうだ。ぜひ有機化学の楽しさにハマってみよう。

講義系　登録者数 1万〜5万人

チャンネル名
JTV
URL : https://www.youtube.com/channel/UCTQ3w84uhQQs-5LfB3tvsVg

(2021年6月現在)

●登録者数＝2.27万人　●動画本数＝643本　●再生回数＝336万回

| ジャンル | 古文 漢文 現代文 | 対象 | 大学受験 | レベル | 基礎 | 更新頻度 | 週2〜3回 |

▶ チャンネル概要

古文・漢文の定期テスト対策を主眼としたチャンネル。学校で取り扱う定番の古典教材を扱っており、日々の授業の予習・復習に重宝する内容。古典文法や短文の解釈も扱っており、共通テスト対策の導入もカバーしている。

▶ 人気動画

多くの学校で定期テストに出題される『源氏物語』の「桐壺」を、文法解説などもしつつ、わかりやすく解説している動画。敬語も解説しており、「先生の話聞くより圧倒的に分かりやすい」「諦めてた敬語めちゃくちゃ理解出来た」といった声が寄せられる非常に好評な動画となっている。

運営者　JTV

「古文はエンタメ」という視点で、定期テストの対策に古文・漢文をわかりやすく解説しながら、問題に出そうな箇所を予想し、解説している。源氏物語などのあらすじを、面白おかしく説明をしている動画もあるほか、受験情報や過去問の解説動画もアップロードされているため、ぜひチェックしてみよう。

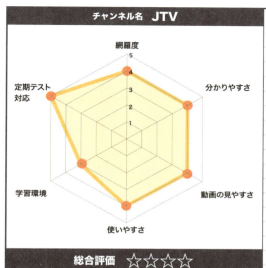

使い方

古文では『枕草子』『徒然草』、漢文では『史記』『戦国策』など定番・頻出の単元が網羅的に取り扱われている。本文中の単語・助動詞の意味などを中心に解説されているので、学校の予習など日常的に使用することもできる。より基礎的な部分を身につけたい場合は「文法解説動画」「短文練習シリーズ」、初見の問題での得点力を高めたい場合は「受験対策教科シリーズ」を活用できる。受験対策動画に関しても文法事項から丁寧にアプローチしているが、実際の入試では背景を読みとる読解力など必要となるため、入試演習に取り掛かる前の導入として活用すると良いだろう。

 古典のテスト対策ならJTV

「古文はエンタメだジェイ」の合言葉で、楽しく学べる古典の定期テスト対策動画を数多く配信している。「不真面目に古文に詳しくなろう」と言いつつ、授業内容はいたって正統的な古典文法の解釈。古典理解に対して複数の視点からアプローチされており、作品別、文法別、短文解釈、和歌、共通テスト対策などがある。古文入試の鬼門である『源氏物語』は特に詳細に扱われている。その他、現代文の解説やライブ配信などの企画も提供されている。

「JTV ブログ」

https://jtv-blog.com/

▶ 特徴

圧倒的な古典作品網羅性と、基礎徹底
配信されている定期テスト対策動画は数百本以上で、学校で取り扱っている主要単元はほぼカバーできているだろう。授業では作品の成立背景、文法の識別、単語の意味の解釈など基礎的な箇所を網羅しており、さらに独立して古典文法を体系的に学ぶシリーズもあるため、古典が苦手な生徒も自学自習できる。

板書スタイルへのこだわり
多くの動画は背景が黒板デザインとなっており、そこに本文やチェックポイントがアニメーションで展開される形式。同時に端にJ氏のワイプも映っているため、「先生が授業している感」も失われていない。アニメーションのため文字や色使いも見やすい。また、何より収録用マイクにこだわっており音声が非常にクリアである。読み方も重要となる古典科目にとっては、視聴しやすい動画になっている。

『源氏物語』の面白あらすじはJTVの本領発揮
入試で頻出かつ難易度が高いことで知られる「源氏物語」は作品全体の概要を知っているかどうかで得点が変わってくるだろう。「源氏面白あらすじ」シリーズは「面白」と銘打つだけあって、J氏のフランクな語り口と表現で「源氏物語」の世界を噛み砕いて概観できる。同時に平安文学理解に必須の古典常識も身に付くため、古典の世界に親しみたい視聴者にはおすすめだ。

扱って欲しい題材はリクエスト可能。公式サイトには練習問題あり
コメント欄などで取り上げて欲しい動画をリクエストすることができるので、まだアップされていない作品・単元がある場合はその声を届けることができる。
また公式サイト「JTVブログ」では動画と連動した単元の問題も配布されている。ただしこちらは動画内容をすべて網羅している内容ではないので、その点は注意しよう。

🔊 本人からのメッセージ

定期テストの勉強に利用してもらえるように解説しております。古典の勉強に困った際にはぜひ、JTVで勉強をしてもらえれば、と思っております。そして、少しでも、苦手な方々の苦手意識を払拭できれば、幸いです。一緒に楽しく勉強しましょう。

DATA

❶ 11/17
❷ 大阪府大阪市
❸ 兵庫県
❹ 関西学院大学
❺ 予備校講師
❻ -

🐦 @JTV_ch

▶ オススメ動画

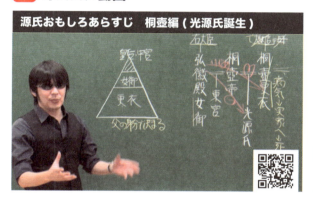

『源氏物語』の「桐壺」の巻で、多くの学校で定期テストに出題される光源氏の誕生についてのあらすじを面白く解説している動画。「面白くなきゃ勉強じゃない！」をコンセプトに、気軽に見てもらえるように解説されており、人気動画の1つとなっている。

漢文『史記』の「鴻門の会」の解説動画。多くの学校で定期テストに出題されており、非常に長いことからも、苦戦を強いられることが多い部分。漢文の読み方、構造の取り方などを解説している。たくさんのリクエストが寄せられ、視聴者からの反響も大きい。

講義系 登録者数 1万～5万人

チャンネル名
出口汪の学びチャンネル
URL：https://www.youtube.com/channel/UCLMx6X6e66gt7rcL7y7e0Cw

（2021年6月現在）

●登録者数＝2.15万人　●動画本数＝212本　●再生回数＝127万回

| ジャンル 現代文 | 対象 大学受験 | レベル 基礎 | 更新頻度 週3回 |

▶ チャンネル概要

現代文のレジェンド講師である出口汪氏がついにYouTubeに参戦、専門の現代文講義をはじめ、文学論や勉強法、予備校業界の真実、そして自らの生い立ちについてなど、幅広い分野で人生の学びを提供するチャンネル。多彩なコラボも見どころ。

▶ 人気動画

現代文において絶対に知っておかなければいけないこと、実は多くの人が分かっていないことを説明した動画。出口汪先生の講義は毎回テーマが変わるが、「あなたが持っている現代文の読解問題に対しての概念が覆される講義となっている。毎日1講義見るだけでも実力がつく」とのこと。社会人の方にとっては論理力の養成になる。現代文の楽しさを堪能してみよう。

運営者　出口 汪

中学、高校、受験生には現代国語、現代文の長文問題を論理を用いた出口メソッドでわかりやすく指導、また受験教育界のゲストを招き、最新のホットな情報を提供しているチャンネル。社会人には現代文を通して論理力の強化、論理の重要性を講義している。受験生に限らず、勉強したい人必見のチャンネルだ。

現代文講師として、代々木ゼミナール、東進衛星予備校などで大きな支持を集めてきたほか、ベストセラーの参考書も数多く世に出している。

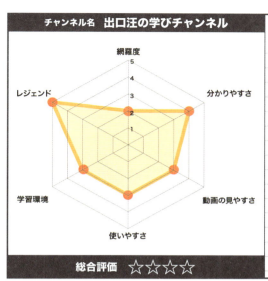

チャンネル名　出口汪の学びチャンネル

総合評価　★★★☆☆

使い方

受験対策としてこのチャンネルを活用する場合は、再生リスト「現代文講義」シリーズの視聴を第一にオススメする。現代文解法のエッセンスが提示され、実際に例文を見ながら問題を一緒に考えていく実践を意識したスタイルを取っているため、多くの人が参考になるだろう。抽象的な解法を具体的な設問にあてはめる講義形式で、問題を解くときの思考プロセスを学ぶことができる。ただし、YouTube上で演習量を確保することは難しい。また、論理力の育成に比重を置いているため、大学受験で頻出の語句やテーマ論が体系化されているわけではない。自主学習の量も確保しつつ効果的に活用しよう。

コラム（講評）　大ベテラン講師の指導のもと、論理力を磨き人生を学ぶ

"教えること"が自らの原点であると語る出口氏は教育業界で約40年のキャリアと圧倒的な指導実績を持つ大ベテランだ。「人生100年時代、かつ激動の変革の真っ只中にある現代では、学び続ける力こそが最重要である」という出口氏の信念からこのチャンネルは開設された。従って受験生だけでなく、様々な年齢層も視野に学びのためのコンテンツを提供している。チャンネルの趣旨上、受験のみに特化しているわけではないので、受験生が視聴する際は適宜内容の選択を行う必要がある点は念頭に入れておこう。

「水王舎」

http://www.suiohsha.jp/

▶ 特徴

「現代文講義」シリーズは必見
受験生に対しては動画版解法公式集といえる「現代文講義」と、「文学で読解力を鍛える」シリーズがオススメだ。「現代文講義」シリーズでは、「抽象と具体」「対立関係」などの現代文解法テーマが章立てされており、解法のエッセンスを体系的に理解できる。現代文入試の基礎となる観点が解説されているため、現代文の解き方・勉強法が分からない、またはテストで点数が取れても自分の中の根拠が曖昧である、といった悩みを打破する一助となるだろう。

読解力と教養が身につく文学講座
「文学で読解力を鍛える」シリーズでは、アシスタントのいけながあいみ氏朗読のもと、文学作品の設問を出口氏が解説し、論理的な読解力・思考力のトレーニングを行う。単に問題を解くだけではなく作家性の深堀りを行っているため、文学史的な教養も身に付くだろう。近代文学が専門である出口氏が「最もやりたかった講座」ということもあり、入試用の文学史を越えた内容は受験生のみならず社会人にもオススメだ。

受験を離れた、あらゆる学びコンテンツ
現代文のみならず、広義の意味で「学び」をテーマとして扱っている。保護者のための「幼児教育」、論理的思考を身につけたいあらゆる層に向けた「人生を変える講義」。さらに出口氏の幼少期から講師時代の経験を踏まえた自伝的内容も充実しているので、出口氏自身のパーソナリティや予備校業界のことについても学べる。これらのコンテンツは内容が刺激的で思わず連続視聴したくなるが、受験生は視聴時間を管理し、手を動かす勉強を疎かにしないよう注意。

多彩なコラボゲストも見どころ
定期的にコラボ動画が配信されており、そのゲストは有名英語講師・森田鉄也氏や最近伸びてきたYouTubeチャンネルであるスタフリ・ダイジュ先生などの教育業界の人物をはじめ、歌人や朝日新聞編集委員など幅広い。そのため対談テーマはゲストごとに異なりひとつひとつ興味深いが、こちらも受験生は熱中して勉強時間が削られないように視聴時間を調整する必要がある。

🔊 本人からのメッセージ

現代文の問題は論理を用いれば必ず解ける。現代文を克服できれば、他の教科の点数アップにつながる。私も皆さんにわかりやすく大事なポイントを踏まえて講義をしていきます。しっかりと私の講義についてきて欲しい。

DATA
① -
② -
③ 東京都新宿区
④ 関西学院大学大学院文学研究科博士課程単位取得退学
⑤ 広島女学院大学客員教授、株式会社水王舎 代表取締役、論理文章能力検定評議員
⑥ -

✉ http://www.suiohsha.jp/contact/

▶ オススメ動画

現役の朝日新聞のエース級記者である峯村健司さんを招き、あまり知られていない現在の中国の裏側を語ってもらった動画。受験分野に限らず、多彩な分野のさまざまな情報が扱われているのもチャンネルの魅力の一つだ。

国語の成績の上げ方について解説した動画。
国語や現代文は、いくら努力しても、偏差値が上がらない潜伏期間があり、それをどう克服していくのかが鍵とのこと。潜伏期間を解消する具体的な方法が解説されているので、国語の成績が伸び悩んでいる受験生はぜひ視聴してみよう。

講義系 登録者数 1万〜5万人

チャンネル名
【楽しい授業動画】あきとんとん

URL：https://www.youtube.com/channel/UCl1m-E6cjzpBmyhmxJB4zeQ

- 登録者数＝2.11万人　● 動画本数＝527本　● 再生回数＝124万回

（2021年6月現在）

| ジャンル 数 物理 化学 古典 中学 英 数 理 | 対象 高校 大学受験 | レベル 基礎 | 更新頻度 週5回 |

▶ チャンネル概要

京大院生のあきとんとん氏による「勉強が嫌い・苦手な中学生・高校生」を対象とした基礎学力向上のための授業チャンネル。英・数・理科を中心としており、知識が無い状態からでも短時間で基礎を吸収できる構成が売り。

▶ 人気動画

中学生の数学でありがちな、二等分線で分けられた図形の角の角度を求める問題は方程式を立てたり、文字に置き換えて方程式を立てて解く場合が多い。そのような問題に苦手意識をもつ生徒に向けてより分かりやすく解説した動画。テストのときの時間短縮としても使える。

運営者　あきとんとん

「勉強が嫌い！苦手！」そう思っている中学生・高校生に向けて授業動画を配信している。扱っている科目は数学・理科・英語。「あきとんとんの授業動画なら楽しく勉強できる！」そう思ってもらえるような動画を目指して制作しているという。勉強嫌い・苦手という意識がある人には一度見てみよう。

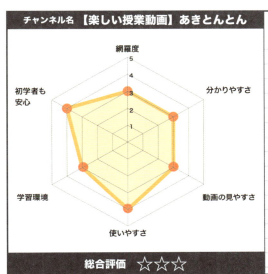

チャンネル名 【楽しい授業動画】あきとんとん	**使い方** 勉強に抵抗のある生徒が「空いた時間で勉強する習慣を身につける」ことを目的として活用するのが良い。単元の内容を一から説明をしてくれるので、順番に視聴していくことで必要な知識を無理なく身につけられる。また動画内で自学が完了する工夫がなされており、動画末尾にはその動画内で扱った問題のまとめ・解答が掲載されている。そのため視聴の前後で自分自身で例題を解きやすい構成になっている。ただし現状では全ての単元が網羅されているわけではない。学習習慣がついた段階で学校の教科書やサブテキストの例題を解くなどして、次のステップに進んでいこう。
総合評価 ☆☆☆	

コラム（講評） 空き時間に楽しく勉強

立命館大学から京都大学大学院に進学したあきとんとん氏による、勉強が苦手な生徒が楽しく勉強できるようになることを主眼とした「空き時間でとんとん勧められる」初心者向けチャンネル。勉強初心者向けチャンネルとはいえ、あきとんとん氏の実体験に基づいた勉強に対する考えや方法は骨太だ。また「数学の知識」シリーズでは実用的で有用な計算方法も紹介されている。そのため基礎学力が定着している生徒も参考にすることができる動画が多数ある。

🏠「自習室」

勉強が嫌いな人，みんな集合！！

あきとんとんと，自習室

https://akitonton.com/

▶ 特徴

ポップな編集と語り口
直近の動画では、勉強が苦手な生徒でも見飽きないように随所に編集に工夫が凝らされている。ホワイトボードに板書して解説しつつ、例題や重要ポイントはテロップ表示されたり、YouTube 的な効果音も挿入がされていたりもするので、気軽に視聴できる。語り口は基本的に敬語を省いたフランクな関西弁が中心で、生徒にとっては直接指導してもらっているような親しみを感じることができるだろう。

基礎のさらに手前の段階もカバー
YouTube 上の教育チャンネルは「基礎内容を扱っている」と説明してあっても、ある程度の概念や語句は前提として講義されていることが多い。しかしあきとんとん氏はその「基礎の手前」の説明もしっかりカバーしている。「高校英文法」では品詞、「数学Ⅰ」では「そもそも x って何か？」から解説してくれるので、本当に初歩でつまずいている生徒は最初から受講して基本概念を理解していこう。

勉強が苦手だったからこそ分かる受験生の気持ち
学年末テストでまさかの 12 教科中 9 教科欠点だった経験をもつあきとんとん氏。だからこそ努力次第で人は変わることができる、挫折感はプラスに変えることができる、という勉強への想いが説得力を持っている。そこからいかにして紆余曲折を経て京都大学院に合格を果たしたのか、勉強について熱く語る「とんとん語り」シリーズで確認してみよう。

公式サイトは動画概要説明のある親切設計
公式サイトでは各動画の学年・単元が整理され、いつでも視聴しやすい環境が整っている。さらに簡単な内容説明もついているので、迷うことなく目的の動画に辿り着けるだろう。
また、各動画の概要説明欄にはチャプターがついており、どの時間に何の話をしているのかを把握できる親切設計になっている。

🔊 本人からのメッセージ

勉強をしていると、不安になることが多いと思いますが、そういうときにこそ笑顔が大切だと思います。そこで、あきとんとんが楽しそうに勉強教えてるな〜というふうに軽い気持ちで息抜き程度に授業動画を流してください。息抜きもできるし、授業動画もなんとなく聞いているので一石二鳥です！ぜひ当チャンネルで楽しく勉強しましょう！勉強がんばってください！ふぁいとんとん！

DATA
❶ 1996/05/03
❷ 大阪府寝屋川市
❸ -
❹ 大阪府立寝屋川高等学校・立命館大学・京都大学大学院
❺ -
❻ 英検準1級

✉ teacher.akitwo.tonton@gmail.com
🐦 @akitonton5
Instagram：@akitonton5
TikTok：@akitonton

▶ オススメ動画

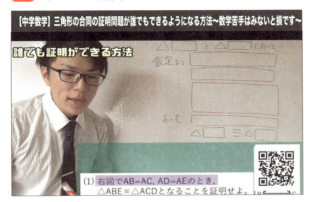

中学生の数学で、「証明問題がまったくできない！意味が分からない！」という人に向けての動画。証明問題が苦手な人が迷いがちな、証明の手順・道筋を基礎から学べる。証明問題と聞くだけで思わず身構えてしまう人が、基本的な考え方を学べるようにユニークなトークも織り交ぜながら解説している。

高校生の数学の集合の授業動画。高校生になって数学で最初に「分からないな〜」となる原因の一つに記号が増えることがあげられる。特に集合の範囲では一気に増えるため、その違いと性質を面白おかしく授業している。この動画で、記号に対する抵抗感やこれから増えていく記号に対しての嫌悪感をなくしていこう。

講義系　登録者数 1万〜5万人

チャンネル名
ここみらいチャンネル
URL : https://www.youtube.com/channel/UC9Zbff5V28xPi8_knRlp2-A

（2021年6月現在）

●登録者数＝1.91万人　●動画本数＝256本　●再生回数＝227万回

| ジャンル | 倫理 政治経済 | 対象 | 大学受験 | レベル | 基礎〜標準 | 更新頻度 | 不定期 |

▶ チャンネル概要

「お金や場所、年齢にとらわれない教育の機会を創造する」をビジョンに掲げ、高校生に向けて倫理政経の授業と無料テキスト配布を行っている。高校で倫理政経の授業がない生徒にも目を向けるなど、倫理政経を通じて教育をより良くしたいという気持ちの表れたチャンネル。

運営者　シュンスケ

高校生向けに受験講義動画を載せているチャンネル。
「ふざけながら教えていたら、視聴者が勉強熱心すぎて高得点をたくさん出してくれた」そうだ。
概要欄のURLから講義テキストを印刷できるようになっているため、動画を観る前に準備しておくと理解がしやすいだろう。

▶ 人気動画

高校倫理・源流思想第1講「古代ギリシア神話」についての講義動画。まだカメラに向かって話すのが恥ずかしかった頃の初々しい動画だそうだ。
運営者のシュンスケ氏が「これを伝説の始まりと呼ばさせていただきます」という記念すべき動画となっている。

チャンネル名	ここみらいチャンネル	使い方

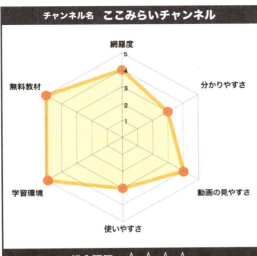

使い方

倫理政経に特化したチャンネル。国立理系志望者が倫理政経を選択する場合や、受験科目が政治経済の私大受験者にも使える。動画自体は倫理と政経に分けられており、内容は大学受験を受ける上で申し分ない。見やすい動画もさることながら、概要欄から無料のテキストがダウンロードできるため学習環境も整っている。数は多くないが理科基礎の講義動画も公開されているので、国立文系志望者にとっても有益である。また、不定期ではあるがライブ配信で受験相談に乗ったり、勉強法やエンタメ系の動画も公開されている。

総合評価 ☆☆☆☆

コラム(講評)「教育の機会を創造する」ため、手厚い倫理政経の授業を展開

倫理と政治経済の解説動画に定評あり。語句の説明をするときに身近な例に例えたり、ときには擬音や擬態、大きな身振り手振りを使って事柄を面白く表現したりとユーモアも持ち合わせており飽きさせない。早送りやカット編集も加えられているため、テンポよく見続けることができるだろう。教科書範囲の解説は広範囲で詳しいが、MARCH・関関同立以上の大学を政治経済で受験する場合はさらに上の問題演習が必要で過去問演習、資料集を使った教科書外の細かい語句の暗記が必須となるので注意。

🏠「ここみらいチャンネル」

KOKOMIRAICHANNEL
お金や場所、年齢にとらわれない
教育の機会を創造する

https://kokkomirai.com/

123

▶ 特徴

倫理、政治経済のチャンネルではおそらく最も解説が丁寧
さまざまな社会科を扱うチャンネルがある中で、倫理政経に特化した動画であればトップクラスの内容と解説。内容は濃いが、動画自体は短めにまとめられているので非常に取り組みやすい。初学者でも十分理解できる基礎的なレベルから、入試に対応できるレベルまで非常にわかりやすく解説されている。無料でダウンロードできるテキストを使いながら受講すると効果倍増なので、視聴する際は入手しておこう。

編集と喋りもハイレベル
テキストを効果的に使いながら、重要事項の要点を的確に押さえた講義は体系的でわかりやすく、例え話などをうまく取り入れることで聞いていて非常に面白い講義である。動画の無駄な部分にはカットなどの編集が入れられており、動画内に無駄な箇所がない。板書は少なめで、テキストをメインに講義が進むため、コンパクトにまとまっている。時々でる毒舌や熱い人間性が動画でも垣間見え、親近感を持つことができる。

申し分ない解説だが難関大学の政経受験者はさらに上のレベルを
共通テストレベルは十分網羅されており、講義を完璧にすれば難関大の政経の問題でも戦えないことはないが、高得点を狙うには追加で対策をすることが求められる。共通テストを受験する国公立大志願者はこの講義に取り組み、過去問演習をすることで高得点が期待できるが、MARCH以上の政経受験者は難解な問題対策として、過去問演習に加え発展レベルの問題集で演習を積みたい。

圧巻なのは「経済」
経済範囲が苦手な受験生は多いが、経済の話をただ単に展開するのではなく、「政治」と「普段のお金の使い方」をイメージさせ駆使しながら難解な経済の話を簡単に説明する。自分たちの身近な事柄を例として説明してくれるので表層的でない、本質的な用語の理解をすることができる。講義を思い出しながら用語を頭に入れていくことで、様々な角度で用語が問われるような入試問題にも対応できるようになるだろう。

🔊 本人からのメッセージ

ここみらいチャンネルが扱っている哲学(倫理)は、人生の意思決定にダイレクトに役立つ数少ない学問の一つです。もちろん、他の学問(政治経済など)も、過去のケースから傾向やパターンを知ることに貢献しますが、哲学ほど芯を食ったものはあまりありません。なぜなら哲学はそれ以上抽象化できない思想を扱う学問だからです。哲学という色眼鏡で物事を見たときに、本質部分により触れやすくなるように感じます。
(それに、簡単に高得点が取れます。)

DATA
❶ -
❷ 湘南
❸ -
❹ 名古屋大学・慶応義塾大学
❺ 学生
❻ -

🐦 @kokkomirai

▶️ オススメ動画

「ここみらいチャンネル」を見て、本当に倫理の点数が上がるのか検証した動画。倫理初学者が、一週間のみの勉強で8割を本当に取れたそうだ。実力チェックから始まり、勉強法、リアルな勉強風景、センター試験過去問を受けた結果まで、見どころ満載となっている。視聴者からも好評だ。

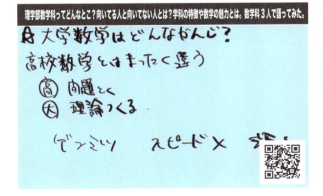

理学部数学科について、数学科3人で語った動画。数学科に入ったきっかけや向いている人そうでない人、高校数学と大学数学の違い、数学科のいいところなどについて、三者三様に語られている。数学科に入りたいけど迷いもある…という受験生には、数学科のリアルな話が参考になるだろう。

講義系　登録者数 1万〜5万人

チャンネル名
butsurikyoushi

URL : https://www.youtube.com/user/butsurikyoushi

- 登録者数＝1.17万人
- 動画本数＝2,775本
- 再生回数＝666万回

(2021年6月現在)

| ジャンル | 生物基礎 化学 物理 中学 理 | 対象 | 高校・大学受験 | レベル | 基礎〜難関 | 更新頻度 | 不定期 |

▶ チャンネル概要

物理・化学を中心とした講義チャンネル。高校レベルの基礎範囲を知識ゼロから学べ、共通テスト〜難関大入試の解説まで、幅広いレベルが網羅されている。物・化・生いずれも基礎科目を扱っているので、文理問わず活用できる。

▶ 人気動画

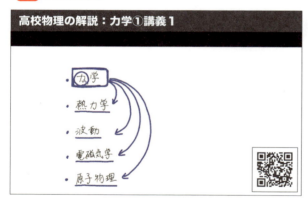

「高校物理をいちから説明しています。動画で使用しているプリントのPDFもダウンロードしていただけるようにしています」（運営者）

運営者　三澤信也

高校物理と化学について、知識ゼロの状態からでも理解できるように丁寧に解説されているチャンネル。以下の書籍を上梓している。「東大式 やさしい物理」「図解 いちばんやさしい相対性理論の本」「こどもの科学の疑問に答える本」「図解 いちばんやさしい最新宇宙」（以上、彩図社）、「分野をまたいでつながる高校物理」「入試問題で味わう東大物理」（以上、オーム社）、「共通テスト物理 実験・資料の考察問題26」（旺文社）

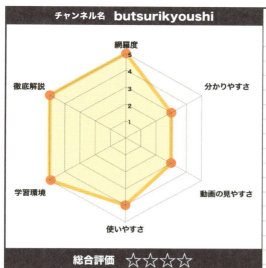

チャンネル名 **butsurikyoushi**	**使い方**
(レーダーチャート：網羅度、分かりやすさ、動画の見やすさ、使いやすさ、学習環境、徹底解説)	このチャンネルで学習する際は公式サイト「大学入試攻略の部屋」を活用しよう。チャンネルで扱っている動画の単元がTOPページにまとめられている。基礎内容に関しては穴埋めプリントが準備されており、実際に動画視聴しながら解答を作成していくことで、前提知識の無い状態からでも全体の重要語句の考え方を身につけることができる。ただし基礎科目以外は単元プリントが無い場合もあるので、動画によっては自分でノートを取る必要がある。入試問題も共通テスト・センター試験過去問から二次試験まで広く扱っており、問題もPDFでまとめられているので、実際に解いてから解説を受けるようにして進めるのがいいだろう。
総合評価 ☆☆☆☆	

コラム(講評) 理科の自学自習に適したチャンネル

高校範囲の物理・化学・生物基礎、また中学理科全般を扱った講義チャンネル。学校で授業が無い、もしくは授業は受けたが内容が曖昧になった際などはこのチャンネルを利用して自学自習を進めることができる。活用上の注意としては、動画内容が非常にシンプルな作りで、雑談もなく淡々と講義される形式になるので、基礎からとはいえそもそも勉強習慣が身についていない生徒にとっては敷居が高く感じられる。受動的に聞き流すのではなく、自ら目的意識をもち動画を「教材」として利用する意識が必要だろう。

🏠「大学入試攻略の部屋」

http://daigakunyuushikouryakunoheya.web.fc2.com/

▶ **特徴**

授業はすべて電子黒板形式
顔出しは行っておらず、電子黒板に書き込む形式で授業が展開される。色遣いが見やすく、入試演習では画面片側に問題用紙、もう片方に計算式やポイントが記載される形式が多いため、ノートを取りやすい。ただし音声が小さく、こもっていてやや聞き取りにくい動画も存在するので、視聴する際の音声環境には注意を払う必要がある。

基礎科目から始められる
物理・化学・生物に関して基礎単元から扱っているため、文系の生徒も活用することができる。講義がメインなので、学校の予習復習、定期テスト前の知識整理いずれにも役に立つだろう。理系生徒にとってはさらに「力学」「波動」といった各単元特化の内容も用意されている。特に物理は充実していて、シミュレーションや実験動画など、学んだ知識をイメージしやすい動画も存在している。

二次試験対策は、視聴の前に準備運動を
難関大学の入試演習も扱っており、中には90分近い長尺の動画もある。単元の講義レベルに対して難易度が高く感じる可能性もある。このチャンネルの講義動画で基礎を身に付けた後、市販の問題集で例題をこなすなどしてある程度演習を積み、そのあとで再度これらの入試対策動画に立ち返って学習するのが良いだろう。

公式サイトでの記事も充実
YouTubeチャンネルと併用して公式サイトを活用することをオススメする。サイトのデザインが古くやや見づらさを感じるが、内容はシンプルで実用性がある。単元ごとに動画が整理されているだけでなく、基礎対策のプリント、また入試演習の問題がPDFで格納されているので、視聴した動画と対応する教材を実際に解くことで、例題を解く場を確保できる。物理系のコラムも用意されており、各理論の具体的なイメージを付けたいときにはこれらの記事も読んでみるとよいだろう。

🔊 本人からのメッセージ

物理や化学が苦手な方にも得意な方にも、その楽しさを味わっていただけるのではないかと思います。「大学入試攻略の部屋」というホームページで整理しています。
http://daigakunyuushikouryakunoheya.web.fc2.com/
ぜひご覧ください。

DATA
❶ 1980/01/20
❷ 長野県上伊那郡箕輪町
❸ 長野県上伊那郡箕輪町
❹ 東京大学教養学部基礎科学科卒業
❺ 高校教員（理科）
❻ 教員免許（中高理科）

✉ misawashinya@gmail.com

▶ オススメ動画

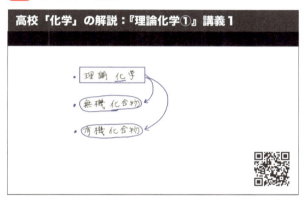

「高校化学をいちから説明しています。動画で使用しているプリントのPDFもダウンロードしていただけるようにしています」（運営者）

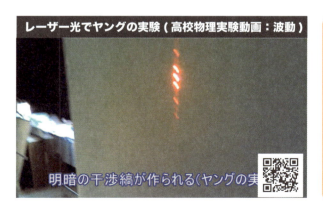

レーザー光でのヤングの実験動画。
高校物理である波動について、理解を深めることができる実験動画となっている。
「テキストの上で概要を見るのと実際の実験の様子を見るのではやはり納得度が違う」と好評だ。

129

講義系　登録者数 1万～5万人

チャンネル名
もろぴー有機化学・研究ちゃんねる

URL：https://www.youtube.com/channel/UCVdqfcGlhXFEe4JDV97X1ig

（2021年6月現在）

● 登録者数＝1.09万人　● 動画本数＝109本　● 再生回数＝58万回

| ジャンル | 化学 | 対象 | 大学生 | レベル | 標準 | 更新頻度 | 不定期 |

▶ チャンネル概要

京都大学工学部出身で現在学習院大学で助教を務めるもろぴー氏による主に大学生向けに有機化学の講義を行うチャンネル。しかし、超難関大学を目指す受験生にとっても化学の本質理解につながるチャンネル。

▶ 人気動画

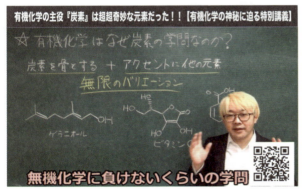

有機化学の神秘に迫る特別講義の動画。
そもそも有機化学ってなんで「炭素の学問」なのだろうか？無機化学はそれ以外の元素全部扱うことを考えると、有機化学で扱う元素の種類はとても少ない。それでも有機化学は無機化学に負けないくらい大きな一大分野だ。使う元素が少ないのに有機化学が大きな分野である理由は、ズバリ「炭素がものすごく奇妙」だから。何が奇妙か？それは動画でぜひ確認してほしい。

運営者　もろぴー

大学教員かつ現役研究者のもろぴーが、深遠なる有機化学の世界をお届けするチャンネル。
「大学受験対策としては全く役に立ちませんが、ぜひ学問としての有機化学を一度覗いてみてください♪」と運営者。コンテンツとしては、大学有機化学の講義動画や日常の化学に関するめちゃくちゃマニアックな知識のガチ解説動画が配信されている。また、一研究者として研究の世界を語った動画もあるため、研究に興味がある人におすすめだ。

チャンネル名	もろぴー有機化学・研究ちゃんねる

レーダーチャート項目: 網羅度 4、分かりやすさ、動画の見やすさ、使いやすさ、学習環境、有機特化

総合評価 ☆☆☆☆

使い方

扱われているレベルは大学レベルである。そのため、高校化学をある程度入試レベルまで仕上げた受験生でなければほぼ理解することはできないだろう。MARCH以下の志望者には必要のないレベルだが、超難関大学で化学を得点源にしたい受験生にとっては非常に有用だ。この分かりやすさでこのレベルの話をしてくれるYouTuberは唯一無二と言える。

動画に関しては、基本的に最初に投稿されているものから順に視聴すると良い。大学レベルの話であるため、飛ばして視聴するとそもそも専門用語の意味が全く理解できない場合がある。

コラム（講評） 大学レベルの有機化学講義

もろぴー氏は京都大学工学部を卒業後、同大学院を博士課程まで修了したのち、同大学ポストドクターに。花王株式会社への勤務経験後、現在学習院大学理学部で助教を務める現役の研究者である。実際に大学の講義で話す内容や実験中に扱ったことのある反応を、時には分かりやすい題材を用いながら説明してくれるため、非常に分かりやすい。また、もろぴー氏自身がもともと高校有機化学に対して「非常につまらない」という印象を抱いており、その上で有機化学を真に興味深く学べるためのコンテンツが用意されている。

🏠「有機化学論文研究所」

https://moro-chemistry.org/

▶ **特徴**

超難関大学受験にもつながる大学有機化学
東大をはじめとする超難関大学の化学入試においては、高校化学の知識から十分推測可能、もしくは問題文中である程度の説明をした上で大学範囲の化学現象を題材とするケースが多い。しかし、実際にはある程度の大学レベルの知識があった方が一気に解答しやすくなるケースも多く、超進学校や予備校の東大受験コースなどではそういったことも学ぶことが多い。それ以外の受験生にとってこのような範囲に触れることは非常に難しいため、もろぴー氏のチャンネルは非常にありがたいものだろう。

実生活に密接した化学の話
「しめ鯖をしめなければならない科学的な理由」「科学的に作るスパイスカレー」「バファリン優しさの正体とは？」など、様々な身近な事象や疑問を化学で説明している動画が多くある。実際には動画中で話されている内容は大学受験生にとっては非常に難しい内容であることも多いのだが、このように身近な内容に落とし込まれると、だいぶとっつきやすくなる。これは大学受験生にとっては非常に嬉しい。

充実した独自HP
もろぴー氏は自身のブログも運営しており、そちらのコンテンツも非常に有用である。もろぴー氏の大学時代の話や最近読んだ論文の説明、現在の研究までさまざまなコンテンツがあるが、中でも受験生にオススメしたいのは「女子高生と学ぶ有機化学」というコンテンツである。もろぴー氏自身の「高校有機化学はくそつまらない」という考えを持っており、通常高校化学では扱わないような高度内容まで、非常に分かりやすくそして非常に面白く解説がなされている。

優しいが引き込まれる語り口
もろぴー氏の話し方は非常に優しく、そして非常に聞き取りやすい。それでいて単調にならず、聞いていて眠くならず、だれてしまわないのが特徴である。また、動画は基本的に黒板で説明をしていくタイプだが、適宜板書中は早送りになったりするのも見ていて集中力が切れづらいためありがたい。

🔊 本人からのメッセージ

受験は大変ですよね。きっと、みなさん、テストで1点でも高い点数を取ることに必死になっていることでしょう。私もそうでした、仕方ないですよね。きっと嫌になる日もあるでしょう。

それでも、みなさんには頑張ってほしいです。高校とは比べ物にならない、めちゃくちゃ広大で、どこまでも深く、最高にエキサイティングな学問の世界が待ってます。どうかそこに辿り着いてください。応援していますね！

DATA
1. 1988/07/14
2. -
3. 東京都
4. 京都大学大学院工学研究科
5. 大学教員　助教
6. -

✉ https://moro-chemistry.org/
🐦 @morop_

▶ オススメ動画

有機化学研究者から研究室の学生へのインタビュー動画。一緒に研究して論文を仕上げた学生と、論文にいたるまでにどのように研究してきたかを語り合っている。「想像を絶する苦労ですが、新しいことを発見するその瞬間はエキサイティングです！」とのこと。きっと研究の苦労と興奮が伝わるはずだ。

トマトはなぜ赤いのか？このどうでもいい疑問を科学的に答えるこの世で最も詳しい動画。
「トマトのリコピンはどんな構造か？どんな特徴があるのか？」「HOMO-LUMOギャップとは？」などについて語られており、トマトの赤い理由が分子レベルで分かるようになる。

| 講義系 | 登録者数 5,000～1万人 |

チャンネル名
受験メモ山本

URL : https://www.youtube.com/channel/UCrwZOgrdZwcnkR1BuL9O7jQ

● 登録者数＝9,400人　● 動画本数＝277本　● 再生回数＝93万回

（2021年6月現在）

| ジャンル | 化学 物理 | 対象 | 大学受験 | レベル | 基礎～標準 | 更新頻度 | 週1～2回 |

▶ チャンネル概要

東大卒の塾講師・山本氏による高校化学・物理の講義動画チャンネル。特に化学領域に関しては化学基礎範囲から二次試験レベルまでの単元知識を網羅しており、物理においても微分積分を用いた本質的な解説を行っている。高校の理数科目を学んでいく受験生から強い支持を得ている。

▶ 人気動画

化学基礎の授業シリーズ1本目の動画。
このシリーズは化学基礎を網羅的に解説するもので、酸と塩基の反応や酸化還元反応など、化学の他の分野に絡む重要な概念がわかりやすく解説されている。これから本格的に化学の勉強をスタートしたいという人にオススメ。

運営者　山本匠馬

東大卒の講師である山本氏が、化学と物理をメインに解説するチャンネル。「化学や物理の現象がイメージできない」という受験生の声に答え、できる限り起こっている現象を原理・仕組みから説明するよう心がけているとのこと。また、単に大学入試のためだけではなく、大学入学後の勉強にも考え方が役立つように意識されている。
現在は基礎・標準レベルの化学授業シリーズ、難関レベルの物理授業シリーズを投稿中で、今後はさらに範囲・レベルともに網羅度を高めていく予定だそうだ。

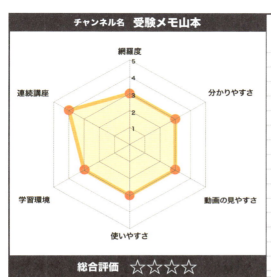

チャンネル名 受験メモ山本	**使い方** このチャンネルでメインに扱っているのは化学の講義である。「理論化学／化学基礎」「有機化学」など入試重要項目のシリーズがまとめられている。単元最初の動画でガイダンスを実施、何をやっていくか・授業の進め方・レベル感が説明されているので、まずそちらを参照しよう。動画は単元講義が中心で30分前後にまとめられているものが多い。そのため一日に3本までなど自身のペースを設定し、実際に塾で授業を受けるようにノートを取りながら視聴するとよいだろう。また物理に関しては不定期な更新であるが、「ハイレベル物理」講座などが準備されている。
総合評価 ☆☆☆☆	

> **コラム（講評） 練られた講義は「分かりやすい！」のコメント多数**
>
> 元々化学が苦手だったという山本氏は浪人を経て東大へ進み、現在はオンライン塾で個別指導にあたる。自らの経験から、暗記ではなく全体の「ストーリー」を想像することで本質的な理解を深めていく、という趣旨で講義が組み立てられている。
> 化学の基礎項目をさらった上で、それらがどういった領域に繋がっていくかの説明があり、個別単元の理解だけでなく全体象がイメージしやすい。生徒にとっては塾のカリキュラムに従って順番に授業を受ける感覚で、勉強のイメージがしやすいだろう。

🏠「受験メモ」

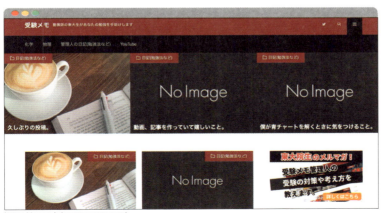

http://www.jukenmemo.com/

▶ 特徴

ガイダンスから始まる各単元連続講座シリーズ
山本氏は単元の見取り図や、動画の進め方にこだわりを持っている。自分が学習するものが、各科目の範囲の中でどのような立ち位置にあるのかが明確になるため、連続講義シリーズでは最初の動画で趣旨説明をすることが多い。そのため受験生は授業の進め方や、各単元の入試における位置づけなどを納得したうえで視聴することができる。授業はホワイトボードを用いたシンプルなもので、文字も大きく重要箇所がテロップに入るなどの工夫があり、見やすく作られている。

共通テスト対策を徹底
共通テストの対策は徹底しており、出題側の意図や問題傾向を分析し、実際に手元の問題用紙に実況型式で解説していく。得点のために何をすればいいか端的に指摘しているので、これから共通テスト対策を始める生徒にオススメだ。
また現在では化学・物理の講義がメインのため、二次試験の演習動画は少なめ。二次試験の演習を実施したい生徒は別途教材を準備する必要がある点は注意しよう。

オンライン個別指導も実施
YouTube動画の概要欄には公式サイトへのリンクが掲載されており、そのフォームから大学受験に関する個別指導を受け付けている。Zoomでの受験指導と、LINEでの個別質問相談が可能。こちらは全教科対応・ネット完結を売りにしている。最初は無料で相談が可能のため、化学・物理に限らず受験科目で苦手分野がある場合、個別指導の利用を検討することができる。東大卒に無料で相談をしてもらえるというものはかなり特殊かつ貴重と言えるだろう。

各単元についてのブログ記事も充実
公式ブログの「受験メモ」では、化学・物理の入試ポイントに関して詳細な記事が掲載されている。動画チャンネルと同様に、記事の趣旨としては暗記を減らすための考え方や着眼点の紹介なので、動画内容を整理したい生徒はこちらも合わせて活用できる。化学構造式など図も充実。また、一部練習問題も掲載されているため、授業で扱った内容をアウトプットを兼ねて復習することができる。

🔊 本人からのメッセージ

化学は暗記量の多い科目に思われがちですが、受験生が思っているほどは暗記は必要ありません。化学反応などの仕組みを理解して現象をイメージしてしまえば、化学に一連のストーリーが見えてきます。また物理も、単なる公式への当てはめを脱却して現象が見えるようになれば安定して高得点を狙える科目です。化学と物理で高得点を目指したい人の力になれるように動画投稿を続けていくので、受験生の皆さんはぜひ一緒に頑張っていきましょう。

DATA
① 1994/06/15
② 愛知県
③ 東京都
④ 東京大学卒業・東京大学大学院中退
⑤ 個別指導講師（大学時代から今まで）
⑥ -

✉ jukenmemo@jukenmemo.com
🐦 @jukenmemo

▶ オススメ動画

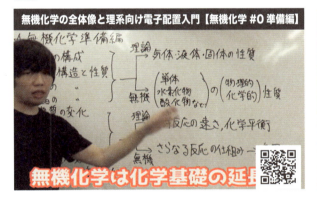

無機化学の授業シリーズ1本目の動画で、化学基礎シリーズの続編。無機化学は暗記量が多い分野だが、できるだけしんどい丸暗記を避けられるように物質の性質や化学反応を仕組みから解説されている。また、シリーズ後半では「どうしても避けられない暗記すべき知識」をまとめた元素各論も用意されている。

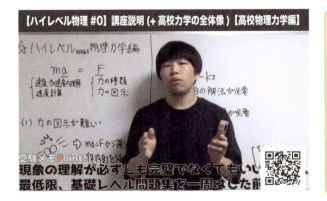

ハイレベル物理シリーズの力学編1本目の動画。難関大学の受験生向けに自作の問題集を使った授業動画で、見やすさよりも内容が重視されている。問題集の予習を前提に授業を進める上に動画時間もかなり長いが、その分難関大でも十分戦える実力が付くおすすめのシリーズとなっている。

講義系　登録者数 1万〜5万人

チャンネル名
オンライン無料塾「ターンナップ」

URL：https://www.youtube.com/channel/UCbAGKvaEBPrJxnScsOQuXBQ

- 登録者数＝1.24万人
- 動画本数＝1,685本
- 再生回数＝362万回

(2021年6月現在)

| 主な科目 | 英 数 世界史 化学基礎 | 対象 | 大学受験 | レベル | 基礎〜標準 | 更新頻度 | 不定期 |

▶ チャンネル概要

各科目中学の範囲から高校の教科書レベルまで網羅しており、基礎から標準レベルまでの解説であればまずこのチャンネルに解説動画が載っていると言って良いほど豊富に用意されている。英語、国語、世界史など文系志望者向けの動画だけでなく、数学もⅢまで解説が用意されているため理系志望者にも便利なチャンネルである。

▶ オススメ動画

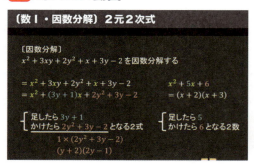

高校数学で最初につまずきやすい因数分解。しかし、中学範囲の因数分解との共通点に力点を置いた解説をしている動画。ポイントさえ押さえればその他の問題でも十分に対応していけることを実感してほしい。

🔊 本人からのメッセージ

学校教育のカリキュラムには賛否両論あるでしょうが、学習関連に携わる中で、実はよくできたプログラムなのではないか、と思うようになりました。「筋道立てて考えられるか」「習ったことを他でも生かせるか」といったようなことです。「こんな勉強、将来の役に立たない」なんてことはありません。目の前の勉強に取り組むことが将来につながりますので、しっかりがんばってみてください。応援しています！また、無料アプリからも授業動画を見ることができるのでこちらもご活用ください！

運営者　ターンナップ

オンライン無料塾「ターンナップ」が提供する授業動画チャンネル。黒板調の動画で、数学、英語、世界史を中心に公開。その他の教科についても順次制作中。東京大学卒業者を含む現役予備校講師らを中心に、教育現場に携わるメンバーにてチームを構成。メンバー自身の成績が伸びた経験を踏まえ、要点を押さえた動画作りを意識している。

✉ info@turnup.jp

DATA
- ❶ -
- ❷ -
- ❸ 兵庫県神戸市
- ❹ 東京大学 他
- ❺ オンライン教育サービス
- ❻ -

| チャンネル名 | オンライン無料塾「ターンナップ」 |

レーダーチャート項目: 網羅度、分かりやすさ、動画の見やすさ、使いやすさ、学習環境、無料アプリ

使い方

YouTubeでは珍しい現代文、古文、漢文の文章問題の解説がある。世界史は豊富な数が投稿されており、世界史と比べると少ないが地理と政治経済の解説動画もある。数学は中学から高校数学まで基礎的なものは網羅。一部解説の欠けている科目があるものの（日本史、物理、生物）、全体的に基礎的な問題に関しては解説があるので概ね便利に使えるだろう。無料のアプリからの方が見たい科目の単元が探しやすい。ホームページは非常によくまとまっている。

総合評価 ★☆☆☆

コラム（講評） 動画本数1,500本以上を誇る授業動画チャンネル

英語、現代文、古文、漢文、数学、化学、世界史、地理、政経とかなり広く解説動画を出している。国語に関しては古典文法だけでなく読解問題も扱っているのが他のチャンネルと違った特徴であると言っても良い。動画内から検索で調べたいことを入力すれば知りたかった内容が見つかるだろう。ホームページには勉強法に関するブログも掲載されており、さまざまな視点から学習に関するアプローチをしている。教え方は学校の教科書に沿ったシンプルな解法が目立つ。豊富に教科書に沿った解説動画はあるが、大学別の過去問の演習はないので基礎から標準レベルの学力の生徒に合ったチャンネルと言えるだろう。

▶ 特徴

基礎的なことは学習できるが過去問演習は自身で行う必要あり

扱う科目と範囲は広いがあくまでも基礎から標準的なものが中心。学校で習っていない範囲を先取りしたり、わからなかったところを埋めるような形で使うのが適している。一通りこのチャンネルで基礎的なことを学んだら、問題集などを使ってしっかり演習していくのが良いだろう。全科目、導入として非常に優れたチャンネルである。

ホームページからだと動画と記事が探しやすい

YouTubeだと単元ごとにリストになっているだけだがホームページからだと科目や単元別に見出しがあり動画が探しやすくなっている。また単元の内容が動画ではなく記事という形で読むことも可能なので活字で学習したい場合はホームページから記事に飛んだほうが勉強しやすい場合もあるだろう。YouTubeもホームページも豊富なコンテンツがあるのが特徴。

講義系　登録者数 1万〜5万人

チャンネル名
最難関の数学・物理 by 林俊介

URL : https://www.youtube.com/channel/UCuPoqYPg5dqY5oawpYYkR_w

● 登録者数＝1.26万人　● 動画本数＝280本　● 再生回数＝119万回

（2021年6月現在）

| 主な科目 | 数 物理 | 対象 | 大学受験 | レベル | 最難関 | 更新頻度 | 週3回 |

▶ チャンネル概要

東大物理学科卒の林俊介氏による数学・物理の講義チャンネル。林氏は日本物理オリンピック金賞などの数々の実績を持っており、現在はオンライン家庭教師の会社の代表を務める。その知識と経験をフルに活かし、東京大学・京都大学の過去問を中心に、ハイレベルな講義を展開している。一つの動画に対して20分〜30分程度の時間をかけて解説するため、予備校や学校の授業のような感覚で視聴することができる。

▶ オススメ動画

京大の理学部特色入試（数理科学）の解説動画。このチャンネルで扱っている問題のうち最も難易度が高いものの一つ。林氏によると、「世の中にはこうした入試を突破する人がいて、そういう世界があるという事実だけでも知ってほしい」という。

🔊 本人からのメッセージ

私は世の中で一番高校数学・高校物理ができるわけでもなければ、世の中で一番解説が上手なわけでもありません。また、このチャンネルで扱っている問題の中には地味で面倒で動画映えしないものも多数あります。しかしながら、問題解決に至るまでの思考の数々を私なりに可能な限り言語化し、動画内に盛り込んでいます。私は自身の動画を通じて、最難関大学合格までの道のりだけでなく、妥協なく考えることの喜びを共有したいです。ともに数学や物理を学び、楽しみましょう。

運営者　林俊介

最難関大学の受験生を対象とし、高校数学・高校物理の解説を行っているチャンネル。東大・京大の実際の入試問題を主な題材として、初見の問題を解決に導くまでの思考プロセスや、論理展開・計算・記述の方法を徹底的に解説している。林氏はは東大実戦の物理で全国1位、JPhOでは金賞、入試本番の数学では9割を取った実力者だが、動画の内容自体に注目してもらうため、動画内ではあえて経歴・実績は目立たせていない。「純粋に高校数学や高校物理を学ぶためのチャンネルです」と話している。

✉ hayashi@stugrit.co.jp
🐦 @884_96

DATA

❶ 1996/07/16
❷ 東京都
❸ 東京都
❹ 東京大学理学部物理学科卒
❺ 会社経営者
❻ -

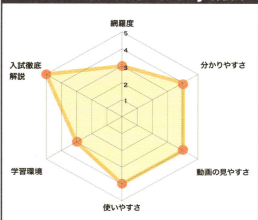

チャンネル名	最難関の数学・物理 by 林俊介	使い方

使い方

チャンネル名にもあるように、最難関の受験に挑む受験生向けの内容。そのため教科書の例題レベルはもちろん、標準レベルの入試演習をある程度実践したうえで、東大・京大レベルを志望する生徒にオススメだ。サムネイルや動画冒頭に問題が提示されているので、まず自分で考えたうえで解説を受けることができる。扱っている問題は東大・京大の入試問題が大半であるが、共通テストの試行調査・本試験の手元解説動画や、トピックを絞った発展的な講義なども充実している。再生リストに従って目的の動画をピックアップして有効活用しよう。

総合評価 ☆☆☆☆☆

コラム（講評）　数学・物理の達人によるハイレベル講義

林氏は、現在オンライン家庭教師「マスゼミ」を運営する株式会社スタグリットの代表で、大学の客員講師も務めている。これまで日本物理オリンピック金賞、東大実戦模試物理1位、東大入試本番で数学9割などの実績を誇る。YouTubeチャンネルでは圧倒的な知識と指導力で最難関の数学・物理を講義。難問に取り組む際のプロセスを丁寧に追う内容で、ときに誤答例なども説明し受験生が陥りがちなミスもカバーできるように配慮されている。とはいえ基本的には最難関レベルなので、数学・物理が得意、あるいは他大学の演習をすでに積んでいる「本気」の受験生向けであることは前提となる。

▶ 特徴

シンプルで見やすい講義

難関大の入試演習に関してはホワイトボードに板書しながら、実際の思考の流れに沿って解答を一緒につくっていくスタイル。大きく見やすい文字のため、視聴者は実際に問題を解いたあと、動画の解説と自身の解答を比較しやすい内容だ。共通テスト解説では問題を映しながら電子黒板に数式が書き込まれており、こちらも実践的で活用しやすい。

帝国大学の入試解説も

タイムリーな入試解説だけでなく、東京帝国大学など戦前の入試問題も扱っている。100年ほど前の入試でも、現在の知識をもって取り組むことができる様子が興味深い。ただし出題形式などの観点から受験対策としての効率性が担保されているわけではないことは断っている。そのため、理数系の探求心がある視聴者向けとなる。

講義系 登録者数 5,000〜1万人

チャンネル名
世界史予備校講師佐藤幸夫 Yukio Sato チャンネル

URL：https://www.youtube.com/channel/UC6g_Xpv57svYUtVuKKTlzmg

- 登録者数＝7,180人
- 動画本数＝217本
- 再生回数＝74万回

（2021年6月現在）

| 主な科目 | 世界史 | 対象 | 大学受験 | レベル | 標準〜難関 | 更新頻度 | 週5〜7回 |

▶ チャンネル概要

代ゼミの世界史講師の佐藤氏によるYouTubeチャンネル。初期は代ゼミ教室内での世界史授業動画や世界一周旅行のVlog動画、直近1年くらいは世界史の講義動画もしくは世界史を語る動画を上げている。授業動画がメインなので学校の予習や、学校の授業でわからないところを補完する目的で使用すると良い。

▶ オススメ動画

西洋絵画史（社会人のための世界史class）：ヨーロッパ旅行に行くと必ず訪れる美術館。解説書はあるものの歴史的背景を知らないと絵画鑑賞の面白さは半減です。大人になってからでも学べる動画をこれからも配信します。ちなみに、これはYouTubeライブで行われたモノのアーカイブになっています。

運営者　佐藤幸夫

2022年から世界史という教科が必修科目から外れます。また、これまで必修であったにもかかわらず、多くの高校生に毛嫌いされ、ツマラナイ教科のレッテルを貼られてきました。しかし、大人になってはじめて気付く〈世界史〉の大切さ。海外旅行・歴史映画・アニメにと幅広く登場する世界史の用語を知っているだけで面白さは100倍にもなるでしょう。カリスマ世界史予備校講師が本物の楽しさを教えます。社会人用と受験用の2種類の動画を用意しています。

✉ yukkyyou1214@gmail.com

DATA
1. 12/14
2. 栃木県下都賀郡壬生町
3. 東京・栃木・エジプト
4. 東京学芸大学教員養成課程中等教育社会専攻
5. 代々木ゼミナール世界史講師
6. 中学・高校教員免許、旅行業務取扱管理者

🔊 本人からのメッセージ

派手さや面白さよりも、地道に全分野をしっかり学習してもらえるような動画作りを行っています。参考書や問題集に独学で取り組む中高生に役立つことを大切にしております。視聴して分かったつもりになっても、自分で問題などにチャレンジをしなければ力はつきません。1冊の参考書や問題集に取り組む、そのお手伝いをしていきたい、をモットーにしていきます。

チャンネル名	世界史予備校講師佐藤幸夫 Yukio Sato チャンネル

(レーダーチャート：網羅度、分かりやすさ、動画の見やすさ、使いやすさ、学習環境、テーマ史解説)

使い方

部屋の一角にホワイトボードもしくは大きめのテレビを置いて世界史の授業をYouTubeライブで行っている。ライブは必ず動画に残っているようなので生放送で見られない場合は後日時間のある時に見れば良い。

大学の過去問解説に関して選択肢のどこが間違っているかを説明する動画が多く、1つの選択肢から1つのことを学べ、引っ掛けパターンなども頭に入れておくことができる。入試問題を即日解説する動画も始めており、早慶やMARCH、関関同立の入試問題をライブで扱っている。問題や解答は概要欄からダウンロードが可能であるので便利。

総合評価 ☆☆☆☆

コラム（講評） 代ゼミが誇るベテラン世界史講師の個人チャンネル

代ゼミで現在も講義を行っている世界史講師。予備校の授業では迫力ある授業が投稿されているが、ホワイトボードやモニターで解説する動画は穏やかな雰囲気で解説が進んでいく。近年は早慶上智、MARCH、関関同立に絞り込んで世界史の即日解説を行っている。英語と古典の解説動画もあり、そこでは他の予備校講師を呼んで解説を行ってもらっている。ただし世界史以外は本数少なめ。世界史の問題解説は設問の文章の違うところを指摘していくスタイルで、正誤に視点を当てて進めていく。問題解説はライブ配信によって行われることも頻繁にある。特に即日解説の動画はライブで行っており、受験の臨場感を味わえるかもしれない。

 **特徴**

国立2次の論述予想問題の解説動画

世界史論述問題において、よく出た分野、単元、今後狙われる論述を予想する動画がある。予備校で活躍する佐藤氏が難関大学の世界史の出題単元を見極め、解説し予想している。今年の出題傾向だけでなく概要欄からは大学別の傾向と対策がPDFでダウンロード可能であるので、そこからダウンロードして解説を見るとより2021年の入試を体感できるだろう。2022年の予想も期待したいところ。

基礎問題の解説動画なし

解説は早慶上智、MARCH、関関同立などの難関私大世界史なので、標準レベルまでの内容がわかっている生徒向けに発信を行っている様子。動画は私大特有の4択の選択肢で間違っているところを指摘して正していくスタイルが多い。基礎的なことはわかっている前提で話が進んでいくので注意。

講義系 登録者数 5,000〜1万人

チャンネル名
iwa_sen 大学受験英語学習チャンネル

URL：https://www.youtube.com/channel/UCBNXKiDx4cnLa76YKYqrV2g

- 登録者数＝6,050人
- 動画本数＝422本
- 再生回数＝79万回

（2021年6月現在）

| 主な科目 | 英語 | 対象 | 大学受験 | レベル | 基礎〜標準 | 更新頻度 | 週1回 |

▶ チャンネル概要

iwa_senこと岩瀬俊介氏による英文法と英文解釈を中心としたチャンネル。怪しい講師が言う「覚えなくてもできる」という言葉に反旗を翻し、点を上げるために、力をつけるために「ここは覚えておくべき」と暗記の重要性を説く授業。有名な問題集を使って授業をすることが多いので問題集を買って動画を見るというのも良いだろう。

▶ オススメ動画

入門英文解釈の技術70 講座第1 講主節の主語を発見する方法、桐原書店のテキストに準じた英文を使用して英文読解、英語構文を学ぶオンライン授業

英文解釈の参考書の学習に取り組みやすくなることを目指した講座の第1回目の動画。全部で70回あるため、動画と参考書を組み合わせて取り組んでいけば、無理なく1冊を終えることができる。運営者が英文解釈の解説において最も重視しているのは「自分で見抜けるようになること」。動画を視聴することで、自分で英文の構造を見抜くことができ、自分で適切な和訳があてられるようになるだろう。

🔊 本人からのメッセージ

派手さや面白さよりも、地道に全分野をしっかり学習してもらえるような動画作りを行っています。参考書や問題集に独学で取り組む中高生に役立つことを大切にしております。視聴して分かったつもりになっても、自分で問題などにチャレンジをしなければ力はつきません。1冊の参考書や問題集に取り組む、そのお手伝いをしていきたい、をモットーにしていきます。

運営者　iwa_sen

2019年に話題となった地域による教育格差や全国に大勢いる学校と相性の合わない高校生たちへの想いを胸に「どんな状況であろうと英語を学ぶ機会は等しく与えられるべき」そう思った運営者が、普段中高生に行っている授業をアップするチャンネル。幼少期をロンドン、ニューヨークで過ごし、Morite2 English Channel 第2回英語講師オーディションで優勝という実績を持つ運営者が、現実の授業のペースでおこなっているため、飽きずに視聴できる。

🏠 https://blog.goo.ne.jp/iwasen
🐦 @iwasenenglish

DATA
① 1978年　② 埼玉県
③ 福島県石川郡石川町
④ 早稲田大学高等学院、法政大学現代福祉学部、日本大学通信教育部
⑤ 市進学院専任講師、東京都立高校、千代田区立中等教育学校を経て現在「学校法人石川高等学校（学法石川）教諭」
⑥ Anaheim University TESOL（英語教授法）Certificate

チャンネル名 iwa_sen 大学受験英語学習チャンネル	使い方
レーダーチャート：網羅度4、分かりやすさ、動画の見やすさ、使いやすさ、学習環境、王道英語講座	教育格差を埋めるためにYouTubeで動画を配信するという信念を持っている。勉強の邪魔になる、意欲を削ぐ可能性があるからと全ての動画に広告がついていないので、集中して動画を見ることができるだろう。英語のネクステージの解説動画が多い。勉強のモチベーションアップに関する動画や、勉強法の動画についても上がっているので合わせてみるのがオススメだ。長文が取れない生徒に安易に速読術を教えてはいけないなど正統派の発言をすることが多い。
総合評価 ☆☆☆☆	

コラム（講評） 正統派の英語の解法で怪しげな英語の解き方をぶった斬る

授業スタイルは大きく2つで、板書を使った文法の授業。そして問題集を使った文法及び解釈の授業。文法の問題集として学校での採用率も高いネクステージを使用し文法の解説を行っている。英文解釈に関しては「入門英文解釈の技術70」を使用して授業を行う。暗記量を減らせるような解法や、英語長文が読めない生徒に対して音読を勧めるようなやり方は安直でありオススメしないと名言し、地に足ついた暗記からしっかりやるべきであると主張している。怪しげな解法に騙されないように注意喚起を行っている。

▶ 特徴

暗記は避けられないというが解説はかなりロジカル

英語ができない生徒に対しなぜこの訳になるのか、なぜこの選択肢になるのか徹底したロジカルな解説を行う。理解させた上で暗記もさせる。感覚に頼らないで生徒の小さななぜを潰してくれる動画。ロジカルな説明の上で理解させ、暗記事項もしっかり言うことで点数も取らせるスタンスである。

見やすさにはあまりこだわりがない様子

最低限の画角と文字の大きさは担保されているが、若干ピントがぼやけたり、映しているモニターが斜めだったりと、あまり見た目にはこだわっていない様子。声ははっきり聞こえるので、解説を聞く上では不自由はないはずだ。

| 講義系 | 登録者数 5,000〜1万人 |

チャンネル名
古典ちゃんねる
URL：https://www.youtube.com/channel/UC2mrNEHjA2gIXMkuWSfHH2g

● 登録者数＝5,880人 　● 動画本数＝98本 　● 再生回数＝24万回

（2021年6月現在）

| 主な科目 | 古文 漢文 | 対象 | 大学受験 | レベル | 基礎〜標準 | 更新頻度 | 不定期 |

▶ チャンネル概要

個別指導塾CASTDICEで教鞭をとる高ハシ氏が運営する古文と漢文の専門チャンネル。古典を勉強することで最難関の大学への道が開かれることを主張している。古典のみを扱うチャンネルでは登録者数最上位。基礎から丁寧な解説が聞けるので苦手意識のある人にもオススメだ。

▶ オススメ動画

大学受験に必要な古典文法全範囲の講義を4時間半にまとめた動画。
学校で配付される参考書や問題集と併用して学習することができるよう、テキストは作成されていない。古典初学者の方、一通りの学習を終えて復習をしたいという方にもオススメ。「神授業」「本当に暗記すべきことが明確化」と好評だ。

🔊 本人からのメッセージ

古典講師である私自身、大学入試においては古典の学習に労力を割きすぎることはリスクしか生まないと考えています。まずは古典を最大効率で学習し、他の科目に充分な時間を確保して志望校合格を掴んでください。古典文学作品から得られる教訓は多いので、大学生・社会人になってから、ぜひともその魅力に触れていってほしいと思います。その時、大学受験で古典を勉強しておいてよかった、と感じてもらえたら、それに勝る喜びはありません。

運営者　高ハシ

大学受験レベルの古文・漢文解説動画を配信するチャンネル。
受験生が思うように学校や予備校で勉強することができない環境を鑑み、腰を据えて長時間勉強するニーズにも応えるために長編講義も配信されている。
基本的な受験範囲の講義、入試問題解説、古典の勉強法をはじめ、興味を持っていただいた方向けに教養的な古典解説なども動画にしていく予定とのこと。講師の高ハシ氏は個別指導塾CASTDICEで副塾長を務める。

🐦 @Koten_Channel

DATA
❶ -
❷ -
❸ -
❹ 千葉県立佐倉高校・早稲田大学教育学部国語国文学科
❺ 会社員
❻ 中高国語科教員免許

チャンネル名	**古典ちゃんねる**	使い方

レーダーチャート項目: 網羅度 4、分かりやすさ、動画の見やすさ、使いやすさ、学習環境、凝縮度

使い方
古典対策のパイオニア。基本的な古文の解説、品詞、助動詞、敬語などは網羅されている。板書の時間や解説の言葉の間などはカットされているので、講義解説が凝縮されている。意欲的な人にはもちろん、長時間受けるのに抵抗がある人にも扱いやすい動画がそろっており、コメント欄に書かれた古典に関する疑問にも丁寧に答えてくれているため、受動的ではなく能動的に学習に取り組むことができる。全編視聴して古典を一からマスターするも良し、自分に足りない分野だけ絞ってサプリメント的に取り扱うも良しの万能なチャンネル。

総合評価 ☆☆☆☆☆

コラム（講評） 古典は少ない労力で仕上げられるコスパの良い科目だ！

古典ちゃんねるの講師である高ハシ氏は「古典は割の良い科目」と断言している。世間では「古典は配点も低く勉強時間に対して割が合わない」などと言われていることにも言及しながら、英語と比べると覚えることは10分の1から20分の1程度であり、その割には入試全体で考えると9分の1くらいの点数配点がもらえるので「割の良い科目」だとしている。また現時点の動画で古典基礎文法が32本に、漢文基礎を28本投稿。基礎に関しては漏れがないよう全体をしっかり解説している。大学入試問題も扱うことがある。

▶ 特徴

4時間半の日本一短い授業

「【日本一短い授業】古文基礎文法講義・完全版」として古文の文法基礎を4時間半で学べる動画が人気。動画から始まり、敬語まで網羅している。講義で基礎をマスターしたい人向け。
これをマスターしたのちに古文にあまり時間をかけられない理系の生徒にとっては、まさに救世主的な存在になるだろう。

漢文の勉強は古文をマスターしてから

漢文は古文の用言・助動詞・助詞の練習問題は解けるくらいの実力が必要であるとしている。その理由として「漢文を訳すと古文になりそれを現代文に直すため」というのが高ハシ氏の主張。書き下し文は奈良時代に作られたものだから古文を挟まなければならないという理由まで説明している。

| 講義系 | 登録者数 5,000〜1万人 |

チャンネル名
KEM BIOLOGY
URL : https://www.youtube.com/channel/UCNs44pVYt49mkdW8TzvG51w

(2021年6月現在)

- 登録者数＝6,000人
- 動画本数＝485本
- 再生回数＝84万回

| 主な科目 | 生物 生物基礎 | 対象 | 大学受験 | レベル | 基礎〜難関 | 更新頻度 | 週2〜3回 |

▶ チャンネル概要
生物教師のKEM氏による高校範囲の生物・生物基礎の講義に特化したチャンネル。二次試験で生物を用いる理系生徒はもちろんのこと、生物基礎の範囲も取り扱っているので、文系の生徒の定期テスト・共通テスト対策にも利用できる。

運営者　KEM BIOLOGY

「生物基礎」「生物」の学習サポート用に私立高校の教諭が運営している。生物を単なる暗記教科にするのではなく、教科書に書いてある内容よりも少し深い内容まで説明することで、「そういうことだったのか！」と納得できるような説明を心がけている。動画を通じて生物学をますます好きになる生徒も。

✉ kembiology6@gmail.com

▶ オススメ動画

高校生物基礎『血液の凝集』

輸血にも関わる血液の凝集について、輸血では、なぜAB型は（自分と同じ血液型以外で）誰も助けることができないのか、同じようになぜO型は誰にも助けられないのかを解説している。生物を学習していない人でも楽しめる動画だと話題に。

DATA
1. -
2. 大阪府阪南市
3. 大阪府堺市
4. 和歌山大学教育学部
5. 清教学園高等学校 生物教諭
   同志社大学 非常勤講師
6. 高等学校教諭一種免許状（理科）、中学校教諭一種免許状（理科）、小学校教諭一種免許状

🔊 本人からのメッセージ

初めは自身の生徒のために解説動画を投稿していたのですが、いつの間にかチャンネル登録者が5000人ほどにもなり、多くの方に見ていただけるようになりました！　私の動画を見て生物の学習が好きになった結果、○○大学に合格できたとコメントで報告してくれるのをいつも楽しみにしています。コメントは丁寧に返信していますので、高校生物で分からない内容や、学習で悩んでいることがあればいつでもコメントしてください。

チャンネル名　KEM BIOLOGY

レーダーチャート項目：網羅度、分かりやすさ、動画の見やすさ、使いやすさ、学習環境、過去問対策

総合評価　☆☆☆☆☆

使い方
生物・生物基礎の講義動画を順番に視聴していくことで、体系的な知識を身につけることができる。概念説明がメインの動画に関しては学校での授業の予習・復習に、また実際に問題を取り上げて解説している動画は定期テストや模試の前のポイント整理に用いるとよいだろう。

基礎をある程度身につけた段階で、センター過去問・共通テスト対策用の動画も活用できる。センター過去問では正しい選択肢の選び方が丁寧に解説されているので、演習後の答え合わせや解法理解として使うのが効果的である。さらに理系の生徒は二次試験対策動画も合わせて利用しよう。

コラム（講評）　生物・生物基礎のあらゆるレベルに対応

KEM氏は現役の中高一貫校の生物教師で大学での指導経験も持つ。また、学びエイドのオンライン講師としても活動しており、暗記科目ではなく「なぜそうなるのか」という点にこだわって授業をする生物のスペシャリスト。動画の内容は文系にも理系にも対応しており、生物範囲の内容・難易度を網羅している。日常学習や共通テスト対策はもちろんのこと、二次試験の入試問題も標準校から難関校まで広くカバーしているため、何らかのかたちで生物を受験で用いる生徒は利用してみて損はないだろう。取り扱ってほしい範囲について随時リクエストも受け付けており、コメント欄にも丁寧に返信がされているため、YouTubeながら実際に学校の先生に授業を受けているのに近い学習が期待できる。

▶ 特徴

オーソドックスな授業と丁寧な解説
授業は問題や定義がスライドで表示され、そこに電子黒板を用いて書き込みを行うスタイル。一つの動画につき一つのトピックでゆっくりしたスピードで解説がなされ、時おりイメージしやすい具体例が挟まれるため、生徒の理解度に合わせた作りになっている。ただし動画によってはBGMが流れているため、人によっては少し集中しにくい可能性もある。

非常に使いやすい公式ブログ。ただし問題は自分で用意すること
体系的に学習する際は公式ブログを用いるのがおすすめだ。1ページでほぼすべての動画が単元や大学別にまとめられており、学習したい箇所がすぐに選択できる仕様。一方で、動画内容の補助プリントは少なく、入試問題そのものはまとめられていない。したがって視聴しながら自分でノートを取ったり、動画を見ながら問題を解いていく工夫が必要である。

講義系　登録者数 〜5,000人

チャンネル名
みのりん 教授への道チャンネル

URL：https://www.youtube.com/channel/UC7AOYwLJ6N-p4blsNpsphZg

●登録者数＝4,880人　●動画本数＝84本　●再生回数＝259万回

（2021年6月現在）

| 主な科目 | 高校社会 | 対象 | 高校受験〜大学受験 | レベル | 標準 | 更新頻度 | 不定期 |

▶ チャンネル概要

学習塾 学び舎共楽環を主宰するみのりん准教授が、暗記事項（歴代内閣総理大臣や、イスラム王朝の変遷等）を替え歌にして歌ってくれているチャンネル。通史の解説などの所謂「講義」ではないが、覚えづらい暗記事項を楽しく覚えられる、非常に有用な替え歌である。

▶ オススメ動画

このチャンネルの代名詞でもあり、一発屋たるゆえんの動画。日本史受験者がまず覚えなければならないのが総理大臣の名前と順番である。いっぺんに総理大臣と出来事を結びつけるとごちゃごちゃするので、まずは縦の軸である総理大臣を整理してから、出来事を頭に入れるといいだろう。武田塾の高田先生もTwitterで紹介してくれた人気動画。

🔊 本人からのメッセージ

運営者　みのりん准教授

「教育系YouTube界の一発屋みのりん准教授!!」が運営するチャンネル。
歴代総理大臣の歌・歴代天皇の歌・歴代アメリカ大統領の歌など、勉強系替え歌が大人気となっている。小学生の中学受験に、中学生が歴史でドヤドヤするために、高校生の日本史・政経受験に、勉強系替え歌を活用しよう。TikTokに無断転載されて世界中でバズってしまった動画をぜひチェックしてみてほしい。

🐦 @Minorinchannel

DATA
❶ 1977/09/27　てんびん座のB型
❷ 長野県大町市
❸ 神奈川県茅ヶ崎市
❹ 鎌倉学園高等学校
❺ 専門学校簿記・原価計算講師　学習塾経営
❻ 日商簿記一級、日商珠算一級

自分は大学受験も公認会計士試験も失敗した人間です。勉強はみなさんの方ができます。だから私からのメッセージは上手くいかなかった時に読んでください。長い人生早かれ遅かれつまずく時があります。自分が嫌になります。涙が足りなくなります。他人のせいにしたくなります。でも原因は必ず自分にあります。自分のできない部分を見つめるのは本当に嫌なことです。それでも素直に自分を見つめて必ず原因を見つけてください。何日後か何カ月後か何年後になるかはわかりません。原因を見つけそれが解決した時、あなたは信じられないくらい飛躍します！それまでは本当につらいです、でも夜は必ず明けます！自分を信じてがんばれ！！

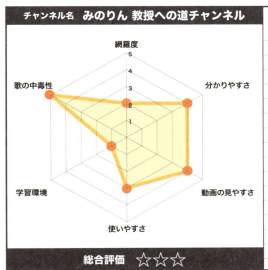

使い方
主に高校日本史、高校世界史の重要暗記事項(内閣総理大臣、歴代天皇や、イスラム王朝の変遷、歴代アメリカ大統領)等の替え歌があり、所謂通史の講義はない。よって、上記のような覚えることが難しい暗記事項を覚えるための1ツールとしての使い方がオススメである。

コラム(講評) 中毒性の高い歌と踊りによる圧倒的覚えやすさ

みのりん准教授氏作詞作曲(?)の替え歌には、なぜか決まってみのりん氏本人が屋外で熱唱している様子が映し出されており、一度見るとその歌声と独特な踊りが脳裏に焼き付いて離れない。これにより本来覚えるのに非常に労力を要する暗記事項を無理なく、楽しく覚えることができる。

中でも最も再生されている歴代内閣総理大臣の替え歌は非常によくできているため、内閣総理大臣が覚えられない全日本史選択者必聴の歌となっている。

 **特徴**

重要度の低い暗記事項に注意

上述の歴代内閣総理大臣等は、日本史選択者全員が覚えるべき暗記事項であり、必ず押さえておくべきであるが、動画の中には重要度の高くない暗記事項もある。例えば歴代天皇は最難関大のレベルでも全員覚えなくて良いし、年号もすべて覚える必要はない。もちろん覚えて損にはならないが、生徒によっては時間対効果が高いとは言えない。自分に必要な知識をしっかりと見極めて、必要な部分を活用しよう。

網羅度は高くない

日本史や世界史の暗記事項すべてが網羅されているわけではないため、このチャンネルを軸に学習を進めていくことはできない。また、同じ暗記事項の動画の改訂版が何度も出ているので、視聴する際は最新のものか確認するようにしよう。

講義系　登録者数 ～5,000人

チャンネル名
高校英語 / 矢田っちとスタディ

URL：https://www.youtube.com/channel/UC564hApOKJUnpsDhVy_IqxQ/featured

● 登録者数＝4,140人　● 動画本数＝834本　● 再生回数＝52万回

（2021年5月現在）

| 主な科目 | 英語 | 対象 | 大学受験 | レベル | 基礎〜標準 | 更新頻度 | 週1回 |

▶ チャンネル概要

元代ゼミの英語科講師である矢田氏によるYouTubeチャンネル。最近の動画は大学別入試問題演習が多めだが、過去には文法を説明する動画も多数出している。難関大志望者でも落としがちな文法は、再生リストから苦手分野をチェックしよう。

▶ オススメ動画

苦手とする受験生が多い関係詞・連鎖関係詞を成り立ちから講義する動画。丸暗記に頼っていた受験生から「実は丸暗記しなくても良かったと気づいた」などと好評を得ている。

運営者　矢田弘巳

早稲田塾や代々木ゼミナールなどでの25年以上に及ぶ講師経験を持つ。基礎から大学受験の標準レベルまで、高校で学習する英語の様々な分野の解説を配信。また、コメント欄を開放し、質問や相談にも回答している。「今まで積み重ねてきた知識や解法などをできる限り多くの受験生と共有し、独学でがんばる生徒さんだけでなく、学校・塾・予備校に通う生徒さんの第2、第3の勉強の場としての存在価値を高めていこう」と考えているという。

✉ info@slc-y.jp

DATA
❶ 1973/06
❷ 兵庫県神戸市
❸ 東京都渋谷区
❹ 学習院大学経済学部
❺ 大学受験予備校英語科講師として25年以上勤務したのち、現在はTOEIC講師
❻ -

🔊 本人からのメッセージ

私がYouTubeを見始めた頃、過去問を解説している動画のコメントで多かったのが「解いている手元を見たい」というものでした。また、分野ごとに体系的な配信をするチャンネルがなかったため「私がやろう」と思ったことを今でも覚えています。その時から配信を続け、今では当チャンネルを中心に据えて合格する生徒さんが増えてきたことに喜びを感じる毎日です。コンテンツはほぼ揃っているので存分に活用してください。吉報をお待ちしています！

チャンネル名	高校英語 / 矢田っちとスタディ	使い方

レーダーチャート:
- 網羅度: 3
- 分かりやすさ: 3
- 動画の見やすさ: 3
- 使いやすさ: 3
- 学習環境: 3
- 時事ネタ: 3

使い方
文法のほとんどは網羅されている。動画も余分なところはカットされスムーズに進んでいく。話し方もはっきりとした口調であり、見やすくわかりやすいと感じる視聴者は多いはずだ。再生リストも充実しており、勉強をする上で効率的な動画の順番を示してくれているため、何から始めればいいかわからない人でも安心して取り組むことができるだろう。また、入試講評速報と題した各有名大学の動画では、合格に必要なポイントや、難易度、時間配分などを詳細に解説している。元東進の森田鉄也先生を他の先生と比較する動画なども出されている。

総合評価 ★☆☆

> **コラム（講評） 基本から大学受験レベルまでを網羅**
> 各英文法の単元に対して解説授業が10本程度用意されている。「なぜそうなるのか」という部分が丁寧に説明してあり、英語に苦手意識を持っている生徒には向いていると思われる。一方で、難関大志望者には若干物足りない部分もあるかもしれない。大学入試の長文（文法もある）の解説動画も多く。早慶上智、MARCH、関関同立から、日東駒専や産近甲龍、地方の難関私大や、地方国公立まで幅広く網羅している。

▶ 特徴

なぜを突き詰めたロジカル解説
大学別入試問題演習は文法を駆使してロジカルに解かせるタイプ。基礎的な分野から解説はしているが、ある程度の学力を持つ受験生が視聴することで応用力を身につけることにもつながるだろう。文法や解釈など基礎的なことを勉強した後に視聴するのもオススメだ。

間違った選択肢がなぜダメなのかも説明
正解の回答にたどり着く解説と同時に、間違った選択肢の解説も行っている。間違った選択肢を選んでしまった受験生もどうして間違えてしまったのか気づきを与える丁寧な作りが特徴。自身の志望校が大学別入試演習で取り扱われているならば取り組んでおこう。

講義系　登録者数 ～5,000人

チャンネル名
基礎を徹底真崎の高校数学・総合学習チャンネル

URL：https://www.youtube.com/channel/UCefKd_LqaluSNNQ3sGTipug

● 登録者数＝3,510人　● 動画本数＝264本　● 再生回数＝97万回

（2021年6月現在）

| 主な科目 | 数学 | 対象 | 大学受験 | レベル | 基礎 | 更新頻度 | 不定期 |

▶ チャンネル概要

真崎太樹氏が高校数学の基礎を徹底して講義するチャンネル。ゼロから定義を説明してくれており、チャンネル名にあるように基礎力完成が主眼。また講義以外ではモチベーションアップや進路系の動画にも力を入れている。

▶ オススメ動画

2進数の和、差、積について説明している動画。特に「引き算（桁下がり）が分かるようになった」というコメントが複数届いている人気の動画である。「学校の先生より分かりやすい」と評判なので、2進数の引き算を苦手としている人には特におすすめだ。

運営者　真崎太樹

数学の解説や自己研鑽の話などを配信するチャンネル。
数学に関しては「参考書や問題集の解答を見ても何を書いているか分からない」との声が多い。このチャンネルでは、自分で数学の参考書などに取り組めるよう、基礎的な内容を分野ごとに解説している。運営者の「自分の理解に必要な部分の理解の助けになれば」という想いが込められている。また、将来生きていく上で役に立つノウハウも発信されているため、充実した人生を送るヒントにもなるだろう。

🏠 https://lit.link/masaki
🐦 @masaki_hiroki

DATA
❶ 1982/08/17
❷ 長崎県
❸ 愛知県
❹ 長崎大学工学部情報システム工学科　大学院工学研究科
❺ 高等学校教諭
❻ -

🔊 本人からのメッセージ

数学が苦手、勉強ができないという人へ。今日の自分が昨日の自分より成長しているという実感をいかに多く得ることができるかが重要です。自己肯定感を高く持つことが、人生が充実していると感じれるポイントだと思います。周りと比較する必要はありません。小さい一歩でいいので、どんなときも歩き続けていきましょう。Youtubeの良い所は自分のペースで勉強できる所です。このチャンネルがあなたの助けになれば幸いです。

チャンネル名	基礎を徹底真崎の高校数学・総合学習チャンネル

レーダーチャート項目：網羅度、分かりやすさ、動画の見やすさ、使いやすさ、学習環境、基礎重視

総合評価 ☆☆☆

使い方
メインターゲットは数学に苦手意識を持つ生徒である。そのため高校数学に関して基礎的な事項から解説する動画が主流で、学校の予習、もしくは学校で授業は受けたものの聞き逃した点や理解できなかった点を補足するための復習として活用するのが良いだろう。動画内で扱っている例題は初歩的なもので、実際のテスト・模試を受ける際には必ず学校の補助教材や市販問題集で演習量を確保しなければならない点には留意しよう。共通テスト対策動画もあるが本数は多くなく、基礎力完成を目的として視聴しよう。単元別の学習には専用サイトを活用すると便利である。

> **コラム（講評） 基礎から教える親切設計。「総合学習」にも力を入れる**
>
> 真崎氏による数学の基礎力育成を中心としたこのチャンネルでは、数学に苦手意識を持つ生徒が自力で数学の参考書を読み解ける力を身につけることをゴールとしている。そのため初見の生徒でも視聴できる点が特徴。数学が得意な生徒にとっては当たり前の内容が多い。授業以外では真崎氏が進路の話や自ら人生観に関する動画を多数配信している。いずれも「自分の力でいかに幸せに生きるか」という自己研鑽をテーマにしている。そもそも勉強する意味とは？といった疑問を持つ生徒にとっては、これらの動画をモチベーション維持の参考にしてみよう。

▶ 特徴

基礎の定義から解説。動画はやや視聴しにくいケースも

ホワイトボードもしくは黒板に、定理・公式や例題を書き込んで解説していく。「そもそも虚数とか？複素数とは？ベクトルとは？」とゼロから解説してくれるため、数学が苦手な生徒でも予習に活用できる。ただし動画によっては光の加減や文字の大小・濃淡、また声が反響しているなど、やや視聴しにくいケースもあるので注意。

単元を潰していく際は公式ブログを活用しよう

このチャンネルを利用して苦手な単元を潰していく場合は、公式ブログ「真崎のブログ(高校数学など)」を利用しよう。トップページに各単元とリンクが掲載されているので、体系的に取り組むことができる。一方、補助プリントなどはなく演習には不向き。動画で基礎的な考えを身に付けた上で、学校の教材・市販の問題集に戻って手を動かす必要がある。

講義系　登録者数 〜5,000人

チャンネル名
MT[数学・Maths Channel]

URL：https://www.youtube.com/channel/UCA7LZAC55oFU74PnYohV0Tg

●登録者数＝3,090人　●動画本数＝965本　●再生回数＝43万回

（2021年6月現在）

| 主な科目 | 数学 | 対象 | 高校数学 | レベル | 標準〜難関 | 更新頻度 | 毎日 |

▶ チャンネル概要

MT氏による数学講義チャンネル。大学受験向けの教科書理解から大学入試問題の解説が中心だが、数学の面白さを伝えることを中心に数学史など幅広いコンテンツも配信されている。エンターテインメント主体ではなく、本質から理解することを主眼とした骨太な内容。

▶ オススメ動画

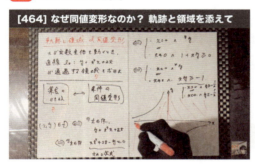

高校数学で、知って得する「同値」に関する動画。
同値変形や論理記号はいくつかの事情からあまり表立って教わることはないのが現状である。最近は技術面もカバーした良い書籍もあるが、それ以前にそもそもそれらは何なのか、何が便利なのか、という概念から具体例まで手短に説明している。同値について理解を深めたい人にオススメだ。

🔊 本人からのメッセージ

受験のつらいところや大変なところばかりがビジネス的に喧伝されがちなせわしない競争的世界で、まぁ実際しんどいことも多すぎるほど多いわけですが、学問的科目が競争の試金石に用いられているのにはきちんと訳があります。そして残念ながらこれは信じてもらうしか仕方のないことなのです。であれば、どうせやるなら楽しまなきゃ損！数学を得意科目にするため、大きな成長のため、一緒に楽しみませんか？

運営者　MT

主に数学にまつわる動画を多く上げているチャンネル。
いわゆる高校数学や大学受験数学から、大学数学寄りの内容、その観点から高校数学を考え、さらに大学数学でも鋭い話、はたまた数学史や教養的哲学など、取り扱う議題の範囲は広い。数学を中心に据えて、あらゆる事を視聴者と共に楽しむチャンネル。

✉ maths.toshi@gmail.com

DATA
❶ -
❷ -
❸東京都
❹ひみつ
❺ひみつ
❻英語や数学などいろいろあるとかないとか

156

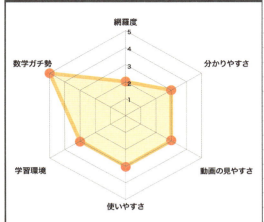

チャンネル名 MT [数学・Maths Channel]	使い方
	受験数学に関しては教科書にエッセンスがまとめられている点が強調されている。入試演習に取り組む際にはまず「高校数学教科書シリーズ」を理解していくのがいいだろう。ただし教科書の基礎をさらうというより、発展的に理解していく内容で、場合によっては数学史的なアプローチも行われる。視聴の際はある程度基礎学習を終えている必要があり、数学が苦手な生徒にとっては難しく感じるだろう。大学入試演習動画はサムネイルに問題が表示されているため、まずはそれを解いて解説を聞くことをオススメする。レベル的には共通テストから標準・難関の二次試験問題が網羅的に配信されている。

総合評価 ☆☆☆

コラム（講評） 骨太な数学専門チャンネル

直接的に扱っているのは高校数学であっても、数学史観点や専門的な知識から解釈をする内容が充実しており、大学以上の範囲の動画も存在している。MT氏は生徒集客のためにエンターテインメントを重視した講義が溢れていることに疑問を呈しており、より本質的・厳密な理解ができるコンテンツを作りたいという想いからこのチャンネルを立ち上げた。そのため主な視聴者は数学に興味を持ち本質的な理解をしたい高校生・大学生、また社会人が中心になるだろう。数学系の雑談や古今東西の数学史・数学者の内容が豊富で、その知識量に圧倒される。

▶ 特徴

解説レベルは高め

二次試験対策動画の講義では王道も別解も取り上げられており、レベルは高い。チャンネル内の単元講義をしっかりと受け、公式や概念の理解を完璧にしておく必要がある。手元のホワイトボードもしくは電子黒板に解説を書き込んでいくスタイルだが、解説スピードはかなり速く、板書もメモ書きなのか解答の式なのか判別がつきにくい場合もある。適宜一時停止するなどして、理解が追いつくようにしよう。

大学受験数学の戦略・戦術が充実

数学に関わるトピックも充実しているのがこのチャンネルの特徴だ。たとえば「高校数学の曖昧なところ・良いところ」「高校数学の最小最大問題の限界」などの動画では、学校や塾で話されることのない受験数学の問題点などが、俯瞰的・専門的な視点から厳密に指摘されている。数学史の講義も含め、数学が好きな生徒にとっては非常に興味深いコンテンツが充実している。

講義系　登録者数 〜5,000人

チャンネル名
ふじわら塾長

URL：https://www.youtube.com/channel/UCOfSkpMdTlgcuhvPShBRKIg

●登録者数＝2,970人　●動画本数＝464本　●再生回数＝48万回
（2021年6月現在）

| 主な科目 | 数学 | 対象 | 高校・大学受験 | レベル | 基礎〜標準 | 更新頻度 | 不定期 |

▶ チャンネル概要

オンライン塾「数強塾」の塾長、藤原進之介氏による中学生・高校生向けの数学講義チャンネル。教科書例題レベル、基礎から標準の入試問題を中心に扱いつつ、オススメの参考書や青チャートの使い方など、勉強法についての指南も充実している。

▶ オススメ動画

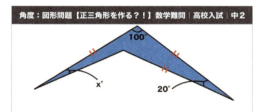

高校受験の数学「図形問題」の難問を解説した動画。多くの生徒がまず考えるであろうポイントから解説が始まる。「学校の定期テストによく出る内容とは別次元の難しさがあるのだな、じゃあどうしようか」と思ってもらうことが冒頭部の狙いとのこと。初等幾何において、典型的な解法では解けない場合は正多角形や円の性質を利用する場合が多く、今回も最終的に正三角形を利用した解法が紹介されている。ハムスターのイラストが癒やし。

🔊 本人からのメッセージ

派手さや面白さよりも、地道に全分野をしっかり学習してもらえるような動画作りを行っています。参考書や問題集に独学で取り組む中高生に役立つことを大切にしております。視聴して分かったつもりになっても、自分で問題などにチャレンジをしなければ力はつきません。1冊の参考書や問題集に取り組む、そのお手伝いをしていきたい、をモットーにしていきます。

運営者　フジワラ　シンノスケ

「数学が苦手」な中学生・高校生を対象とした数学専門塾の塾長が、自由奔放に数学の問題を見ていくチャンネル。
算数オリンピック・数学オリンピック・中学入試・高校入試の問題を扱っている。「最速の解法を分かりやすく説明する」というよりは「自由に考え、視聴者と一緒に解いていくことを意識した動画を作りたい」との想いで制作されているとのこと。

🏠 https://sukyojuku.com

DATA
① 1994/01/13
② 神奈川県
③ 東京都
④ 非公開
⑤ 学習塾を学生起業（7年目）
⑥ 数学検定1級

チャンネル名	ふじわら塾長

レーダーチャート:
- 網羅度: 2
- 分かりやすさ: 3
- 動画の見やすさ: 3
- 使いやすさ: 3
- 学習環境: 3
- 連続講座: 3

総合評価 ☆☆☆

使い方

高校数学に関しては教科書例題から青チャートレベルの解説動画が多く配信されている。基礎レベルの学習には、各単元ごとの講義動画を活用できる。こちらは学校での復習として視聴するのが良い。また基礎から標準レベルの演習では「【レベル順】大学入試数学【青チャートレベル】」のシリーズを使って解き進めていこう。タイトルに単元が記載されているので、苦手な分野を一日2、3題進めるなど、ペースを決め集中して取り組むのがオススメだ。一部難関大の解説動画も用意されている。高校入試分野でも単元解説と入試問題演習が用意されているので、同様の手順で学習を進めていこう。

コラム（講評） 数学が苦手な生徒を粘り強く指導する

20歳で起業し学習塾を経営、現在はオンライン数学塾「数強塾」の塾長を務める藤原氏は、数学が苦手な生徒でも理解できるようになるまで教えることを信念にしている。そのために重要ポイントを繰り返したり、導入のためにあえて詳細を省く箇所もある。視聴者のレベルに合わせた授業を展開しており、YouTubeの画面越しに「数学の苦手な生徒を何とかしたい」という塾講師の想いを感じられるチャンネル。また、もともと勉強が苦手だったという自らの経験を生かした勉強法動画も配信されている。

▶ 特徴

やさしい語り口で、数学の苦手な生徒も視聴しやすい

数学の苦手な生徒に向けて丁寧に、また優しい人柄が感じられるような語り口で授業を進めてくれるので、ストレスなく動画視聴ができる。授業形式は通常の板書のほか、生徒役に別の講師を立てて解説する、図形問題では電子黒板を用いて見やすく表示するなど随所に工夫のある構成が見られ、動画内で一緒に考えるという点に力点が置かれている。冒頭に問題が提示されるので、まず自分で解いてみてから本編の内容を確認しよう。

単元ごとの知識整理には注意

現状では数学の範囲が網羅されているわけではない。単元ごとの再生リストの動画本数が少ないケースもあり、どの順番で何を視聴したらいいのか分からなくなってしまう可能性もある。そのため、片っ端から視聴するのではなく、タイトルを見て苦手分野やこれから演習を進める単元を自分自身で選別する必要がある。

講義系 登録者数 ～5,000人

チャンネル名
ポケット英文法

URL : https://www.youtube.com/channel/UCQBaT71dvue6x0_QSgJ3pJQ

- 登録者数=2,500人
- 動画本数=184本
- 再生回数=18万回

(2021年6月現在)

| 主な科目 | 英語 | 対象 | 大学受験 | レベル | 基礎～標準 | 更新頻度 | 週1回 |

▶ チャンネル概要

人気YouTubeチャンネルである「数学・英語のトリセツ！」にも出演中の「さいけん」こと斉藤健一氏が単独で運営するチャンネル。元々英語が苦手だったことから基礎的な文法をメインに授業動画をあげている。解説スピードも速すぎず、英語が苦手な生徒にとって使いやすいチャンネルと言えるだろう。かわいらしいキャラクターも登場し動画を盛り上げてくれる。

▶ オススメ動画

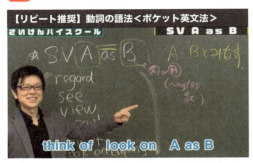

SVO to do、SV A to B、SV A from B、SV A of B、SV A as B、SV A with Bなど、英語にはセットで覚えるべき動詞と前置詞の組み合わせがある。各セットの説明と共に「替え歌にしてリズムで覚えよう」と歌の動画をアップしており、その歌の部分だけをリピート再生用にまとめた動画。provide A with B「AをBに与える」、expose A to B「AをBにさらす」など、約100の動詞と前置詞の組み合わせが3分の歌にまとめられている。

🔊 本人からのメッセージ

高校英文法レベルになると、読んだり書いたりする過程で何度も何度も調べあげ、点と点の知識を線にしていく必要があります。そうした体系的学習に必要不可欠なのが、英文法総合参考書です。そこで「持ち運びやすい文法書を」と、最低限の知識は盛り込みつつページ数を極限まで削っていった結果、このYouTubeを活用した『ポケット英文法』が生まれました。是非手元に置いて最小限の労力で高校英文法を乗り切ってもらえたらと思います。

運営者　斉藤 健一

高校英文法151のポイントの説明動画をアップしているチャンネル。
『ポケット英文法』という書籍の解説としてアップされているが、動画だけでも学びになるように工夫されている。東進ハイスクールの第一回講師オーディションに50倍の倍率を勝ち抜き合格、大学時は通訳コンテスト優勝多数という実績をもつ英語のスペシャリスト。「英語で夢をあきらめる生徒をなくしたい」との想いで運営している。また、国内留学合宿を運営するNPO法人BALMの代表理事も務めている。

🏠 https://thebase.in/inquiry/fale

DATA

① 1984/01/13
② 福岡県糸島市
③ 福岡県福岡市
④ 九州大学大学院経済学府産業マネジメント専攻在学中
⑤ 予備校講師
⑥ 英検1級

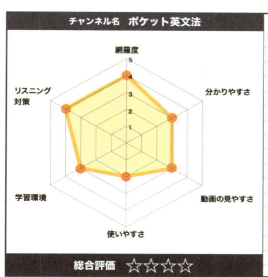

使い方

大学受験の英文法において押さえておくべき基礎的なことを網羅している。文型の形によって動詞の意味を推測したり、前置詞の概念を深く解説して意味を捉えるなどテクニカルな手法も多く、予備校講師ならではの解説が魅力。重要なポイントは押さえてており、暗記ばかりになるとモチベーションが下がるような生徒にはオススメのチャンネル。暗記量を減らしてはいるものの最終的にはきちんと覚えるべきポイントもまとめているので指示に従って最低限の暗記もやっていくと良い。英語の各単元の概念を説明したり導入の動画は多いが、大学の問題解説まではないのでその点だけ注意が必要である。

コラム（講評）予備校講師ならではのテクニカルな手法と無駄のないスリムな授業動画

1つの文法の解説で動画1本を使う完結型。同一内容を2回に分けたりしないので視聴する側にとっては見やすい。3分くらいで終わるものもあれば20分近くになる動画もあるので、目的に沿って検索し視聴しよう。基本的な文法の説明がメインだが、大学受験で押さえなければならない応用的な文法事項にも触れられているので、網羅度はかなり高め。暗記ばかりに寄らないよう、英語のパターンを見抜いて意味を出したりする講義は必須。大量の暗記物を体系化し、スリム化した動画なので英語が苦手な生徒にもオススメのチャンネル。

 **特徴**

飽きないように編集を加えている

無駄なところにカットを入れ、大事なところにテロップを加えたりと、基礎的なことが理解できていない英語が苦手な生徒に動画を見続けてもらおうとする編集がなされている。動画で間延びするような部分だったり、不要だなと思えるような箇所が少ない動画であると言える。暗記の無駄が削ぎ落とされていものの最低限の暗記は必要なので、必要なものは動画を止めてノートに書き出そう。

暗記の負担を動画は必見

英文法問題で動詞の意味がわからないと文章を正確に読めない可能性がかなり高くなってしまうが、動詞の意味がわからなくても、後ろに続く名詞と前置詞の組み合わせである程度動詞の意味を固定できるという動画は必見。体系化された解説になるので暗記の補助にもなる。

講義系 登録者数 〜5,000人

チャンネル名
パト先生

URL：https://www.youtube.com/channel/UCQd5bjVgrAa0XBwW76lckGA

● 登録者数＝1,020人　● 動画本数＝320本　● 再生回数＝7万回

（2021年6月現在）

| 主な科目 | 英語 | 対象 | 大学受験 | レベル | 基礎〜標準 | 更新頻度 | 月1回 |

▶ チャンネル概要

英語の先生が中学生と高校生向けに英語の講義を行う。範囲は学校の教科書の英文を文法的に1つずつ解説する動画から、灘高校の英文法の入試問題まで取り扱う。最後に英語の問題を解説したのは2019年の12月となっており、それ以降は歌の動画や家族に向けた動画、漫画の動画など、勉強系以外の動画が中心となっている。

▶ オススメ動画

lieとlayという動詞の使い分けを3分で覚える動画。モリテツこと森田鉄也先生主催の英語講師オーディションのために作成したという。これを見た某有名英語講師（関正生先生）も絶賛した。いわばデビュー作とも言える動画だ。

運営者　パト先生

誰にも絶対に真似出来ない完全オリジナルの教育コンテンツ作成を目指している。映像授業の利を存分に使い、時には理屈を超えてどんな手段を使ってでも覚えさせるのがモットー。
「見る人によっては『バカみたいなことやってるな』と思われるだろうが、それは自分にとっては褒め言葉である。ちなみに、真面目な授業もちゃんとできる」という。

🐦 @patosensei105

🔊 本人からのメッセージ

腰を据えてじっくり見るのではなく、勉強と勉強の合間に息抜き程度に見るチャンネルです。何か勉強に取り組むヒントが見つかれば幸いです。

DATA
❶ -
❷ -
❸ -
❹ -
❺ -
❻ -

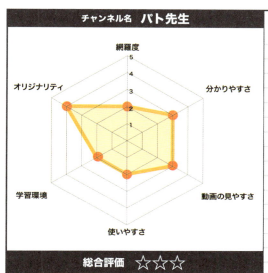

使い方

英文に対して品詞分解を行い、名詞形容詞副詞、SVOCMを多用する。文型の範囲が理解できていれば理解に問題はないレベル。中学の教科書解説もあるが全部やっているわけではく途中で途切れてしまうのが難点。「視聴者がついている動画については続きを作るが、そうでない動画に関しては断ち切れる傾向にある」と公言している。
英文法の問題は難関高校受験用の英文法のため、問題やレベルはそのまま大学入試の基礎問題として応用が可能だ。

コラム《講評》 教科書から入試問題まで、英語を品詞分解して説明する

中学生向けにNEW HORIZONとNEW TREASUREの解説を行っている。精密に一文ずつ読んでいるが教科書を持っていないとついていけないので注意。スラッシュを引いて動詞に注目しながら読んでいくので、英文が全く読めない高校生が簡単な英文で中学の英文から一気に学習し直したい場合にも有効。また、間違えやすい英文法に関しては動画1本で説明をする。例えば「one, another, the otherの使い分け」で1本の動画が用意されており、中学生にも高校生にも参考になる英文法解説を行う。

▶ 特徴

速読英単語の解説を行う
速読英単語の内容を読んでいき、文法的な解釈やイディオムの解説を行っている。ただし「これは接続詞付きの分詞構文です」という答えのみを言って一気に進めてしまうので基礎力ができていないと難しい。

シリーズ動画が中途半端な終わり方をするので注意
学校の教科書解説においても、速読英単語の解説においても、1冊全てを解説しておらず途中で終わってしまい中途半端なところで投稿が途切れているのが難点。残念ながら完全網羅された参考書や教科書がない。

講義系 登録者数 10万人〜

チャンネル名
講義系 **映像授業 Try IT（トライイット）**

- 登録者数＝51.7万人　● 動画本数＝3,971本　● 再生回数＝2億2908万回 (2021年6月現在)

| 主な科目 | 英 数 理 社 古文 | 対象 | 大学受験 | レベル | 基礎 | 更新頻度 | 不定期 |

▶ チャンネル概要

トライによって厳選された実力派講師陣が名を連ね、教育系YouTubeではトップクラスの授業動画を投稿。動画数約4000本。小中国語と高校現代文以外の科目で躓いている箇所があるならば、まずトライイットに解説動画がないか探しても良いレベル。自分の気になる分野の解説がピンポイントで見つかること間違いなしの圧倒的動画数となっている。

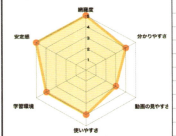

使い方
中学生と高校生の英語、数学、理科、社会の標準的な内容が網羅されており、加えて高校生は古文と漢文の視聴が可能。YouTubeですべての動画が再生リストにまとめられており簡単に視聴できるが、ホームページから動画を探すとさらに簡単に見たい単元にたどり着くことができる。無料の会員登録をするとプリントや問題、解答もダウンロードができる使い勝手の良さが好評。

コラム（講評）学校の教科書に寄り添いながらも豊富な解説

中学生は国語以外、高校生は現代文以外の全科目全単元が15分前後の動画にまとめられている。基礎から解説をする動画がほとんどで、各単元の導入に力を入れており、新しく聞く語句なども丁寧に解説し進めてくれるので、単元の知識ゼロからでも動画を見れば教科書レベルの内容までわかるように工夫されている。4000本にも及ぶ膨大な範囲を動画にしたチャンネルは希少で、基礎的なことを身につけるならばこのチャンネルを利用すると良い。

▶ 特徴

定期テスト対策向け
様々な教科書に対応しておりそのレベルに沿って動画は作られている。そのため一般的な公立高校受験を目指す中学生はチャンネルで各単元の導入を見て学んでいくやり方がおすすめ。新しい語句の説明も豊富なので予習に使うのも良い。

受験対策は別途自分で行う必要性あり
基礎力を鍛えることはできるが、応用問題や発展問題になると対応は難しくなる。特に理系科目の解説においては、わかりやすさを優先するあまり厳密性に欠けるものもあり、導入としては良かったとしても最終的には何らか他の場面で正しく学習をしなければ大学受験に対応するには難しい。

講義系 登録者数 **10万人〜**

チャンネル名

講義系 Stardy - 河野玄斗の神授業

●登録者数＝56.6万人　●動画本数＝257本　●再生回数＝1億14万回

(2021年6月現在)

| 主な科目 | 数学 | 対象 | 高校・大学受験 | レベル | 標準〜難関 | 更新頻度 | 週4〜5回 |

▶ チャンネル概要

東大理Ⅲ現役入学後、医学部在学中に司法試験・医師国家試験に合格し、TV番組『頭脳王』の2連覇王者でも知られる河野玄斗氏による、数学解法及び勉強術の紹介を中心としたチャンネル。「勉強によって次世代の担い手」を生み出すことを目的として運営されている。

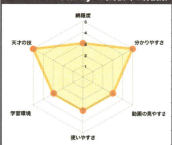

使い方

このチャンネルを効率よく使うには、再生リストを活用しよう。総合的な数学の計算効率性を高めたいのであれば「裏技大全」、共通テスト対策であれば「センター試験20年分徹底分析」が利用できる。いずれも板書ではなく、問題が表示された状態で、河野氏の手元の用紙に数式が記載されていく実況型式。勉強のスペシャリストの思考が可視化されて分かりやすい一方、スピードについていけないとどんどん問題が流れて行く可能性もある。都度停止して自分で問題を解いてみてその上で河野氏の解法と比較するなど、意識して学習ペースをつかんで視聴することが重要。

コラム（講評）「神脳」による数学の超時短解法が人気の秘訣

「神授業」と銘打つチャンネルでは、数学を中心に「最も効率のいい解法・テクニック」を紹介する内容が充実している。勉強法理論も展開されていて、河野氏自身の「神脳」ぶりを遺憾なく発揮する実証・実況動画が刺激的。「目隠ししながら音声だけで灘やオックスフォードの入試問題を解く」など、他には誰も真似できない企画多数。最も再生回数が多いのは勉強用・作業用BGMだが、コメント欄には勉強に対する視聴者の熱い想いがあふれている。

▶ 特徴

数学の超時短裏技

「裏技大全」として数学の時短解法術を多く取り扱っている。「論理的に効率化したい、パターン化したい」という受験生にとっては非常に有益なコンテンツとなっている。ただし受験生は自分の志望に応じてレベル感を選別する必要がある。

センター20年分徹底解説

センター数学を徹底的に分析し、前半で解法のポイントを整理、後半で実際の入試問題を解いて解説していくシリーズは必見。「二次関数」「三角関数」「ベクトル」「微分積分」など数学ⅠAⅡBの重要な単元ごとに動画がまとめられている。

講義系　登録者数 ~5,000人

チャンネル名
講義系　田中結也の日本史チャンネル

(2021年6月現在)

- 登録者数＝1,880人
- 動画本数＝177本
- 再生回数＝12万回

| 主な科目 | 日本史 | 対象 | 大学受験 | レベル | 基礎〜難関 | 更新頻度 | 毎日 |

▶ チャンネル概要

ただよび文系チャンネルの日本史を担当する田中結也氏による個人チャンネル。単元別の日本史の講義と私大入試問題を中心に解説するスタイルが中心。近年は黒板で説明する動画も多いが基本的にはスライドで解説をしていく動画が多い。中学社会から難関大学の問題まで扱っている。

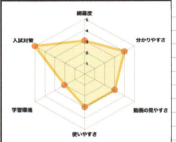

使い方
大学入試問題の解説に関する動画が多めなのである程度学習を進めた人に向いている。日本史を1から10まで全て通して説明を行っているわけではない点に注意。文化史を高速マスターさせるための動画が10本以上用意されている。大学数学を高校範囲からアプローチしていく授業もあり。こちらは現役の大学生にとっては基本的な内容もあるが、「式変形」を用いて解法パターンを増やすことができるため、テスト対策として活用できる。

コラム（講評）　難関大学の正誤問題動画が売り

難易度が高いとされる難関私大の正誤問題の解説が非常に多く用意されている。ある程度日本史がわかっている状態でないと解くのは難しい。どこが間違っているかをテンポよく、量を重視して解説していく。特定の単元別に様々な難関私大から問題を抽出するので、同じような範囲の問題を複数の私大で演習することが可能。扱う大学も早慶上智・MARCH・関関同立ばかりなので私大最高峰の問題に触れ続けることができる。

▶ 特徴

受験日本史導入での教科書の選び方
学校で購入するであろう4冊の教科書を解説。一般的に使うものから、難しすぎるもの、逆に簡単すぎるのでおすすめできないものを分けて説明してくれている。基本的には山川出版の詳説日本史Bと実教出版の日本史Bを使うのが良いという見解。

声だけの動画が多いので注意
問題解説は豊富に揃っているが、特にスライド解説の動画は基本的には声のみしか収録されていない。何か線でなぞったり、文字の色を変えたりするような派手な編集は行われていないので聞き逃さない集中力が必要である。

| 講義系 | 登録者数 1万～5万人 |

講義系

チャンネル名
東大塾長

- 登録者数＝1.24万人　● 動画本数＝538本　● 再生回数＝272万回

(2021年6月現在)

| 主な科目 | 数 物理 化学 | 対象 | 大学受験 | レベル | 標準〜難関 | 更新頻度 | 不定期 |

▶ チャンネル概要

6ヶ月で偏差値15アップの実績を公言するチャンネル。偏差値50台から東大や慶應を目指す人向けの学習塾も運営している。動画もまた、東大や慶應レベルの難しい問題を扱っている。偏差値65程度あると参考になる難関大の過去問解説は多くなるチャンネルだろう。

チャンネル名　東大塾長

レーダーチャート（網羅度、分かりやすさ、動画の見やすさ、使いやすさ、学習環境、臨場感）

総合評価 ☆☆☆

使い方

自身が経営する予備校での授業を撮影した動画をそのまま投稿している。そのため生徒の回答時間や声が入っており、完全視聴者向けの動画ではない点が注意。YouTubeの動画はあくまでも体験版であり完全版は入会を促す仕組み。ただ基礎演習も入試問題演習も最後の答えまでは解説してくれる親切設計。理系学部の網羅度は広いが文系数学の動画は慶應商学部以外投稿なし。

コラム（講評）　動画はハイレベルな過去問中心

数学、物理、化学の理系3科目を標準レベルの演習問題から難関大学の過去問まで幅広く解説している。標準レベル以上の理系3科目は全範囲網羅したチャンネルなので、ある程度の基礎力を身につけている生徒にとっては有用。過去問解説においては上智理工と東京理科大が多いが、MARCH関関同立の過去問解説も豊富。筑波大や千葉大などのやや難易度の高い国公立大学の問題演習も行っている。

▶ 特徴

数学は単元演習ですら大学入試の過去問

標準レベルの各単元の解説でも大学入試の過去問を使用するこだわり。定期テスト対策とサムネイルにはあるが過去問演習では早稲田の問題を使用するなど、過去問を重視している。

物理と化学は基礎からの解説あり

数学は基礎が理解できている視聴者しか動画内容を理解することが難しい設計になっているが、物理と化学は基礎から解説があり標準問題解説まで動画が用意されている。物理も化学も標準問題からは入試過去問にて解説が行われる。

| 講義系 | 登録者数 1万〜5万人 |

チャンネル名
式変形チャンネル

講義系

- 登録者数＝3.25万人
- 動画本数＝538本
- 再生回数＝644万回

(2021年6月現在)

| 主な科目 | 数学 | 対象 | 高校・大学 | レベル | 難関 | 更新頻度 | 不定期 |

▶ チャンネル概要

元高校教員であるG先生こと呉屋秀樹氏による数学特化型チャンネル。その内容は真面目に高校・大学数学を解説するものからパズル、クイズなどバラエティーに富んでおり、さまざまな角度で数学にアプローチするコンテンツを提供している。数学の面白さを伝えることがメインであるため、動画の内容が固すぎず、楽しみながら数学の魅力を感じることができるチャンネル。

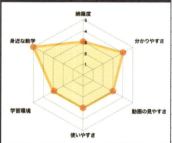

使い方

前提として数学の基礎事項は一通り理解している必要がある。再生リストで高校範囲を扱っている動画がまとめられており、実際に視聴して自分のレベルと照らし合わせて判断するのが良いだろう。動画はレベル別ではなく「オイラーの定理」「相加平均・相乗平均・調和平均」といったトピックごとの区分が主になるので、数学が得意な生徒であれば順番にこだわる必要はなく進め、解法のパターンを増やせる。ただしチャンネル自体の趣旨が受験専門ではないため、ペースメーカとなる学習教材は必ず別に用意しておいたほうが良い。

総合評価 ★★★☆☆

コラム（講評） ストイックかつ楽しめる数学チャンネル

元高校数学講師のG先生の「自らの数学のレベルを高める」というストイックな理由で式変形チャンネルは設立された。そのため大学受験専門というわけではなく、独自の切り口で大学・高校数学・数検などの問題を取り扱っている。一見敷居は高く感じるが、数学に抵抗のない生徒であれば高校1・2年生の知識で理解できる内容もあり、受験レベルを超えた数学の面白さを提供してくれるだろう。

▶ 特徴

最多再生「病原菌と検査方法に関する確率」の問題

感染症とその検査はタイムリーな話題だが、この動画では「むやみな検査を行ってはいけない理由」を小学生レベルの算数を用いて証明している。確率を面積に置き換え噛み砕いて説明しつつ計算した結果、私たちの日常感覚とは異なった数学的事実が明らかにされる。

授業スタイル・テンションは七変化

サムネイルに設問や証明すべき定理が掲載されており、基本的には編集無しで黒板やホワイトボードに板書して解説するシンプルなスタイル。ただし中には謎のキャラクター設定のもと授業を行ったり、被り物をつけたり、果ては「妹」なるキャラクターがさまざまな図形の定理を証明するVTuber風動画もある。

| 講義系 | 登録者数 1万〜5万人 |

講義系
チャンネル名
スタディチャンネル

● 登録者数＝1.2万人　● 動画本数＝1,413本　● 再生回数＝109万回

(2021年6月現在)

| 主な科目 | 算・数 英 理 社 | 対象 | 小・中学 | レベル | 基礎 | 更新頻度 | 週1回 |

▶ チャンネル概要

株式会社教育測定研究所が提供する、小中学生用の5教科対応学習チャンネル。ズバッと阿部氏をはじめとする多彩な講師陣が、旺文社の参考書をベースに短時間で基礎項目の講義をアップロードしている。学校の単元以外では、最近だと英検対策も配信されており、睡眠学習用の英単語の暗記動画や、発音および単語の確認テストの動画など、独自のアイデアを凝縮した動画が特徴的。

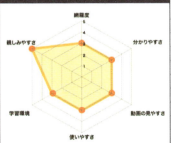

総合評価　☆☆☆

使い方
中学生範囲の講義動画については、旺文社の問題集・参考書からの例題を抜粋して進めることが多い。そのため実際に動画内で紹介されている問題集を手元に置き、その解説として視聴するのが良いだろう。内容的には最も基礎的な内容が1、2分程度で紹介されており、時間がない時にもスピーディーに視聴することができる小学生向けの範囲では、スマートフォン向けにサイズが最適化されたアニメーション動画がほとんど。こちらも1分程度で視聴できる。イメージしやすいビジュアルになっているので、学校で習った単元の理解を深めるのに活用しよう。

コラム（講評）楽しく「まなび」の世界へ

各講義動画は、旺文社の参考書から抜粋した例題をワンポイント解説でまとめているものが多く、視聴に負荷がかからず学習を進めることができる。教育系YouTuberや学習塾の講師など、多彩な講師陣が売りで、自分に一番合うと思った先生の授業を視聴することが可能だ。動画は凝った編集が特徴で、正確さや本質的理解というより、まずは楽しく勉強することに重きを置いており内容は導入レベル。そのため学校のワークや市販問題集との併用が必要だ。

▶ 特徴

体系的な知識整理にはやや難有り
小中学生の全科目が網羅されているが、どの動画をどの順番で見ていいのかが分かりづらい。体系的な知識を整理するためには実際に問題集を最初から解く必要がある。動画視聴は勉強を始めるきっかけ、もしくは問題集の要点整理として位置付けるのがよいだろう。

英検対策動画にも力を入れる
英検対策として、レベルごとの内容の違いや二次試験での受け答え方法、頻出単語対策動画などもある。推薦入試や力試しに英検を受ける生徒も多いはず。まだ英検を受けたことのない生徒はこれらの動画を通じ、求められているレベル感を把握することができるだろう。

講義系 登録者数 1万〜5万人

講義系

チャンネル名
AKITO の勉強チャンネル

● 登録者数＝2.98万人　● 動画本数＝779本　● 再生回数＝337万回　（2021年6月現在）

| 主な科目 | 数学 | 対象 | 大学受験 | レベル | 標準〜難関 | 更新頻度 | 不定期 |

▶ チャンネル概要

大学受験の数学の問題を講義形式で解説するチャンネル。通常の数学の範囲を扱うこともあるが、東大京大などの難関国公立の数学を特に扱うことが多い。全体的に難易度高めの問題選考のため、基礎はわかっている生徒に適したチャンネルである。解説はポイントを押さえていてわかりやすく、自身が公立高校から東大に現役合格した身であるため、受験生がどんな問題にあたっておくべきかをしっかりわかっているのが心強い。

チャンネル名　AKITO の勉強チャンネル

（レーダーチャート：網羅度、分かりやすさ、動画の見やすさ、使いやすさ、学習環境、数学力）

総合評価 ★★★★☆

使い方

大学受験数学を専門とするチャンネル。数学の基礎は出来ている前提で解説が進むため模試で点数を取りたい人や入試問題演習の解説が見たい人向け。基礎から数学を勉強し公式や基礎的な問題からやさしくやりたい人には向いていない。標準的な入試問題演習も行うが、東大・京大・一橋大・東工大の数学を多く扱っている。文系数学も扱っているので文系志望者にも対応可能。また、大学数学に関しての動画も豊富で、大学入学後の予習復習にも十分利用できる。ただし、大学範囲の内容に関して受験生の間から視聴する必要は一切ないので注意。

コラム（講評）
偏差値 65 程度になってから視聴すると良い

東大数学科卒で大学受験の数学を得意とし超難関大学の問題演習を豊富に扱っている。東大・京大・一橋大・東工大の数学問題演習だけで動画本数は100本以上。2017〜2019年までの過去問に関して特に豊富に解説が行われている。ノート式のホワイトボードを上からカメラで撮影し、板書をしつつ喋りながら解説をしていくスタイル。視聴者にとっては個別指導や家庭教師に教えてもらっているような感覚が近いと思われる。

▶ 特徴

編集なしの解説動画だが年々見やすくなっている
動画の編集がされていない他チャンネルの動画だと光の加減やカメラの向きで見にくいチャンネルも多い中で、近年の動画はカメラを真っ直ぐに設置し文字の大きさもちょうど良い。編集なしの解説系動画の中では見やすい部類。字も丁寧で声も聞きやすい。

難易度高めの問題が多く解説時間は長い
基礎は視聴者が理解している前提で進んでいく。動画はAKITO氏いわく学校の定期テストでは点数が取れているが模試などで点数が取れない人向け。よって問題解説は必然的に全国模試以上の難易度となり、解説時間が長くなっている。30分前後の動画が多い。

講義系 登録者数 非公開

チャンネル名
講義系 GTO 大学受験専門塾
●登録者数＝非公開 ●動画本数＝121本 ●再生回数＝101万回

(2021年6月現在)

| 主な科目 | 英語 | 対象 | 大学受験 | レベル | 標準～難関 | 更新頻度 | 週1回 |

▶ チャンネル概要

中高一貫に通う生徒や難関大学を目指す専門の学習塾も運営しているチャンネル。その影響もあってか、取り扱う問題の難易度は比較的高めである。また、問題を解く際のテクニックも解説しているため、うまく利用すれば大きな武器になるだろう。しかし、難関大を目指す人が使うのを前提に作られているため、自分に合うレベルなのか動画を見てしっかり見極める必要がある。

使い方
早慶MARCH関関同立あたりの有名私大を中心に解説した動画が多い。特に文法よりも長文の解説が多い。ホワイトボードの前で講義をしたり、問題用紙を直接映したり、タブレット端末を使ったりと解説方法に統一性がなく全体的に見づらさを感じることもあるが、どの動画も難解な問題がすぐに解けることをイメージしたサムネイルが目を引く。基礎を固めた上で、さらなるステップアップをするときに有効なチャンネルである。コメントに書かれている大学の問題解説のリクエストにこたえてくれるため、コメント欄で要望を出すのも良いだろう。

コラム（講評）「独自の解き方」に注目が集まるチャンネル

基礎的な文法や英文読解などの動画は少なく、関東と関西の難関私大を中心に長文の解説動画が豊富。「すぐにできる」「瞬殺」などの見出しが多く使われ、難しそうに見える問題も傾向と簡単なテクニックで突破できることを売りにしている。ややテクニックに偏重しすぎるところがあり、全大学学部の問題で解法が素直に使えるわけではないことも考慮しなければならない。

▶ 特徴

基礎がある程度できている偏差値55以上向け
長文問題を解く際にも文法や解釈がわかっていないと間違えてしまう問題がある。ただそういった文法や英文解釈の説明動画はなく、わかっている前提で話が進んでしまうため簡単に見えても相当な基礎学力が必要。

文章を読むテクニックを駆使する
難関私大は設問の順番が本文の並びと一緒になっていることに着目し、設問からキーワードを拾い出し、文章内に該当の言葉があればその周辺を読んで設問を解くテクニックが紹介されている。難関私大の長文を突破する解法として役立つかもしれない。

講義系 登録者数 ~5,000人

チャンネル名
nekonoteschool

●登録者数＝4,470人　●動画本数＝192本　●再生回数＝84万回

(2021年6月現在)

| 主な科目 | 数学 | 対象 | 大学受験 | レベル | 基礎〜標準 | 更新頻度 | 月1回 |

▶ チャンネル概要

都立高校教員である鈴木智秀氏の数学講義チャンネル。電子黒板を用いた作り込まれたアニメーションが、ICT授業を体現している。通常の高校の授業とは一線を画し、数学の学びというものの印象を大きくアップデートできる。教員の経験を生かしたわかりやすく、洗練された授業を提供してくれているうえで、少し発展的な内容も取り扱っているため、今までよりも一段深く理解をすることができるだろう。

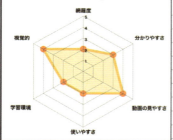

総合評価 ☆☆☆

使い方
視聴に際しては動画のタイトルにある各単元について一度は学校等で学び、基本的なイメージを持っておくべきだろう。動画内では緻密なアニメーションによって、より定義の本質的な理解ができるように作られている。その点で、数学の苦手な生徒から得意な生徒までおすすめだ。ただし単元が体系的に配信されているわけではないので、視聴者は自らテーマを絞って視聴していくのが求められる。また、実際の入試問題が多く取り上げられているわけではないので、イメージや定義の理解を深めた後は、自ら手を動かす時間を確保する必要がある。

コラム（講評）　反転授業用に構築されたアニメーション講義
都立高校で使用する反転授業用の動画が多く配信されている。そのため実際の教育現場ではデジタル教材で知識習得を行い、教室ではその確認や問題解決のための演習を行う形式を想定して作成されている。YouTubeチャンネルのみの視聴の場合だと、そこまでは追及できないので、まずは動画を通して学校で習った範囲についての復習として活用するのがよいだろう。抽象的な概念や図が見事なアニメーションで説明されているため、各単元のイメージを鮮明にすることができる。

▶ 特徴

先生の熱量を感じる電子黒板講義
リアルな黒板だと数式や図形が書き込まれてごちゃごちゃしてしまうが、生徒の理解スピードに合わせてスライドが切り替わったり、鈴木氏の言葉や手の動きに沿ってチェックマーカーが入ったりと、細かい工夫がなされている。

ガロア理論など発展的内容も含まれる
ガロア理論など一部発展的な内容が含まれる。ただし高校生向けの講座なので、数Ⅱの高次方程式を理解している生徒であれば、動画を順番に視聴することで大枠が理解できるように作られている。ガロア理論については鈴木氏自身による著作も出版されている。

講義系 | 登録者数 5,000〜1万人

講義系

チャンネル名
はやくち解説高校数学

- 登録者数＝8,490人
- 動画本数＝476本
- 再生回数＝124万回

（2021年6月現在）

| 主な科目 | 数学 | 対象 | 大学受験 | レベル | 基礎〜標準 | 更新頻度 | 不定期 |

▶ チャンネル概要

高校数学の各単元について「早口×早送り」で解説するユニークなチャンネル。取り扱っている問題は教科書の例題範囲から実際の入試レベルまで多様。一部過去の動画では通常の授業形式で講義しているものも存在する。時間の無駄を最大限省き、自分のわからないところや気になるところを効率良く勉強できるほか、学習し終わった単元を短時間で総復習することも可能だ。

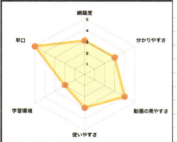

使い方
再生リストに動画がまとめられているので、各単元の復習に活用することができる。中には基礎例題レベルの解説や、基本用語の説明をしてくれているものがあるので、学校で学んだ内容や市販問題集で解いた問題について、ざっと早送りで確認するのに活用できるだろう。また一部難関大学の入試問題を扱っている内容もあり、よどみなく整理・解説されている。サムネイルにある問題を自分で考えたうえで、解法の一つとして吸収することができる。

コラム（講評）「早口・早送り」で思考のスピードもはやくする

最大の特徴は「早口・早送り」で動画が構成されていることで、前置きや雑談は一切挟まない。「かったるい説明に嫌気がさしたときに見る動画」で「雰囲気を掴む」ことが趣旨として配信されている。早口でもわかりやすいように電子黒板に板書されている内容は綺麗にまとめられており、言葉もつかえることがないので聞き取りやすい。スピーディーに復習や確認をしたいとき、空き時間での視聴も可能だ。

▶ 特徴

正確な板書の早口電子黒板講義
解説においてペースがぶれない語りと、電子黒板への正確な板書が特筆すべき点だろう。背景画面が方眼になっていることもある。たとえば二次関数のグラフを記載する際も正確な表現になっており、学校の授業でノートを取る際の見本例として活用することもできる。

動画の趣旨・レベル感には留意しよう
前置きを省いた状態で動画が展開されるため、例題レベルなのか入試レベルなのかが判断しにくい面もある。タイトル・サムネイルに扱う問題が掲載されておりレベルを把握する材料にはなるが、数学が苦手な生徒には判断しにくい可能性もある。

講義系　登録者数～5,000人

講義系

チャンネル名
sekaishiplate

● 登録者数＝2,750人　● 動画本数＝476本　● 再生回数＝39万回

(2021年6月現在)

| 主な科目 | 世界史 | 対象 | 大学受験 | レベル | 基礎 | 更新頻度 | 週2回 |

▶ チャンネル概要

パワーポイントのスライドで語られる世界史の講義チャンネル。世界史の理解に必須の地理情報や図表・年表が見やすく整理されており、通史の概要を学ぶのに適している。一部テーマに沿ったコンテンツや、入試解説、演習も配信されている。基礎レベルがメインだが、入試問題の解説動画なども数多く公開されているためどのレベルの受験生にとっても有用な内容になっている。

使い方
タイトルに記載されたナンバーに従って視聴することで、おおむね教科書と同様の順番で通史を学ぶことができる。また重要語句が赤字、穴埋めのような形式のスライドになっているため、書き込み式のプリントと類似した環境で効率的にポイントを勉強することが可能。復習・予習、定期テスト前の対策、また受験の基礎レベル学習として活用しよう。地図情報・図表なども充実しているためビジュアル的なイメージがつきやすく、学校で世界史を習っていない生徒でもある程度独学で進めやすい内容になっている。

コラム(講評) 世界史とパワポの相性
視聴するとパワポ形式と世界史の相性の良さが実感できるだろう。世界史に必要な基礎用語を踏まえたストーリーの理解に加え、地理情報、図表、年表などの整理が可能で、これらがスライド上に端的に表現されている。語り口もこなれており、好奇心を刺激されつつ勉強することができる。レベル的には基礎～共通テスト水準で、通史理解に比重が置かれている。記述問題やテーマ別の切り口に関しては別途学習していく必要はあるだろう。

▶ 特徴

パワポが見やすい
重要語句がアニメーションで表示される講義形式。復習として活用する場合、穴埋め問題として活用することもできる。パワポのクオリティーは直近のものになるほど向上しており、視聴するだけで単元の概要理解ができる。また関連する単元の復習項目が挿入されるなど、親切な設計もみられる。

ガロア理論など発展的内容も含まれる
再生リストはほとんど整備されていない。チャンネルの動画と直接関係のないものがまとめられているため、リストから目的の動画を見つけることができない。そのため視聴者自身が動画を探さなければならず、通史学習の観点からはやや使いにくい仕様となっている。

講義系　登録者数 非公開

チャンネル名

講義系 マサトYouTube塾

●登録者数＝非公開　●動画本数＝271本　●再生回数＝5万回

（2021年6月現在）

| 主な科目 | 中学・高校社会 | 対象 | 高校・大学受験 | レベル | 基礎 | 更新頻度 | ほぼ毎日 |

▶ チャンネル概要

マサト氏による中学生・高校生向けの社会科目の講義チャンネル。中学社会と高校日本史がメインであり、内容も基礎的なので初学者や、日本史が苦手な生徒にとっては有用な内容である。また、最近のニュースで話題になった時事問題についての解説が非常に充実しており、受験にとどまらず、一般教養として知っておきたいことを知ることができる。

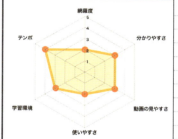

使い方

多くの動画が公開されているのは中学社会と高校日本史であるが、その他にも倫理・政治経済や世界史の動画もある。どれも通史すべてをカバーしているわけではなく、テーマ別に解説されているので自分が苦手な分野だけ見るといった使い方が現実的。

レベルとしては基礎が中心で、この授業だけでは受験には対応できない。テキストやプリントも用意されているわけではないので、あくまで学習の入り口として視聴することをオススメする。

コラム（講評）　元塾講師の深い知識に裏付けされた解説

動画で扱っている内容自体は基礎のレベルであるが、塾講師としての実績に加え、大学院で歴史を専攻していたマサト氏の解説はある程度学習を進めた人にとっても興味深い。ただ知識を羅列するのではなく、なぜこの出来事が起こったのかという所まで説明があり、大事な箇所は効果音やテロップなどを用いて強調されているのでわかりやすい。

▶ 特徴

網羅度は今後に期待

通史が網羅されているわけではなく、このチャンネルを軸に学習を進めていくことは現状難しい。しかしながらチャンネルはほぼ毎日更新されており、新たな授業も次々に公開されているので、今後の充実に期待。

大学受験にもつながる時事解説

高校の学習内容だけではなく、政治や経済、最新の時事問題についても解説されている。時事を解説するだけではなく、受験につながるように意識した解説も数多く公開されているので、受験生でも、そうでない人でも全員が見る価値のあるものとなっている。

講義系 登録者数 5万〜10万人

講義系

チャンネル名
数学を数楽に

- 登録者数＝5.21万人
- 動画本数＝901本
- 再生回数＝2,421万回

(2021年6月現在)

| 主な科目 | 数学 | 対象 | 高校受験 | レベル | 標準〜難関 | 更新頻度 | 週7回 |

▶ チャンネル概要

難関高校の数学問題、特に一見難しそうに見えるが簡単に解ける問題を選抜して解説するのが強み。難関高校受験者はもちろん、数学の基礎を学びたい大学受験生、中学くらいで数学の知識が止まってしまった社会人にもひらめきを発想を与える面白いチャンネルとなっている。

チャンネル名　数学を数楽に

（レーダーチャート：網羅度、分かりやすさ、動画の見やすさ、使いやすさ、学習環境、数学サムネ）

総合評価 ☆☆☆

使い方
難関高校の数学の入試問題をメインに扱っているが、基礎的な考え方は大学受験にも通じるところがある。高校受験としては難関レベルの問題が中心だが、大学受験の数学受験者は公式や考え方など、さっと短時間で思い浮かびたいところ。大学受験数学に不安を抱える高校生はこのレベルの数学の考え方ができるか再度チェックすると良い。

コラム（講評）　ひらめきと発想を求められる問題を扱う

中学生が解く問題だからといって侮ってはいけない。高校生が解いても一見の価値がある。「気付き」をテーマに問題解説がされているので、その気付きのパターンを身につけることは、大学受験をする高校生にとっても有益である。大学入試の数学でも中学の公式を使うことは頻繁にあるため、難しい問題で見直すこともチャンネルを視聴する価値になる。解説途中の無駄な部分を省いたりはしていないので集中力を持って試聴しなければならない。

▶ 特徴

公立高校進学者は見ておくべき動画
大学受験において、数学のみならず難関私立高校進学者と公立高校進学者はすでに差がついている。しかし大学入試では同じ数学を解くわけなので、高校進学後にこの動画で難関私立進学者がどんな問題を解いてきているのか確認し追いつく必要があるだろう。

数学の基礎力養成に
数学は「公式の応用」と「気付きのパターン」が重要。中学数学最難関レベルでこの2つを学ぶことができる。「数学的能力」を養うのに適した動画が豊富に用意されている。

スペシャルインタビュー
予備校のノリで学ぶ「大学の数学・物理」
たくみ

僕は「理系の理系離れを防ぐこと」をキーワードに活動しています

ヨビノリ

聞き手：コバショー（CASTDICE TV）

——いまの日本の理系教育で課題だと感じるポイントはありますか？

　専門科目に関しては、わかりやすい教材が少ないという点ですね。分かりやすいことに対する毛嫌いというか「学問とはわかりやすいものではなく、苦しんでも学ぶものだ」という風潮もあると思います。ただ考えてほしいのは、高校までは多くの参考書があって、それらが比較されてより良いものができていましたよね。毎年新しい参考書が出るのもそういった理由だと思います。この流れが大学に来てもいいのになと思うんですよ。

——なるほど。そもそも、理系の学生が減ってるんじゃないかなと僕は感じるんですが、たくみさんはどうですか？

　科学者に対するイメージが下がってきているのが大きい気がします。高校生の間でも「研究予算が削られているらしいよ」と噂されていて、お金に困っているイメージが強くなっ

ているなと。だから、実情として理系の学生が減っていることは仕方ないのだろうなと感じています。

——たくみさんは、理系の人材を増やしたいという想いがあるのでしょうか？

　はい、あります。YouTubeチャンネルの理念の一つにもしています。有名なところだと「でんじろう先生」など、いわゆるサイエンスコミュニケーターの方たちによってアウトリーチがされていますよね。しかし、大学に入ったけど卒業する時には理系じゃなくなってる人が多いのが現実です。だから僕は、とくに「理系の理系離れを

毎回の授業は真剣そのもの。板書だけではなく自身の動きや目線も気を遣って授業に取り組んでいる。

防ぐこと」をキーワードにして活動しているんです。理系学生を増やすことはお風呂に水を溜めるようなことだと思っています。しかしお風呂の栓が抜けてしまっていては水は溜まりません。理系が減ってしまっている現象はまさにこれだと思います。だからそれなら、僕が栓をしめる活動をすればいいなと考えているんです。

——確かに、理系で大学に入っても勉強について行けず、最終的に文系就職をする学生は多いですよね。理系離れというと大学受験における理系の人数を増やすことに意識がいきそうですが、そこだけじゃありませんね。盲点でした。

はい。そもそも大学で何も学ばずに出ていく学生が多いんですよね。高校のときより大学の方が学べたと感じられる学生って、100人中5人くらいじゃないですか？僕もいろんな大学に行ったことがあるわけではないので詳しくは分かりませんが、これが実情だと思います。

——ちなみに今の理系教育の中で、とくに日本の大学生がついていけてないなと感じる科目はありますか？

それはもう、全部ですね（笑）。そもそも大学における理系科目で簡単なものは一つもないので、そこはたいへんだろうなと思います。とくに物理学なんて、高校と比べるとギャップが大きくて世界が変わりますから。

—— YouTube をやっていて、理系に興味を持つ子が増えたという感覚はありますか？

増えているんじゃないですかね。

とある大学の先生によると、学生の平均的な成績は上がってきていて、アンケートでは「動画をみて勉強している」と答える学生も多いみたいです。理系科目の動画となると、おそらく僕のチャンネルを見てくれているのかなと思うので。僕の動画で学問への興味を保てているならうれしいですし、学力的な面で学生を支えられているのかなと感じています。

——すごい……。たくみさんは文字通り日本の理系教育支えていますね。

そうだったらうれしいですね。ちゃんとしたデータを見てみたいところです。まぁ、仮に良い結果がでたとしても国の政策の功績ってことになって、僕の成果はなかったことにされるかもしれないけど（笑）。

——大学の先生の話がでましたが、YouTube活動をする中で先生方の反応は変わりましたか？

そうですね。変わった点でいえば、大学のシラバスに参考資料として僕の動画の URL が貼られるようになりました。大学の先生が出演する学術対談の動画でも、他大学の先生から「いいね」とコメントが来ましたね。学問の世界では大学の先生に認められることが大事だったりするんですが、そういう意味では大学教育とはうまくやれてるなと感じています。

——すごいですね。始めたころは、周りから何か言われたりしなかったんですか？新しいことを始めるときって、どうしても足を引っ張られたりするものだと思うんですが……。

それが、あまりなかったんですよね。僕自身、大学院でしっかり学んだことを自信をもって配信していたので、内容的には何も言うことがなかったのかなと思います。あとは僕が配信を始めたころは、YouTubeや東進、スタディサプリなどによってすでに動画教育の文化ができていたので、文化的な反発もありませんでしたね。

―― 大学の教授も「良いものは認めていこう」と理解を示してくれるんですね。むしろ高校の先生の方が「俺らの仕事を奪うな」のように反発している感じがありませんか？

それはあると思います。大学の先生は教育をメインの仕事と思っていない方が多いので、むしろ動画がまわることによって「俺ら仕事しなくていいんじゃね？」と思う人の方が多いのかと（笑）。ただこれは僕自身の、先生方をリスペクトしている姿勢が見えているからこそであって、そこでリスペクトが感じられなかったら世間的な反発につながっているんだろうなとは感じますね。

―― 一部、高校生向けに配信している動画もありますが、今後も続けていく予定ですか？

はい、大学の授業につながっていく分野の動画は出したいなと思っています。というのも、大学の授業は高校の知識を前提に進んでいきますが、そもそも高校の授業内容を完璧に身につけている学生はそんなに多くありません。大学の授業をしっか

実はプロ棋士からも実力者と認められる棋力の持ち主。自身のチャンネルでも将棋にまつわる企画を多数公開している。

り理解してもらうためにも、高校分野の動画は配信していくつもりです。だからこそ、僕が配信する高校授業の動画は、高校生の時期だけでなく大学生になっても活用してほしいなと思うんですよ。受験生のみなさんにとって、受験がゴールじゃないといいなと思っています。

―― では最後に一つ。将来の野望などがあれば聞かせてください。

実は大きな野望はないんですよね……。YouTubeチャンネルは、自分が楽しみたいという想いでやっていることなので、人生をかけて大学教育を変えたいというような大きな想いはないんです。それよりも、僕自身が学問を学んだことによって、今を楽しそうに生きていることを見せる方が大切なのかなと思っています。将棋に関する動画もアップしていますが、理系知識があったからこそ将棋をより深く学べて、プロ棋士の方たちと将棋を楽しめたり話についていけたりもするので。僕自身が、知識をフルに使って楽しんでいる姿を見せていけたらなと思っています。

勉強法系チャンネル

勉強法系　登録者数 5万〜10万人

チャンネル名
篠原好
URL：https://www.youtube.com/channel/UCkmesX0s-JdAKIJJg4pS_3w

●登録者数＝8.46万人　●動画本数＝2,334本　●再生回数＝3,758万回　（2021年6月現在）

| 主な科目 | 英 数 国 理 社 小論文 | 対象 | 大学受験 | レベル | 標準 | 更新頻度 | 毎日 |

▶ チャンネル概要

世界のシノハラこと篠原好氏が受験勉強に関するあらゆる局面の戦略・戦術を配信している、総合勉強系チャンネル。浪人後に京都大学に合格した自らの経験や、これまで受験生を指導してきた実績をもとに、学習計画から普段の勉強法、塾や参考書選び、科目別・大学別対策など受験に必要な情報を網羅的にカバーしている。日本史の通史や共通テストの解説など、一部講義動画も配信している。

▶ オススメ動画①

日本史の「流れ」が1時間で分かる動画。
縄文時代からはじまって近代まで、それぞれの時代の基礎知識や押さえておくべきポイントなどを一気に解説している。「日本史がドラマを見ているように楽しく理解できた」「流れを掴むにはほんとにわかりやすい！」と好評だ。

運営者　篠原好

受験勉強に役立つ動画を紹介するチャンネル。
京大模試で全国1位・京都大学総合人間学部（文系）合格・早稲田大学政治経済学部にもE判定から1か月で逆転合格した篠原氏が、この経験をもとにYouTubeで勉強ノウハウを配信している。動画視聴者からは早大、慶大、一橋大など、名門大学への合格が相次ぐなど、多数の実績を誇っている。

🏠 https://shinoharajyuku.com/contact.html

DATA
❶ 1992/06/08
❷ 愛媛県
❸ 大阪府
❹ 京都大学総合人間学部卒
❺ 篠原塾塾長
❻ 英検準1級、数検準1級、応用情報技術者、危険物取扱者甲種、簿記2級など

🔊 本人からのメッセージ

必要ならラインで無料電話相談をやってるので、https://shinoharajyuku.com/line.htmlから申し込んでください。

チャンネル名　**篠原好** （レーダーチャート：科目別勉強法、学習計画、参考書レビュー、モチベーションアップ、大学紹介、受験情報・時事ネタ） **総合評価**　☆☆☆☆☆	**使い方** 大量のコンテンツがあるため受験生は優先度をつけて視聴しよう。使い方の例として合格体験期などのモチベーション系動画を視聴し目標を設定したうえで、各学年ごとのタイムスケジュール動画で年間計画を決め、そののち科目別勉強法やオススメ参考書、勉強テクニックの講義に移るなどが考えられる。受験においては戦略こそが重要であるというコンセプトのチャンネルのため、手あたり次第の視聴では受験勉強の全体像や篠原氏の意図がつかめない可能性もあるので、再生リストを活用するなどし、視聴するコンテンツの順番を考えるのが良いだろう。

コラム（講評）　京大模試全国1位の勉強法が満載

現役時代は大学受験を「ナメていた」という篠原氏は浪人期間中に受験戦略を練り実行、京大模試で全国1位を取りつつ合格を果たした。その経験や、実際の個別指導経験の実績を踏まえ、数々の受験戦略を紹介している。動画タイトルにあるトピックをホワイトボードに書き込み解説していくスタイルが中心。そのため授業を受けている体感に近く、単なるメッセージではなく内容を論理的に構造化して把握することが可能だ。勉強に関するあらゆる側面が取り上げられていて心強い一方、各動画がどの程度の学力水準の生徒に向けた内容かタイトルから判断しにくい場合もある。受験生は得意科目・苦手科目に応じて取り入れるべき内容を選択しよう。

各大学対策は「実証済」
科目別の勉強法や参考書などは個人によって意見が異なり主観的な判断になりがちだ。篠原氏は個別指導をしている強みを生かし、各大学の対策動画において実際に篠原氏が指導した生徒の情報を根拠事例としているものが多い。そのため受験生は納得感をもってこのチャンネルの戦略・戦術に取り組める。

モチベーションの鍛え方が充実
通常の教育系動画よりメンタルやモチベーションに関する講義が充実している。成績に伸び悩んでいるときのフォローも行っているので「やることはわかっているが、なかなか実行に移せない」ときなど、折に触れて見返してモチベーションを安定させることが可能。

▶ オススメ動画②

世界史の「流れ」が1時間で分かる動画です。「世界史は、捨てることが大事」という篠原氏。つまり、大事なところをまず頑張ればいい。細部は無視して、まずはこの動画で全体の流れをざっくり押さえよう。あとは自分の好きな地域、覚えやすいところを細かくやっていくのがオススメとのこと。

勉強法系　登録者数　5万〜10万人

チャンネル名
CASTDICE TV
URL: https://www.youtube.com/c/castdicetv

(2021年6月現在)

- 登録者数＝8.4万人
- 動画本数＝807本
- 再生回数＝3,670万回

主な科目　英 数 国 理 社　　対象　大学受験　　レベル　標準〜最難関　　更新頻度　毎日

▶ チャンネル概要

開成高校→東大法卒の経歴を持つ小林氏（通称：コバショー）がメインとなり、講師やインターンの大学生と共に大学の様々な情報や勉強法について、数字を根拠に痛快に事実を伝えていくスタイル。安易な逆転合格にすがる勉強法を否定し「成績向上のためには絶対的に時間数が必要」との持論を持つ。一貫して早期に各科目を一周し終わらせる「先取り主義」に基づいた学習法を提唱する。

▶ オススメ動画①

塾長の小林が東大法学部のテストを一夜漬けでクリアした経験を踏まえて、短期・大量暗記のコツをお話ししています。これから受験勉強を始めようという皆さんや、暗記がどうしても苦手で気がすすまないという受験生の方へオススメの動画です。

🔊 本人からのメッセージ

運営者　個別指導塾
CASTDICE

個別指導塾CASTDICEが運営するYouTubeチャンネルとして、塾長の小林尚（コバショー）や講師、インターン生が登場し、受験勉強や大学選び、就活・キャリアに関する動画を配信しています。
タメになることを面白く、そして受験の「リアル」を伝えることを目標にチャンネルを運営しています。

✉ info@castdice.co.jp
🐦 @babayuhei

DATA
1. 1989/05/08
2. 埼玉県さいたま市
3. 東京都
4. 開成高校、東京大学法学部卒
5. 経営コンサルティング会社戦略部門→独立。個別指導塾CASTDICE塾長
6. -

大学受験の本質は「先取り」と「学習量」だと考えています。誰もが合格できる可能性を持っていますが、誰もが志望校に合格できるわけではありません。その意味で、受験勉強は甘くありませんし、むしろとても厳しいものです。しかし、一度覚悟を決めてしまえば後は「継続力」の戦いです。厳しい現実から目を背けず、最後まで戦い抜けた人に本当の成果がもたらされるのは言うまでもありません。動画を通じてみなさんに受験のリアルをお伝えし、覚悟を持って受験に臨める人が少しでも増えるように我々も戦っていきます。

チャンネル名	CASTDICE TV

(レーダーチャート：科目別勉強法、学習計画、参考書レビュー、モチベーションアップ、大学紹介、受験情報・時事ネタ)

総合評価 ☆☆☆☆☆

使い方

東大、医学部からMARCHや日東駒専までの幅広いレベルの勉強法や大学を紹介している。学習計画に関しては受験生になるまでに範囲学習を完了させるなど、先取りを意識したスタンス。参考書紹介では伝統的な名著から新刊まで紹介されているだけでなく、具体的な使い方に言及した動画も配信。受験生に寄り添う形でのモチベーションアップに主眼を置いた動画は少なく、受験生に喝を入れる動画や大学選びの観点でやる気を引き出す内容が多い。その時期に合った勉強法だけでなく大学受験に関する時事ネタも手広く扱う傾向があるので、大学受験情勢に合わせた内容を見ることができる。

コラム（講評）：参考書マニアと大学受験情報のマニアが集まり早期の勉強を促すチャンネル

出演する人物は難関大学出身。彼らが口をそろえてコツコツしっかり勉強し早期に基礎を仕上げることを推奨している。難関中学受験組と普通の高校受験組では、圧倒的な進度の差があることを警鐘し、普通の高校受験組の視聴者に高1で受験勉強を始めること、高2がラストチャンスというスタンスで動画は進んでいく。高3からでも難関大学の逆転合格は間に合うという無責任な発言はしない。また数字で大学を比較する動画も人気。偏差値、就職率、男女比、年収などで大学の特徴を語っていく。

偏差値40台の高3には手厳しい動画が多いので注意

「基礎は高1、最低でも高2までに終わらせる」ことを一貫して主張しており、そこに到達するまでの内容は詳細に話されている。偏差値40台で高3を迎えるような受験生に向けた動画もあるが、安易な逆転合格を謳うことはなく一貫して学習量の担保を主張しているので、意識の低い受験生には手厳しい内容かもしれない。

受験の王道を進み続ける貴重なチャンネル

「私は〇〇大学に合格するためにこんな受験勉強をしました」や「こうやって生徒を合格させました」という動画は多いが、家庭環境や高校のレベルなど前提が違いすぎて視聴者に真に参考にならない動画も多い。しかしこのチャンネルはそういった環境面の違いや、受験業界では語られない厳しい現実についても、受験生を甘やかすことなくストレートに表現している。勉強をしっかり継続して行える場合には非常に有益な情報となるだろう。

▶ オススメ動画②

現役で東大理Ⅲに合格された穂澄先生を招き、当時の勉強方法について話を聞いた動画。勉強の真髄に迫っている。当チャンネルは様々なYouTuberの方を招いて、受験の体験談を聞く動画を配信しているが、その第一弾にして最も人気だった動画。超難関大学を目指す方は是非参考にしてほしい。

勉強法系　登録者数 5万〜10万人

チャンネル名
とあるオカマが授業してみた

URL: https://www.youtube.com/channel/UCdDfwt6UtevVHJhg604B7kg/featured

- 登録者数=7.22万人
- 動画本数=164本
- 再生回数592万回

(2021年6月現在)

| 主な科目 | 英 国 数 化学 物理 | 対象 | 大学受験 | レベル | 医学部 | 更新頻度 | 不定期 |

▶ チャンネル概要

オカマのようなイラストがどの動画も目を引くが、実際には男性が勉強の方法について教えてくれる動画が多い。センター試験を扱った動画が豊富に用意されており、科目も社会以外は取り扱いがある。女装などはしていないが喋り方は常にオカマっぽくハートマークを多用しピンクの文房具を使用する。近年は動画投稿よりもライブ配信で共に勉強することを促したりする場合が多い。勉強法を学びたい場合は過去の動画を遡っていくのが良い。勉強と関係ない動画もたくさんあるので注意。

▶ オススメ動画①

センター古文で時間ない受験生に見てもらいたい動画よ♡古文はきらいな受験生は多いと思うから、少しでも概形を掴んで親しみを持って貰えるように工夫したわ♡受験生じゃなくても見てみて欲しいわ♡

運営者　ザビエル

国立医療系大学に通うオールジャンル系YouTuber ザビエルの受験チャンネル。
どうも、オカマよ〜♡
勉強嫌いなあなたたちに、少しでもやる気を出して貰えるように頑張っちゃうわ♡
古文動画、モチベーションアップ動画、一緒に勉強しようライブで一緒に賢くなっちゃうわよ♡

✉ bb25115038@gmail.com

DATA
❶ -
❷ 京都府
❸ -
❹ 愛光高校
❺ 大学生　家庭教師
❻ -

🔊 本人からのメッセージ

いつもご視聴頂きありがとうだわ♡
あなたたちが少しでも勉強への壁をとっぱらえるように頑張っちゃうわ♡やる気のでないとき、うまく行かないときに見に来てくれたら嬉しいわ♡勉強ライブで一緒に勉強しちゃうわよ♡

チャンネル名	とあるオカマが授業してみた

レーダーチャート項目：科目別勉強法、学習計画、参考書レビュー、モチベーションアップ、大学紹介、受験情報・時事ネタ

総合評価 ☆☆☆☆

使い方
センター試験の英語、現代文、古文、漢文、数学、物理、化学を取り扱う。満点を取る方法を紹介する動画が目を引く。社会科目はなし。月ごとに応じた勉強法を紹介しており、例えば8月はインプットをアウトプットに変える時期であるとし、9月は赤本を解き始めようなど主に受験生の高校生と浪人生をターゲットに動画を配信している。参考書レビューについては自身が使用していた参考書を紹介していくスタイル。一緒に頑張っていこうというライブ配信が最近は多め。時事に関連した動画を過去あげているが、大学の紹介や大学の過去問を解く動画はなし。

コラム(講評) オカマの口調で勉強法を教えてくれるエンタメ性あふれるチャンネル

オカマの口調で一見ふざけているように見えるが動画内容は至って真面目に解説が行われている。「センター小説満点のコツ」という動画では「棒線部の前後から因果関係をしっかり拾うこと」が重要であるとしている。そして原因と結果が両方とも含まれた選択肢を選ぶようにとアドバイスしている。口調はオカマだが話している内容は受験生にとって参考になり得るだろう。問題の解説ではなく解法を教えているチャンネルなので、解法を聞いたら自分で問題を用意し解いて実践しよう。

偏差値70を超えるための数学の参考書
基礎から数学の概念を理解したい場合は「元気が出る数学」、解法パターンの暗記には「青チャート」を使用するように促している。オカマの声で「この2冊はチンタラやってる場合じゃない」と言っており、この2冊を終わらせ、「新数学スタンダード演習」でアウトプットを積むようアドバイスしている。

「ザビエル」のチャンネルで詳しく説明している場合がある
内容の補足をもう1つのチャンネルである「ザビエル」で解説している場合がある。本人が「ザビエルの方で詳しく説明しているから」という発言をする場合があるのでその際は概要欄から見にいこう。ザビエルチャンネルでは偏差値70を目指す勉強法を教えつつも、「モチベーションを上げること」を意識して投稿している。こちらはオカマ口調ではない。

▶ オススメ動画②

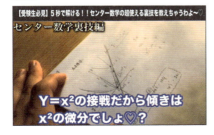

こちらはセンター数学の裏技よ♡センター、共通テスト共に2次学力とは異なるベクトルでの慣れやコツなどが多くあるわ♡
あたしは2次数学はミジンコレベルでしか出来ないけど、センター数学は満点とれるの♡あたしでもいけるからあだたたちなら余裕のよっちゃんよ♡あきらめないで♡

勉強法系　登録者数　5万〜10万人

チャンネル名
みおりんカフェ
URL : https://www.youtube.com/channel/UC8bYr2jBzlp0HG1z4llrNGQ

●登録者数＝6.5万人　●動画本数＝98本　●再生回数801万回
（2021年6月現在）

| 主な科目 | 勉強法一般 | 対象 | 中学・高校 | レベル | 標準 | 更新頻度 | 週1〜2回 |

▶ チャンネル概要

自宅浪人を経て東大文Ⅲに合格、法学部を卒業したみおりん氏が、ノート術を中心として勉強法とモチベーション管理のやり方をレクチャーするチャンネル。動画の内容は勉強法のイロハを中心としており、具体的な科目別の勉強法やオススメ参考書についてはブログ『東大みおりんのわーいわーい喫茶』や著書『東大女子のノート術』で詳しく紹介されている。

▶ オススメ動画①

ノートを見やすく、わかりやすく書くための色分けのコツを紹介した動画。実際にノートをとりながら、黒ペン・カラーボールペン・蛍光ペンの使い分け方を詳しく解説している。75万回を超える再生回数を記録し、「つい色ペンを使いすぎて重要部分がわからなくなってしまう」「色の統一感の出し方がわからない」という中高生に人気の動画である。

🔊 本人からのメッセージ

わたし自身あまり勉強が好きではないため、成績アップよりも学びを楽しめるようになることに重点を置いて情報発信をしています。みおりんカフェのチャンネルを見た方から、「いままで嫌いだった勉強が楽しくなってきた！」とメッセージをいただくときがいちばんうれしいです。週に1〜2回勉強ライブをやっているので、ぜひゆるりと楽しく一緒に勉強しましょう♪

運営者　みおりん

東大卒女子みおりんが、地方公立校かつ非大卒家庭という環境から自宅浪人で東大に合格した経験をもとに、勉強法やノート術について発信するチャンネル。
「ごきげんに勉強する」をコンセプトに、小中高生から大学生、社会人まで使える勉強のコツを楽しくご紹介。チャンネル名には、「動画を見た人がカフェに来たときのようにほっとした気持ちになってほしい」という願いが込められている。ブログ「東大みおりんのわーいわーい喫茶」や各種SNSでも情報を発信中。

✉ miorincoffee1012@gmail.com
🐦 @miori_morning
Instagram : @miorin2018
TikTok : @miorincafe

DATA
① - ② 地方県 ③ 東京都
④ 県立高校 → 東京大学文科三類 → 東京大学法学部
⑤ 新卒で都内のIT企業で1年半勤務 → 現在は独立してYouTubeやブログでの情報発信活動
⑥ -

チャンネル名	**みおりんカフェ**

(レーダーチャート：科目別勉強法、学習計画、参考書レビュー、モチベーションアップ、大学紹介、受験情報・時事ネタ)

総合評価 ☆☆☆☆☆

使い方
このチャンネルで最も力を入れているのではノートの取り方動画である。普段の予習・復習、授業中のノートの取り方、模試の解き直し、付箋の使い方、また学習計画の作成に至るまで、きわめて精緻に整理されたノート見本が展開され、実際にその活用法をレクチャーしている。みおりん流のノート術を実践するため、動画内ではオススメの文具も紹介されている。ノートが雑で学習効率性が落ちている生徒は、モチベーションアップの側面からも日々の勉強のヒントになりうる。学習計画の立て方や、参考書のレビューについてはブログや著書でも詳しく解説している。

コラム（講評）　ノートは勉強のインフラである

ノートの取り方にこだわり抜いた勉強法・学習計画の作り方を紹介している。そのため中心になるのはノートのページ構成、間違えた箇所の転記法、学習スケジュールの引き方、付箋の貼り方、ノートの色分け方法などだ。「整理されたノートでご機嫌になりつつ、読み返して学ぶ」ことが目的のため、ノートを取ること自体が目的化しないように念を押し、非効率的なカラフルさは避けるなどバランスを重視している。

文具への愛
自身の文房具ブランドを立ち上げることが夢だというみおりん氏。チャンネル内ではおすすめの文房具も紹介している。今まであまり意識したことのない生徒も少しでも文房具にこだわってみることで、机に向かおうというモチベーションが湧くことがあるだろう。長い受験勉強の相棒となる文房具選びの参考にしよう。

ライブ配信など、直接フォローする場も
ノート以外にも学習モチベーションをあげるための動画が配信されている。直接的に受験期の悩みに答えるものから、勉強の記録をつけたりするアプリの紹介など工夫されたアプローチがとられている。またライブ配信・質問フォーム・LINE・コメント欄などでフォロワーとのコミュニケーションも密にとっている。

▶ オススメ動画②

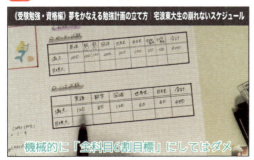

自宅浪人で東大を目指すに当たってみおりん氏が確立した、絶対に崩れない勉強計画の立て方を解説した動画。
実際の東大受験のスケジュールも紹介しながら、3つのステップでわかりやすく説明している。ルーズリーフを使って作るこの計画表は「動画を見ながら真似して作ってみた」というSNSの投稿も多数みられ、人気動画の一つとなっている。

勉強法系　登録者数 5万〜10万人

チャンネル名
おくら【早慶勉強法チャンネル】
URL : https://www.youtube.com/channel/UCT9aiY1WtAY-aPoLyuwSnqA

●登録者数＝6.19万人　●動画本数＝122本　●再生回数＝633万回
（2021年6月現在）

| 主な科目 | 英 国 日本史 | 対象 | 大学受験 | レベル | 早慶文系 | 更新頻度 | 週1回 |

▶ チャンネル概要

現役早稲田大学生のおくら氏が早稲田大学に合格するに至った勉強法や参考書の紹介するチャンネル。模試E判定から塾などにも行かず現役合格したという点で、独学での受験を目指す生徒が参考にできるポイントが多い。勉強に行き詰まったときのモチベーションの保ち方など、受験生と近い視点からのアドバイス動画もある。コメント欄には「かわいい」の声多数。

▶ オススメ動画①

覚える量が膨大な受験勉強において、暗記を制するものは受験を制すと言っても過言ではない。ほとんどの受験生が「そりゃ時間かかるし覚えられんわ…」と思うようなやり方ばかりしており、それに悩まされている受験生があまりに多い。そんな受験生に向けて、おくら氏が「最強に覚えられた」という暗記方法を解説している。暗記効率が何倍も変わってくるという内容になっている。

🔊 本人からのメッセージ

運営者　おくら

「受験を通して挑戦することや困難と向き合うことを学び、自分の手で未来を切り開く経験をしてほしい」という思いで早慶目指せる勉強法を発信するチャンネル。
正しい勉強法を習得すれば早慶レベルは誰でも目指せる！諦めてしまう人を減らしたい！「見ると挑戦する勇気を持てるYouTube」がチャンネルの理念である。
高校3年生になる春休みに早稲田大学を目指すことを決意。部活引退後の約10カ月間でE判定から逆転合格した運営者の経験がつまっている。

🐦 @okura_channel

DATA
❶2000/04/05
❷大阪府東大阪市
❸東京都
❹早稲田大学教育学部英語英文科
❺大学生とフリーのYouTuberです！
❻-

今では諦める人を減らしたい！と、早慶目指すための勉強法を発信している身ですが、実は私もはじめは早稲田に挑戦する勇気を持っていませんでした。できるわけないと思っていたし、自分に素直になって失敗することが怖かったです。ですが早稲田を目指すと決めて、自分の可能性を勝手に限界決めてるのは自分やった！！って気づくことができました。この経験が私の人生を大きく変えました。次は、受験を通して誰かの人生が変わるきっかけになりたい！！

チャンネル名	おくら【早慶勉強法チャンネル】	使い方
(レーダーチャート: 科目別勉強法、学習計画、参考書レビュー、モチベーションアップ、大学紹介、受験情報・時事ネタ)		体系的・客観的な勉強法というより、おくら氏自身の体験に基づいた手法を発信している。そのため早稲田文系の志望で境遇の近い生徒にとっては、科目別勉強法や紹介された参考書は直接参考にできる点も多い。その他、私立の中堅から難関の文系学部志望の場合にも適用できるだろう。ただしおくら氏の学校ではスタディサプリを導入していたため、その受講・テキスト活用を並行して行っていたという点は念頭に入れておこう。動画を通じてモチベーションが上がったという声も多く、そういった使い方にも役立つだろう。
総合評価 ☆☆☆☆☆		

コラム(講評) 早稲田受験を本気で目指し、突破した先輩のリアルな声

おくら氏の勉強法・参考書の活用は王道なものが揃っている。そのため高3時の学力が同程度の受験生であればやり方を参考にできる。また受験期の悩みなども真っ向から取り上げ、体験ベースで自身の考えを誠実に語ってくれ、視聴者のコメントも取り上げてくれるので、モチベーション維持に大きくつながるだろう。ただし本人の経験をもとにしたコンテンツのため、取り扱っている科目が限定的であり、慶應独自の勉強法については言及が少ない。また高3の勉強がメインで、高校1～2年次にどの程度まで基礎力を身につければいいかという点もあまりピックアップされていない。

スタディサプリを活用した勉強

通っていた高校でスタディサプリを使用していたこともあり、スタディサプリ動画で解法・解説をインプットし、市販参考書やスタディサプリのテキストでアウトプットをやっていた過程が細かく説明されていて、受験生は学力の形成を具体的にイメージすることができる。ただしスタサプや問題集は本人のその時点のレベルに対して「難しかった」という感想も述べられており、受験対策の効率性を考えたときに最適かどうかは注意する必要がある。

参考書チョイスのロジックには注意

体験ベースのため、どういう時期にどういう意図で参考書を使ったが分かりやすい。ただしほかの参考書との比較分析がなされたうえで、なぜこれが良いというロジックが正確に導かれているわけではない。現在早稲田を目指していてすでに別の参考書・問題集に取り組んでいる生徒がチャンネルで紹介された参考書に乗り換えるべきかどうかの判断は難しい。

▶ オススメ動画②

「受験に受からない人の特徴3選」をテーマに話している動画。
この動画はかなり厳しいことを話しているが「目を背けたくなるような現実にしっかり向き合ってほしい」との思いが込められている。運営者の受験勉強や新しく挑戦するときのマインドのベースとなったような話なので、自分を見つめなおしたい人におすすめだ。

勉強法系　登録者数 5万〜10万人

チャンネル名
キミノスクールチャンネル

URL : https://www.youtube.com/channel/UCyDT8cXfGlyMwZvDEwco05Q

(2021年6月現在)

●登録者数＝5.51万人　●動画本数＝220本　●再生回数＝764万回

| 主な科目 | 英国数理社 | 対象 | 高校受験 | レベル | 標準 | 更新頻度 | 週3回 |

▶ チャンネル概要

「ぶる」こと青木氏と「はなちゃん」の2名によるチャンネル。各科目の勉強法（高校受験レベル）から学年1位の模範的行動、勉強ができなくなる・偏差値が下がってしまう行動などを教えてくれる動画。以前は千葉県の高校受験をメインに扱ってきたがシフトチェンジ。やる気を上げる方法や暗記効率10倍に上がる方法などの動画が増えている。

▶ オススメ動画①

成績が良い人と悪い人で「勉強方法がどう違うのか？」を紹介している動画。
具体的に勉強している様子をコントで再現しているので、成績がいい人の勉強方法をまねるだけで、効率的な勉強方法を身につける事ができる。

🔊 本人からのメッセージ

学習塾で指導する中で、勉強方法を変えるだけで成績がぐんぐん伸びた生徒をたくさん見てきました。勉強ができないのは「勉強の才能がない」わけではなく「自分にあった勉強方法を知らないだけ」だと思っています。勉強が苦手だと思っている人ほど、ふとした気付きが成績が上がるきっかけになると思います。もし成績が上がったらコメント欄で教えてください！めちゃくちゃ喜びます！

運営者　キミノスクール

勉強が苦手な中高生を対象に、塾講師である「ぶる」と「はなちゃん」が運営しているYouTubeチャンネル。
勉強に全く興味がない中高生でも楽しめるように、笑いの要素を取り入れたコント形式で勉強法を伝えている。動画を見た中高生から「動画を楽しみながら見てたら、自然と勉強方法が学べた」との声が多数上がっている。

🏠 https://kimino-school.com/contact/
🐦 @kimino_school
Tik Tok : @kiminoschool

DATA

❶ -
❷ -
❸ -
❹ -
❺ -
❻ -

チャンネル名	キミノスクールチャンネル	使い方

レーダーチャート項目：科目別勉強法、学習計画、参考書レビュー、モチベーションアップ、大学紹介、受験情報・時事ネタ

使い方

塾講師の男女コンビで質問形式や演劇方式で内容を伝えていく。科目別の学習法ではオススメの参考書をいつどうやったらいいかを説明してくれる。学習計画に関しては「目的はなんなのか？」をしっかり意識させるようなことを繰り返し強調。勉強や普段の生活に対して「こういった行動を取りましょう」といった内容を発信する動画内で「やってはいけないこと」などの悪い例も同時に取り上げることで、視聴者が自分の立場で考えやすいように工夫がなされている。時々ぶる氏がクスッと笑えるようなことを言うのも必見。

総合評価 ☆☆☆☆☆

コラム（講評）対比の行動を演じて生徒に勉強を促す動画が人気

学年1位と学年最下位の勉強方法をテーマにした動画では、良い行動と悪い行動の両方を演じることで具体的にどんな行動が良いのか生徒に再確認させている。学生の日常生活で起きることを対比で再現したことで急激にチャンネル登録者数を増やしている。下がったモチベーションを上げ、やる気を湧かせるような動画も多い。どの動画でも共通して「ダメなこと」と「やった方が良いこと」を明示してくれるので自分がどちらに当てはまっているか確認しやすい動画になっている。

短期間で成績を上げたい中高生がターゲット

「短期間」という言葉が先行しがちだがぶる氏は徹底して「基礎からしっかり」を提言している。「単語の覚え方」のような基礎の基礎からの動画も用意されているほか、「やる気がなくてもとりあえず5秒後に勉強を始めてみる」といった勉強法を紹介する動画も配信している。

勉強に無関係の動画も多め

恋愛、漫画、社長の年収発表など、直接的には勉強と無関係な動画もある。ただ中には、中高生の将来を考えさせるように工夫されており「お金持ちになりたい中高生必見」などのタイトルが目を引く。動画全体が「本質とは何か」を訴えかけてくる動画なので、中高生が社会に出てからも役に立つ考え方を動画で実践してくれている。

▶ オススメ動画②

定期テストで90点以上取る方法を5教科全て解説している動画。
「どこの勉強法よりも納得できた」「もっと早く知りたかった」と好評を得ている。
教科書やノート、問題集を「どの順番でどう勉強すればいいか」まで具体的に説明しているので、短い勉強時間で効率的に成績を上げたい人は必見だ。

勉強法系　登録者数　1万〜5万人

チャンネル名
医学部受験 MEDUCATE TV
URL : https://www.youtube.com/channel/UCVxovvfWbiRlrNlJIVr6YFg/featured

(2021年6月現在)

● 登録者数＝4.65万人　● 動画本数＝265本　● 再生回数＝2,079万回

| 主な科目 | 英 数 物理 化学 古文 | 対象 | 大学受験 | レベル | 医学部 | 更新頻度 | 週1〜2回 |

▶ チャンネル概要

形成美容外科医である細井龍氏が代表を務める医学部受験個別指導塾MEDUCATEが提供する、医学部受験の専門チャンネル。単に大学受験をゴールとしているわけでなく、医学生の実態や医師国家試験を視野に入れて濃度の高い医学部界隈の情報を配信している。さまざまな大学や境遇の医学生インタビュー動画が多数存在。

運営者　医学部受験塾
MEDUCATE 細井龍

日本初の現役医師とプロ講師による家庭教師・個別教室塾「MEDUCATE」が運営するチャンネル。医学部合格者による合理的な受験戦略や医学部受験の悩み相談など、リアルな医学部受験情報を発信している。また、東大理三から難関私立医学部まで現役生の生の声も多く配信しており、志望校の学生生活をのぞくこともできる。医学部に最短で合格したいけどやり方が分からない…という受験生に必見のチャンネルである。受験生や将来に悩む学生の助けになるだろう。

🏠 https://meducate.jp
🐦 @meducate68

▶ オススメ動画①

東京大学理科三類に現役合格した田嶋先生に「数学の本質」についてインタビューした動画。受験における本質とも言える超合理的な合格戦略が語られている。東大理三に合格するためのセンター試験攻略法や勉強に対する考え方は必見。「東大数学だけじゃなくて、難関な試験なら総じて当てはまる」と好評だ。センター試験の国語や地理などが苦手でどう勉強するか悩んでいる人にもぜひ視聴してほしい。

DATA
① 1988/6/8　② 千葉県　③ -
④ 渋谷幕張高校、千葉大医学部医学科卒
⑤ 医学部受験塾 MEDUCATE 塾長　アマソラクリニック院長
⑥ 医師免許

🔊 本人からのメッセージ

医学部受験に合格するためには、「目標に対する綿密な計画策定」「合格までの正しい戦略」「高いモチベーションを維持するための意識改革」が必要となります。当チャンネルでは現役医学部生や現役医師の生の声をお伝えしているため、最短で合格するための思考を知ることができます。効率良くあなたの成績を伸ばし、医学部合格というあなたの夢をかなえるお手伝いができればうれしいです。

チャンネル名　医学部受験 MEDUCATE TV

レーダーチャート：
- 科目別勉強法: 3
- 学習計画: 3
- 参考書レビュー: 3
- モチベーションアップ: 3
- 大学紹介: 4
- 受験情報・時事ネタ: 5

総合評価　☆☆☆☆☆

使い方

各大学の医学部を取り巻く情報・時事ネタが充実しているため、受験生にとっては志望校選びやその目標に到達するための具体的な戦略を知ることができる。実際に各大学の現役生や、卒業した現役医師へのインタビュー動画が多数上がっており、どういった姿勢で勉強していたのか、大学の内情、また受験にかかる費用や学費、さらには家庭環境など突っ込んだ内容に触れることができる。医学部を目指す受験生にとっては欠かせない情報収集源となるだろう。ただ裏を返せば厳しい現実を伝える内容もあるので、生半可なモチベーションで視聴するものではない。何が何でも医師になりたいという気持ちがある人向けだ。

コラム（講評）　インタビューから見えるリアルな「医学部」

多くの動画では細井氏が聞き手となり、各大学の医学部現役生・卒業生・現役医師などにインタビューを行い、受験時の必須情報だけでなく時にはディープ、時にはローカルな医学部の実態を掘り下げていく。提供元である個別指導塾MEDUCATEが個人にカスタマイズした学習計画を立てる方針のため、チャンネル内で汎用的な科目別勉強法や参考書の紹介を行うといった勉強法伝授の内容は少ない。ただしMEDUCATEの公式HPには参考書情報も記載されているので、視聴者は合わせてチェックするとよいだろう。また一部科目の勉強や傾向分析に関しては森田鉄也氏やヨビノリたくみ氏など他の教育系YouTuberとコラボしている動画もあるため、そちらを参考にすることもできる。

現役医学部生にインタビュー！

医学部選びは偏差値的に合格するかどうかだけでなく、将来のキャリア観点など、総合的な判断を下さなければならない。さまざまな大学の医学生にインタビューを敢行して生の声を拾ってきているため、受験生にとっての志望校選びに役立つ情報が満載。留年率など耳の痛い話もある。受験生は大学受験をゴールにするべきではないことを肝に銘じるべきだろう。

時事ネタも医師の観点から取り上げ

社会的ニュースになった「医学部不正入試問題」など、時事ネタ系の動画も豊富。医学部受験の暗黙の了解としてあった「多浪」「女子」「コネ」「寄付金」など、現実に存在する諸問題を取りあげている。医学部受験から見えてくる社会構造の是非も含め、これから医学部を志す人間が理解し考えていかなければならないことを発信している。

▶ オススメ動画②

桜蔭から東京大学理科三類に現役合格したゆき先生に「最難関の大学に合格した勝利の法則」についてインタビューした動画。東大理三に女性は多い年でも2割ほどと言われていて希少な存在であるため、女性の受験生は特に必見だ。約1年で最難関中学合格を可能にした強みや勉強事情について語られている。部活や習い事と勉強を両立して東大理三に合格したゆき先生の努力は、多くの人の励みになるだろう。

勉強法系　登録者数　1万〜5万人

チャンネル名
たっくまん
URL: https://youtube.com/channel/UCD3Q9Yol6NjqgxHRx5BeA3g

●登録者数＝4.52万人　●動画本数＝351本　●再生回数＝1,028万回

（2021年6月現在）

| 主な科目 | 英 国 日本史 小論文 | 対象 | 大学受験 | レベル | 標準〜難関 | 更新頻度 | 週1〜2回 |

▶ チャンネル概要

浪人中、勉強法を徹底的に研究した末、慶應義塾・名古屋大学・上智・MARCHに合格したたっくまん氏。主に私立文系の標準〜難関校を目指す生徒に役立つ勉強法や参考書の紹介が充実しているチャンネル。そのほか志望校選び、留学・就活など大学生活の中での学びなど、幅広い意味で勉強の楽しさが伝わるようなコンテンツを配信している。

▶ オススメ動画①

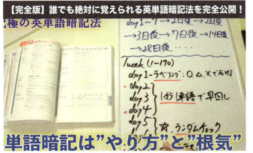

英単語の効率的な暗記法を紹介する動画。たっくまん氏が受験生時代に単語帳を1冊暗記するのに苦しみ試行錯誤した結果たどり着いた「ベスト暗記法」がこの動画に詰めこまれている。「2ヶ月で2000語覚えきることも可能で、ぜひ動画を見て単語力アップにつなげてほしい」という。

🔊 本人からのメッセージ

運営者　たっくまん

たっくまんです！僕は大学受験で大変苦しみました。現役では受けた大学全て（早慶・MARCH）で落ちてしまいました。しかし1年間の浪人を経て慶應や名古屋大などに合格。その1年で編み出した勉強法やおすすめ参考書、解く時のコツなどを動画にして出しています。かつての僕のように受験や勉強で苦しんでいる人を一人でも多く救いたい、少しでも力になれたら、と発信しています。チャンネル登録よろしくお願いします！

✉ takkman10@yahoo.co.jp

DATA
❶1993/01/25
❷香川県高松市
❸東京都
❹慶應義塾大学法学部政治学科卒業
❺アナウンサー
❻TOEIC900点

大学受験はただ合否を決めるだけの試験ではないと思っています。受験勉強をする中で得た自分との向き合い方や思考法などは今後の人生においても必ず力を発揮してくれます。その力をつけられるのが大学受験です。そして何より大学受験は自分のがんばりで人生を変えることができます。自分の人生は自分で決めて、未来は自ら手にするもの。自分の人生に妥協なんてしたくないはずです。受験を通して、自分の未来を自分の力で切り開いてほしいと思います。

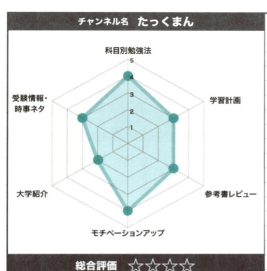

使い方

参考書の紹介が充実しており、それぞれの参考書の特徴やメリット・デメリットを客観的に示している。タイトルで「MARCH」「早慶」などおおよそのレベルが把握でき、また動画ごとのレビューの矛盾も少ないので、私立文系生徒にとって道標になるだろう。ただし高校生活のどのタイミングでどこまで解くかなどの学習計画の提示はやや手薄なので、時期によっては自身で計画を立てる必要がある。また勉強法だけでなく基礎項目の講義動画もあり、苦手な科目はこれらの動画の視聴からはじめるとよい。演習のために手元で問題を解くステップを公開した動画もあり、こちらは主に受験生が共通テストなどの入試対策として視聴していくことをおすすめする。

コラム（講評） モチベーションアップに繋がる考え方が満載。楽しい勉強チャンネル

たっくまん氏が浪人中に試行錯誤しながら確立した勉強法を紹介しており、私立文系志望の生徒にとっては王道的に活用できる内容。動画構成や語り口も見やすく聞きやすい。特に参考書選びや実際の試験での着眼点・時間配分は参考になる点が多い。志望校選びや大学紹介などモチベーションアップのための内容も充実している。一方、大学別の傾向と対策といった受験情報は少なめ。また具体的なタイミングでの勉強内容の提示はあるものの、年間スケジュール単位での進捗管理法、扱っている科目内容は限定的。受験生は必要に応じて別の情報源も確保しておこう。

就職情報・大学での学びにも言及

たっくまん氏が卒業した慶應義塾大学の例を参考に、大学でのゼミ内容や、周囲の就職先の情報、また留学の実態などが共有されている。他の教育系チャンネルでは受験合格までをゴールとしており、その先の学びや仕事につながる内容は手薄のケースが多いため、そういった意味でリアルな「未来」の情報に触れることができる貴重なコンテンツが豊富。

講義動画もコンパクトにまとめられていておすすめ

勉強法に関するコンテンツが中心だが、一部科目内容の講義もある。特に日本史の全範囲を80分程度でおさらいする動画は見ごたえあり。歴史が苦手な生徒は漫画などで全体像をある程度把握した上で各単元を積み上げていくことが推奨されているが、この講義動画で一気に流れを復習することができるため、テスト前や模試の前に活用できる。

▶ オススメ動画②

国語・評論文の読み方を解説している動画。「現代文は運だとか勉強しても点に結びつかないとかと思われがちだがそれは違う」、「どんな文章が出ても"正しい読み方"をして解答すれば確実に高得点が取れる」とたっくまん氏。しかし、学校や塾では意外にもその"正しい読み方"について教えてくれないことが多い。この動画を見れば、評論文がどのように書かれていて、どう読み解けばいいのか、全ての評論文に通ずるカギをマスターできるはずだ。

勉強法系　登録者数　1万〜5万人

チャンネル名
マナビズムチャンネル
大学受験勉強法 & 参考書ルートや使用法

URL：https://www.youtube.com/user/manaviismChannel

- 登録者数＝3.44万人
- 動画本数＝2,401本
- 再生回数＝2,511万回

（2021年6月現在）

| 主な科目 | 英 国 数 理 社 | 対象 | 大学受験 | レベル | 私立文理 | 更新頻度 | 週4〜5回 |

▶ チャンネル概要

動画初投稿は6年前。マナビズム代表で関西大学出身の谷澤氏と同志社大学出身の今井氏がメインの出演者。初期は参考書のレビューから始まったチャンネルだが、現在の動画内容は多岐に渡る。拠点が関西のため、関関同立色が強く、関西の私大志望者にオススメのチャンネル。しかし近年は関東の大学情報、特に早慶上智やMARCHにも力を入れている。国公立大学の話題は少なめ。他のチャンネルと比較した際、5分程度で終わる動画も多く、コンパクトでさくっと見やすい内容となっている。

▶ オススメ動画①

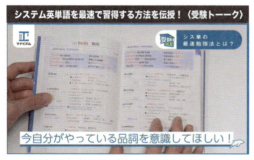

システム英単語の効率的な使い方についての動画。
英語学習の核とも言える英単語だが、英単語帳の使い方を間違えている受験生はかなり多い。この動画を見れば、システム英単語を効率良く使い、最速で英単語を覚えることができるので、全受験生にオススメできる動画となっている。

🔊 本人からのメッセージ

マナビズムでは「大学受験の成功」を通して、"学生や社会人になった後も歩みを止めることなく成長し、社会で強く生き抜くことができる人財を輩出する"というビジョンを達成するために日々生徒と本気で向き合っています！大学受験ではなく、人として成長するために必要なことも伝えていきますので、チャンネル登録お願いします！

運営者　難関私大専門塾
マナビズム

早慶上理・GMARCH・関関同立・日東駒専・産近甲龍など、難関私大への進学に特化した「難関私大専門塾マナビズム」のYouTubeチャンネル。勉強法から傾向・対策などの大学入試問題解説まで、私大受験をメインに考える高2、3、浪人生向けに役立つ情報を発信している。その他、勉強の隙間時間に気を抜いて見られるような企画系動画も投稿しているので、受験生は必見だ。

🏠 https://manaviism.com/

DATA

❶ -　❷ -　❸ 大阪府中央区
❹ 八澤龍之介：関西大学法学部
　今井雄大：同志社大学商学部
　中桐拓也：大阪大学工学部応用
　自然科学科
❺ 代表 八澤氏：
　大学在学中にアルバイトで200万円を貯め、19歳で起業。現在は塾事業に加え、就労移行支援や企業の動画マーケティング支援事業も行なっている　❻ -

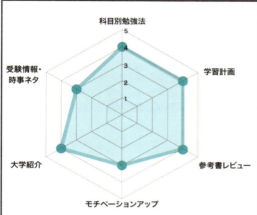

チャンネル名	マナビズムチャンネル 大学受験勉強法＆参考書ルートや使用法

総合評価　☆☆☆☆☆

使い方

科目別勉強法は一通り揃っているが私大中心。おおまかな流れとして「①科目の勉強法②産近甲龍（日東駒専）レベルの勉強法③関関同立（MARCH）レベルの勉強法④早慶上智レベルの勉強法」と段階を踏んでメソッドを公開している。「参考書（問題集）の正しい使い方」の動画内では有名な英文法や英文解釈、英語長文の参考書を比較しつつ「どちらが良いか」ではなく「どう使うのが正しいのか」を解説している。「2周目はこう使いましょう」「このレベルがわかる子しかこの問題集に手を出してはいけません」など、ストレートに「正しい」使い方をレビューしているので、参考書選びに悩む受験生にとって参考になる動画だろう。

コラム（講評）　関西私大受験に強く、自習が重要と勧める学習塾

学習時間1500時間のうち1000時間を自習に割くよう指導するのが特徴の学習塾。自学自習による偏差値アップを掲げ、参考書を使ってどのように志望校に合格するのかを動画で教えてくれる。関東の大学にも対応の幅を増やしているが、やはり関西拠点だけあって、関西地域の大学情報の本数が多くなっている。関西の大学に特化したチャンネルのため関関同立の一般的な入試では出てこない漢文、地理、地学の勉強法ルートはなし。関西拠点の強みや長年の経験を生かした、関関同立合格を軸としたチャンネルといって良いだろう。もちろん関東の私大志望の学生にも参考になり得る。

参考書ルートの動画が2022年受験版として一新された

参考書ルートは再生リストから見るのがオススメ。5教科ほぼ全ての参考書ルートが4本ずつ程度投稿されている。2021年現在、過去の参考書ルートの動画は削除され、最新版（2022年受験生向け）としてリニューアルされている。昔からある名著と呼ばれる参考書や、近年発売されたものまで取り扱う幅は広い。タイトルの横に大学のレベルも載っているので自身の学力に近い合ったものを使用することで、レベルに合った参考書ルートの明示を受けられるだろう。

基本を徹底した勉強法が多め

勉強法の裏技的な動画はあまりなく、基礎から1つずつ何を勉強するべきか解説する動画が多い。扱っている参考書もきちんと基礎から勉強したことのある人なら、知っている参考書が比較的多いと思われる。聞き手にとってはあまり派手さはないものの、動画内容は勉強の王道なので、学問に王道なしという意識で見ることをおすすめしたい。

▶ オススメ動画②

モチベーションが下がっている受験生向けに、「受験生の休憩」について解説している動画。受験生なら押さえておきたい休憩の活用方法について熱く解説しているため、是非とも全受験生に見てほしい。「この先生に教わったら何か変わるかも」「めっちゃいい内容だから、コメントしにくい」と好評だ。つい休憩してしまう…という受験生は視聴してカツを入れよう。

勉強法系　登録者数　1万〜5万人

チャンネル名
YouTube 予備校 by 塾えもん
URL：https://www.youtube.com/channel/UCRRvT4AyRUOrnpK4yyCB7mg

- 登録者数＝2.67万人
- 動画本数＝951本
- 再生回数＝760万回

（2021年6月現在）

| 主な科目 | 受験科目全般 | 対象 | 大学受験 | レベル | 基礎〜標準 | 更新頻度 | 週2〜3回 |

▶ チャンネル概要

『9割受かる勉強法』の著者である松原一樹氏による合格法伝授チャンネル。「動画だけで知識0からセンター7割5分ぐらいを目指す」ことをコンセプトとしており、標準から難関校の中堅学部、地方国公立の合格を視野に入れて勉強法を配信。幅広く受験科目のトピックを扱っているが、文系科目に比重が置かれている。

▶ オススメ動画①

10分間で英単語300語を覚える方法を紹介。英単語が苦手な受験生でも、着実に数多くの単語を覚えられる方法だ。最初は本当に実践できるのかと疑問に感じる視聴者が多かったが、やってみたらかなりの確率で覚えられる、ということで100万回の再生数を記録する動画となった。

運営者　松原一樹

偏差値30〜40の生徒の9割を個別指導でGMARCH以上の難関私大に導く受験指導者。中学時代、登校拒否をし、偏差値39の私立高校に入学。高校1年生時点で偏差値29だったが、そこから成績を伸ばし、結果的に早稲田に合格した。7万部のベストセラーである『9割受かる勉強法』（ダイヤモンド社）著者。偏差値30から最短で偏差値60になる英国数の勉強法を配信している。

✉ logic.mirai.laboratory@gmail.com

DATA
❶ 1981/03/01
❷ 福岡県大牟田市
❸ 大阪府大阪市福島区
❹ 早稲田大学人間科学部卒
❺ 2004年〜2006年 旧UFJ銀行システム部→2007年からインターネット予備校の経営・塾向け経営コンサル
❻ -

🔊 本人からのメッセージ

私自身、高校生の時は全国模試で偏差値29という惨状でした。私は諦めなかったのですが、なかなか成績は上がりませんでした。しかし、効率的な勉強法との出会いで人生が一変しました。あなたもできる人間です。ちょっと勉強の仕方が悪いだけです。努力をすれば着実に成果が出る方法は存在します。ぜひ夢を持って、勉強法を研究して、最大の効果（志望校合格）を生み出してください。応援しています！！

チャンネル名 **YouTube 予備校 by 塾えもん**	使い方

科目別勉強法 5 4 3 2 1

受験情報・時事ネタ　学習計画　大学紹介　参考書レビュー　モチベーションアップ

総合評価 ★☆☆☆

使い方

まずは受験に必要な科目の動画をチェックして、参考書やその活用が自分に合っているか確認しよう。一部科目は漫画で概要をつかむことを推奨している。大学別の対策も扱っており、出題レベル、傾向・対策の着眼点、マスターするべき参考書が紹介されているが、配信時期が古い場合、傾向が異なっている可能性がある点は注意。また比較的直近の動画が再生リストに上がっていないので、目的に応じた動画の視聴選択がやや難しい。
オススメされている参考書は他のチャンネルより独自色が強いので、参考になるかもしれない。

コラム（講評） 偏差値29から早稲田に合格した勉強法を紹介

松原氏は中学登校拒否、高校時代は偏差値29を取ったが、猛勉強して早稲田大学に合格した経歴を持つ。その中で学習プランの重要性に気付き、実際に多くの生徒の学習指導を行って実績を残してきた。そのためこのチャンネルではまだ偏差値が低い生徒をメインに、効率を軸として偏差値60まで駆け上がるためのアドバイスが中心。英単語や古文単語など基礎事項を高速で覚える方法を提示し、それぞれの志望レベルに応じて最短で完成する参考書を紹介、一年のどの時期に何をすべきかも指導している。受験科目は全般的に網羅しているが、小論文も含め特に私立文系の生徒の活用に適しているだろう。

1日30分から英単語攻略

基礎事項を圧倒的効率で学習するため、英単語帳を1週間で攻略する趣旨の動画が多い。たった1週間で？と疑問を持つ生徒もいるだろうが、内容は「一度に大量に覚えることを繰り返す」という真っ当なものなので、勉強の取っ掛かりに悩んでいる生徒は参考にしてみるとよい。同様に社会や理科では漫画などビジュアルを用い、全体像のスピーディーな把握からすすめている場合が多い。

価値観がはっきりしているので、視聴の際は留意

自身の勉強・指導に裏打ちされた勉強法や方法論は確固としたものがある。そのため、場合によっては学校で課せられているテスト内容や他塾の指導に一部意見する動画もある。受験生の私生活について、学校では決して言われないような突っ込んだ発言もあり、生徒によっては自分に必要なアドバイスなのかタイトルを見て視聴判断するのが良いだろう。

▶ オススメ動画②

やる気が全く出ないときに、やる気を出す方法を語ります。
やる気が全く出ないときに、やる気が出る動画【根本的なやる気を引き出す法】

生きる目的が分からない…やる気が出ない…など、メンタルに悩む受験生に向けた動画。この動画を収録したとき、松原氏は多くの借金を抱え、つらい時期だったそう。受験生にも、自分にも、エールを込めて撮った動画となっている。この動画を見てがんばろうと思ったという視聴者の声がその後の松原氏の逆転劇の礎になった。

勉強法系　登録者数　1万～5万人

チャンネル名
【KURUKURA】クルクラ
URL : https://www.youtube.com/channel/UCNGlmDjjHZCkqs5RKqJaU3A

● 登録者数＝2.56万人　● 動画本数＝378本　● 再生回数＝968万回　(2021年6月現在)

| 主な科目 | 英語 国語 社会 | 対象 | 大学受験 | レベル | 私立文系 | 更新頻度 | 週4～5回 |

▶ チャンネル概要

初投稿から2年で2万人を超える登録者を持つ現役早稲田生のゆうすけ氏とゆーわ氏の2名によるチャンネル。情報は私立文系をメインとして早慶とMARCH関連の動画が多いが、現役早大生ということもあり早稲田大学の情報が多め。女性準レギュラーで現役の法政大生であるゆかし氏が登場するのでMARCHの中では法政大学の動画が多めになっている。勉強法は基礎から丁寧にやるタイプ。勉強時間は学校に通いながらも通常期で1日7時間、受験前は10時間は確保しており、勉強は結局王道のスタイルを提唱している。

▶ オススメ動画①

早稲田大学の授業・サークル・学生の雰囲気などの情報が、この動画1本を見るだけでわかる動画。この動画はシリーズ化されており、早稲田大学以外に、これまで10大学が紹介されている。関東の私立大学を中心に、実際にその大学に通っている学生をゲストに迎えており、「これ一本でわかる大学紹介！」というタイトルの再生リストにまとめられている。

運営者 ゆうすけ　　運営者 ゆーわ

現役の早稲田生であるゆーわ・ゆうすけの2人組による、受験系のYouTubeチャンネル。主に勉強法や大学情報について発信しており、関東圏の私立大学を目指す受験生から支持を集めている。
受験生には「偏差値が40から70に上がった早稲田生の勉強スケジュール」や「長時間勉強ができる方法」などの動画で、ぜひ勉強のコツを掴んでほしい。

✉ kurukura.0214@gmail.com
🐦 @KURUKURA_39

DATA
❶ ゆうすけ：1998/06/29
　ゆーわ：1998/08/08
❷ ゆうすけ：北海道
　ゆーわ：奈良県
❸ 東京都
❹ 早稲田大学社会科学部 / 文化構想学部
❺ 大学生
❻ -

🔊 本人からのメッセージ

初めまして、クルクラです！現役の早稲田生2人組のYouTuberで、勉強法や大学紹介などの受験系情報を中心に動画を投稿しています！実際に通っている大学生だからこそわかる情報や、距離の近さが僕らの強みです！志望校選びや日々の勉強に役立つ動画が見つかると思うので、ぜひ一度チャンネルを覗いてみてください！

チャンネル名	【KURUKURA】クルクラ		使い方

レーダーチャート項目: 科目別勉強法、学習計画、参考書レビュー、モチベーションアップ、大学紹介、受験情報・時事ネタ

総合評価 ☆☆☆☆

使い方

早稲田大学の文系ということもあり解説している科目は文系科目のみ。自身が使っていたオススメの参考書を基礎的なものから教えてくれる。ただしどの参考書をどれくらいで終わらせるかに関しては語られていない点は注意。大学入学前に大学生活を楽しむため準備すべきこととして「Twitterでサークルを探す」などの話をすることもある。また、大学紹介として早稲田、慶應、明治、法政の大学内でカメラを回しながら紹介をしていく大学キャンパスツアーは再生回数も多く人気となっている。

コラム（講評） 早稲田生が自身の体験に基づいた経験を語る

早稲田大学(文系)出身者が自身の使った参考書や勉強法、モチベーション管理を教えてくれる。早慶とMARCHの情報が多い。またTwitterで早大生に使っていた参考書のアンケートを取り、ランキングで紹介する動画も受験生の参考書選びの1つの基準になり得る。「学問に王道なし」が軸のチャンネルなので「この時期までにこれを終わらせよう」という体験に基づいた動画を出している。実際にMARCH合格者にどの時期にどの参考書を使っていたかインタビューなども行っている。

参考書は基礎の徹底が最重要

実際に早稲田大学に受かったゆーわ氏だが、参考書マニアであると自身で語り、使っていた参考書を基礎的なものから紹介してくれている。現役早大生2名(文系)をゲストに呼んだ動画では受験学年の10月の時点で赤本や難しい参考書で応用に入り始め、それでもまだ基礎固めは続けていたとのこと。基礎の徹底が重要だと語られている。

モチベーションの上げ方にも注目

ゆーわ氏によると「他人と比較し徹底的に自分を追い込む」というやり方でモチベーションを維持していたという。他人からの目、他人との関わりの中から最悪のケース(浪人など)を想定してモチベーションを上げていたとのこと。本人はこれをダークサイド受験と呼んでいる。一方のゆうすけ氏はゆーわ氏と正反対で「絶対に受かるというマインド」でモチベーションを上げていたようだ。

▶ オススメ動画②

「勉強時間を固定する・できるだけ楽しい勉強から始める」など、長時間勉強を続けるためのコツを、具体的な方法と共に紹介している動画です。動画の再生回数は30万回を越えており、チャンネル内でも人気の動画となっている。

勉強法系　登録者数　1万～5万人

チャンネル名
あべしゅんこ
URL：https://youtube.com/channel/UCYuCrGCUQ8wrj22BgSL_lyA

●登録者数＝2.25万人　●動画本数＝188本　●再生回数＝399万回　（2021年6月現在）

主な科目 英 国 日本史 世界史 ／ 対象 大学受験 ／ レベル MARCH～早稲田文系 ／ 更新頻度 週3回

▶ チャンネル概要

高3の4月に偏差値30台の状態から日々12時間を超す勉強時間を確保して早稲田大学に合格したあべしゅんこ氏。主に早稲田大学やMARCH文系学部に合格にするための勉強法を配信している。効率的な参考書の使い方を示しつつ長時間の勉強が重要と考えており、どうやったら勉強時間を延ばせるか、またそのためのマインドセットに力点を置いて解説している。

▶ オススメ動画①

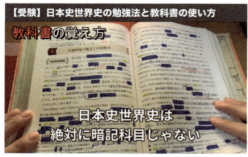

早稲田大学の入試本番で日本史9割の点数を取ったあべしゅんこ氏が教科書の使い方を紹介している。実際に本人が受験生時代に使っていた教科書をベースにどのようにマーカーを引き、書き込みをしていたかを詳しく説明。暗記と思わず、理解して覚えることを強く推奨している。シンプルな勉強方法を通じて「いろんな参考書に手を出しても、中途半端に終わるより教科書をしっかり覚えよう」と訴える。視聴者からも「点数が伸びた」と好評。

運営者　あべしゅんこ

早稲田大学に通っている現役大学生。YouTubeで勉強法や受験について解説する傍ら、自身は卒業に向けて厳しい戦いをしている。本人は偏差値50の高校に通っていたため、勉強は1ミリもしたことない状況からの「逆転合格」。宿題も出さない、定期テストで赤点を取りまくるような状況で厳しい先生たちからも嫌われていたというが、10ヶ月で早稲田に合格した。その経験を悩める受験生に発信して元気づけようと動画投稿を開始し、現在もYouTube活動を続けている。

🐦 @Ave1Tweets

DATA
❶2000/03/14
❷埼玉県
❸-
❹早稲田大学商学部在学中
❺大学生
❻-

🔊 本人からのメッセージ

僕の本音は「受験勉強なんて、やりたいやつが勝手にやればいい」と思っている。世の中には勉強とは全く関係ない分野で才能を発揮してる人もたくさんいる。「学歴」という狭い物差しで、人や物事を判断するような大人になってほしくない。自分の人生なんだから自分がベストだと思う選択をしてほしい。「勉強する」って決めたなら、貫いてほしい。受験勉強をがんばったことに感謝する日がいつか来るかもしれない。がんばれ。

チャンネル名 あべしゅんこ

レーダーチャート：
- 科目別勉強法: 4
- 学習計画: 3
- 参考書レビュー: 3
- モチベーションアップ: 5
- 大学紹介: 1
- 受験情報・時事ネタ: 4

総合評価 ★☆☆☆

使い方
あべしゅんこ氏自身が受験時に使用した参考書がコンパクトに紹介されているので、早稲田志望の生徒であれば直接的に参考にすることができる。またチャンネルの使い方はシンプルで、科目別勉強法と問題集の使い方を確認した上で、あとは日々の勉強に耐えうる生活習慣やメンタルをつくるためのモチベーション動画を視聴して実践に移していく。各月や受験イベントごとに学習状況の確認動画が更新されるので、随時参照しながら受験本番まで走り抜けよう。動画を通してモチベーションが上がったという声も多く、そのような使い方も想定できる。

コラム(講評) 高3から、本気で早稲田に受かりたい人向け

高3でほぼゼロの状態から勉強を始め現役で早稲田大学に合格したあべしゅんこ氏。実体験ベースの勉強方法が中心だが、それをやる意図や使い方の論理が明示されるため、客観的で納得感の高い説明になっている。一方で長時間の勉強時間を確保することを前提とした勉強法のため、すべての受験生が実行するのは難しい。受験生は精神的・体力の両面から自分に合った勉強法か判断する必要はあるだろう。また高1年生からの長期スパンでの適切なスケジュール計画や受験情報・入試傾向分析などは少なめ。

参考書の正しい使い方
複数の参考書を比較してレビューするというより、それぞれの問題集に適した活用法を解説している。日本史の山川一問一答など、多くの人が持っているだろう問題集について単純暗記的に取り組むのではなく、効果的な使い方をレクチャーしている。またどの程度までやり込むかのレベル感も提示されているため、現在その問題集で勉強している受験生のヒントになるだろう。

教育にかける熱い想い
「今年の受験生は絶対に見届ける」という気概でYouTubeに臨んでおり、そのために大学の休学も挟んでいる。動画を配信していく過程で自らの教育にかける想いを再認識し、YouTuber活動と並行して受験塾の起業や、新規サービス検討も発表している。今後も受験生に向けて熱いメッセージを発信してくれるだろう。

▶ オススメ動画②

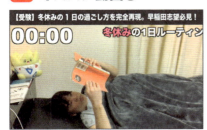

受験生時代の「冬休みの1日のルーティーン」を再現した動画。
朝起きてからどんなスケジュールで勉強していたのか、寝る前にしていたことなど、リアルに再現されている。このチャンネルで一番人気の動画だ。1日16時間勉強してた、ある受験生の生活を覗いてみたい方はぜひ視聴してほしい。

勉強法系　登録者数　1万〜5万人

チャンネル名
ざわの英語塾 / 英検対策 YouTube
URL：https://www.youtube.com/channel/UCv9OTTw1BXZ8S8vzszn__pA

(2021年6月現在)

●登録者数＝1.02万人　●動画本数＝71本　●再生回数139万回

主な科目　英語（英検）　　対象　高校・大学受験　　レベル　標準　　更新頻度　週1回

▶ チャンネル概要

ざわこと宮澤直輝氏による英検対策の勉強法チャンネル。英検3級から準1級までの対策動画をあげている。中学生から高校生、社会人まで参考になる動画が多数用意されている。英語4技能全てに関して動画をあげているので参考にしたいものを選択すると良い。

▶ オススメ動画①

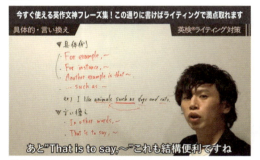

英作文の便利フレーズを紹介した動画。
作文の内容は毎回考える必要があるが、作文の「型」はどんな内容に対しても使えるので、一度覚えるだけで相当有利になる。覚えたフレーズをそのまま使えば、満点だって難しくないとのこと。「この動画を観て一次でwriting8割取れた」「この回最強」と好評だ。

運営者　宮澤直輝

はじめて英検を受ける人に向けて、4技能ごとの対策動画を配信するチャンネル。
ライティングは最も合否に関わってくるため特に注力しているとのこと。各級の出題傾向、大問ごとの勉強法、得点UPのコツやフレーズ集など、数多くの動画が配信されている。英検に向けて勉強方法に悩んでいる方はぜひ視聴してみよう。

🐦 @zzz_zawa

DATA

❶1994/10/09
❷埼玉県草加市
❸-
❹早稲田大学国際教養学部
❺塾講師→Webマーケター→株式会社ワンブレット代表取締役
❻-

🔊 本人からのメッセージ

英検は「勉強材料」としてうまく活用してほしいです。もちろん受験で加点されるので合格することも大事ですが、英検は級ごとにレベル分けされており「学び直し」や「先取り学習」に最適です。英語が苦手な人は思い切って5級から復習してみてください。難関校を目指す人は、どんどん次の級へ進み、難しい単語や長文に触れてみてください。

チャンネル名	ざわの英語塾 / 英検対策 YouTube

科目別勉強法
学習計画
参考書レビュー
モチベーションアップ
大学紹介
受験情報・時事ネタ

総合評価 ☆☆☆☆

使い方

英検の動画がメインなので、高校受験英語や大学受験英語の内容は少ない。本番直前の勉強法も紹介されている。受験の調査書の点数アップや、推薦入試を狙っている学生は参考にできる。また、英検対策と表記されていても、特に英検2級、準1級対策については大学受験との親和性が高く、英検に限らず英語学習全般において大切なことが語られており、大学入試に対しても有益な情報である。中でもライティングの解説動画に関しては大学受験でもためになる話が多く、参考にする価値がある。勉強法だけではなく、合格ラインや難易度などの基本情報について解説した動画もあるので、受験前に確認しておくのも良いだろう。

コラム(講評) 英検準1級までの4技能全てを網羅する勉強法チャンネル

英検の各級ごとに対策や勉強法をまとめている。こうしておくと良い点や、やってはいけないこと、減点対象の回答など、大事な場面ではポイントのテロップが流れるので見逃さないような配慮がなされている。英作文の添削指導を行なっており、実際に添削する動画もあげている。細かい文法ミスなどもなぜ間違っているのか、正しい回答と何が違うのかしっかりと視聴者に納得してもらえるような解説を行っている。4技能に関する動画が多く、リスニングが始まる前に選択肢全て目を通しておくことを絶対にやるよう主張している。またリスニングの勉強法として音読することも推奨している。

単語帳を多角的に分析し批評を行う

売れている英検用の単語帳を7冊比較する。デザイン、手軽さ、網羅性、解説、相性に分けて評価を行い、最後には総合評価としてオススメの単語帳を選び切る。オススメできない参考書も「出る順なら別の単語帳の方が優れている」とはっきりとした批評を行っている。

講義形式の動画も扱っている

リスニングや英作文の間違い回答を指摘するために文法を使って解説する。結果として講義形式の動画になっているものも複数見受けられる。特に減点されやすい回答を紹介することが多く、会話の形式上は成り立つが文法のミスになっている回答を詳しく解説してくれる。

▶ オススメ動画②

英検2級について徹底解説した動画。
「これから英検の勉強をはじめよう」という人はとりあえず見てほしい動画となっている。どんな問題が出て、合格水準がどのくらいで、何を勉強すればいいのか、ということが簡潔にまとめられている。

勉強法系　登録者数 5,000〜1万人

チャンネル名
灘・東大卒芸人あかもん澤井
いっちゃん楽して受かるTV「勉強はゲームや！」

URL：https://youtube.com/channel/UC3qKvM4LBGjpliOuFP9ZGMA

- 登録者数＝8,230人
- 動画本数＝164本
- 再生回数114万回

（2021年6月現在）

| 主な科目 | 英 国 数 地理 世界史 | 対象 | 大学受験 | レベル | 東大文系 | 更新頻度 | 週3回 |

▶ チャンネル概要

吉本興業所属の澤井俊幸氏による勉強法のチャンネル。見た目のインパクトが強く、「おもろくない」勉強を「おもろくして」勉強しようという趣旨で、受験生・保護者向けに受験戦略や勉強法をレクチャーしている。灘出身という経歴を生かした、中学入試に関する動画もある。勉強をする中で生まれる様々な悩みに対する解決策を満遍なく紹介している。

▶ オススメ動画①

あかもん澤井俊幸氏が大学受験に失敗した時にやっていたNG勉強法と、合格した時にやっていた受かる勉強法をセットで紹介する動画。伸び悩む受験生に向けて、数学が苦手な時にやってしまいがちなことと、それをどの様に変えれば成績が伸びるかを同時に解説している。

🔊 本人からのメッセージ

勉強や受験というと、まだまだ世の中には「マジメでつまらない」「つらくてしんどい苦行」というイメージが大きいと思います。そんな負のイメージを変えるべく、楽しんで学べる教育系動画をたくさん用意しておりますので、ぜひぜひうちのチャンネルの動画を見て、受験勉強を身構えずに楽しんで戦い抜いてください！

運営者　あかもん澤井俊幸

灘中灘高を卒業後、一浪を経て東大文科三類に合格。その後は吉本興業に所属し、開成東大卒の山口おべんと、W東大卒コンビ「あかもん」として活動中。
チャンネルでは灘中学、東京大学の受験勉強を経て得た勉強法を惜しみなく公開。各科目ごとの攻略法から記憶術、スケジュールの立て方から参考書ルート紹介、メンタルの保ち方まで多岐にわたる角度から受験をハックしていくのがコンセプト。

🐦 @akamonsawai

DATA

❶1985/04/24
❷兵庫県神戸市垂水区
❸東京都
❹灘高校、東京大学文科三類→文学部思想文化学科倫理学専修課程
❺お笑い芸人
❻-

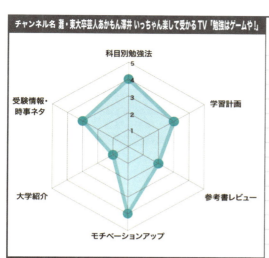

| チャンネル名 | 灘・東大卒芸人あかもん澤井 いっちゃん楽して受かるTV「勉強はゲームや!」 |

総合評価 ☆☆☆☆

使い方
大学受験を控える受験生にとっては参考書ルートの解説動画と、共通テスト対策法が参考になるだろう。参考書ルートは東大文系を視野に入れており、基礎・標準・入試レベル・東大レベルなどの段階で分析、それぞれの実施方法・時期についても補足されているため、実践的な内容になっている。網羅性が高い参考書が取り上げられているので、東大以外の志望者にとっても参考となる。共通テスト対策は、学んだ知識をもとに本番での時間配分や手の動かし方など、具体的なケースを想定した内容。模試前に見返すことで得点力の醸成につなげよう。

コラム(講評) 勉強に対する熱意があふれるチャンネル

灘・東大卒という経歴と、芸人としてのスキルを活かし、勉強法にまつわる内容をハイテンションで配信している。トピックは大学受験の科目別勉強法、共通テスト対策、併願校などの受験戦略、モチベーションアップの秘訣など多岐に渡る。また中学受験心得や、そのための小学生からの勉強マインドの育成など保護者向けの講義、さらに記憶術など一般的な内容もある。根底には学ぶことを楽しみに変えて習慣づけるという方針がある。視聴者の層によって必要な情報が異なってくるので、再生リストを活用して適宜判断していくのがよいだろう。

東大文系への参考書ルートも網羅
どの参考書をどの順番で進めるべきか、東大文系合格までの各科目別の参考書ルートが詳細に解説されている。基本的には正攻法で段階的に進めていくやり方で、数学ではまずチャートを推奨している。「みんなが美味いって言うもんは美味いでしょ」という見解は納得感がある。

モチベーションを引き出す教育環境
灘中高出身という経歴もふまえ、小学生の段階から勉強する環境づくりの紹介にも注力している。主に保護者向けの内容となっており、子供が勉強するのが楽しくなるように仕向け、地頭を鍛えていくというのが趣旨になっている。具体的にどういった言葉が子供に響いたか、実体験を交えて語られている動画もある。

▶ オススメ動画②

灘中学を目指して勉強にどっぷりだった小学6年生のあかもん澤井俊幸氏の、とある1日を再現した動画。勉強時間や睡眠時間、塾での授業の受け方や息抜きの仕方など、中学受験生の気になるポイントが詰まっている。

勉強法系　登録者数 5,000〜1万人

チャンネル名
総合型選抜専門塾 AOI(AO入試・推薦入試専門)

URL : https://www.youtube.com/channel/UCWQUC-wMnUulaonS5GyKVzg

●登録者数＝5,160人　●動画本数＝412本　●再生回数＝146万回　　(2021年6月現在)

| 主な科目 | AO入試 推薦入試 小論文 | 対象 | 大学受験 | レベル | 標準〜難関 | 更新頻度 | 週5回 |

▶ チャンネル概要

AO入試専門塾の講師（メンター）が動画で説明を行っている。出演ははなび氏、ゆずき氏、あゆ氏の3名がメイン。多くの合格者を輩出してきたノウハウをベースに動画を制作してあり、総合型選抜（AO入試）を考えている受験生には必見だ。「偏差値が足りない」「滑り止めとして」AO入試を使うのではなく、「やりたいことを一緒に探し、早期からAO入試の対策をして志望校に合格しよう」というのがコンセプトの総合型選抜（AO入試）専門チャンネル。

▶ オススメ動画①

総合型選抜（AO入試）における「志望理由書」は、大学側にとって最も重要な選考材料だ。「人物面」を重視して選考を行う選抜方法だからこそ、なぜこの大学に入りたいのか、その目的や目標が明確になっているかが合格の鍵となる。まずはこの動画を見て「志望理由書」を書く第一歩を踏み出そう。

🔊 本人からのメッセージ

総合型選抜（AO入試）をよく知らない方ももちろんですが、AOという受験方式を知ることで志望大学の合格チャンスは確実に拡がります。一般入試との両立ができるか不安、部活との両立できるのか、勉強するのが苦手、留学経験を生かしたいという方は、特に総合型選抜（AO入試）にチャレンジして欲しいです。「人生すべてが武器になります」「想像以上の、あなたにする」生徒の合格は当たり前、その先の将来を見つめる学び舎AOIで一緒に学びましょう！

運営者　総合型選抜専門塾
AOI

総合型選抜の対策を専門とした大学受験対策塾。「想像以上の、あなたにする」というビジョンのもと大学合格をゴールと捉えず、高校生一人ひとりの将来を一緒に考え人生に寄り添う教育を行なっている。高校生の経験や感じたことに向き合い、一緒に「将来」を考え様々な可能性を与えるべく、完全1対1のコンサルティング個別授業を取り入れている。2021年度入試においては、93.3％の合格率を誇っており、京都校・大阪校・西宮北口校・渋谷校・上野校・オンライン校と全国、全世界に6校舎を展開している。

🏠 https://aoaoi.jp/
🐦 @aoaoi_jp
Instagram : @aoaoi_jp
Tik Tok : @aoi_aosuisen
LINE 公式 : https://lin.ee/jobY16f

DATA
❶ -　❷京都市　❸京都市
❹ -
❺株式会社花形(総合型選抜専門塾AOI)マーケティング部・クリエイティブ部
❻ -

チャンネル名	総合型選抜専門塾 AOI(AO入試・推薦入試専門)

レーダーチャート項目: 科目別勉強法、学習計画、参考書レビュー、モチベーションアップ、大学紹介、受験情報・時事ネタ

総合評価 ☆☆☆

使い方

AO入試や推薦入試に関しての情報を発信している。一般入試の話には一切触れないが、AO入試を狙う生徒にとっては役立つ情報が多い。さまざまな大学も紹介しているが、個別の大学情報も推薦系の話が中心。京都大学の経済学部の合格者インタビューで出演した人の入試形態は「特色入試」であるなど、チャンネルが狙っている総合型選抜の大学の範囲は広め。他にも阪大や早慶、MARCH、関関同立に関する動画もあるので総合型選抜で難関大学を目指す高1と高2の生徒にとって有益なものとなるだろう。

コラム(講評) AO入試を推すが、高1高2からの勉強が必須

「AO入試を使って難関大学に受かるために早期から勉強を行い、英検などの資格を取得し、学校の評定平均も高く取りましょう」と掲げる。一般入試ではどこも入れないからAO入試でなんとか大学に入ろうという勉強をサボった生徒にはあまり参考にならない。その証拠に「高3からのAO入試」みたいなタイトルがついた動画は1本も存在しない。学年がついた動画のタイトルは全て「高1、高2向け」となっている。

面接対策の動画が15本用意されている

よく聞かれる質問、身だしなみ、礼儀作法、圧迫面接対応など面接対策の動画は多岐に渡り、それぞれ10分程度かけて詳細に教えてくれる。特にチャンネル内で「鬼のように聞かれる質問」として挙げられているのが「志望理由」「高校時代頑張ったこと」「強みと弱み」であるとし、しっかりと事前準備をして入試に挑めるようにとアドバイスしている。この動画では合計5つの「鬼のように聞かれる質問」を扱っているので、他の質問も総合型選抜入試志望者は必見である。

難関大学の総合型選抜入試について深く掘り下げる

難関大学の総合型選抜入試について詳しく解説した動画がある。京都大学の特色入試においては京大出身のアッキー氏が文学部・理学部・法学部は「一般入試の方が明らかに楽」「模試A判定でも普通に落ちる」と表現している。逆に経済学部・医学部(人間健康学科)・教育学部・薬学部・農学部は特色入試がオススメであるとしている。また特色入試と一般入試の併用もオススメしている。

▶ オススメ動画②

総合型選抜(旧AO入試)では、多くの大学で面接が課されるため、面接の対策も筆記試験の対策と同じくらい重要になる。
面接で最低限押さえておくべきポイントをコント風の実践形式で解説した動画になるので、本番を想定しながら視聴してみよう。

勉強法系　登録者数 **5,000〜1万人**

チャンネル名
すずゆうチャンネル
URL：https://www.youtube.com/channel/UC18A5-KezRSqS9mV4TX4OlQ

- 登録者数＝5,010人
- 動画本数＝180本
- 再生回数66万回

（2021年6月現在）

| 主な科目 | 世界史 | 対象 | 大学受験 | レベル | 基礎〜難関 | 更新頻度 | 週1〜2回 |

▶ チャンネル概要

世界史講師の鈴木悠介氏による、世界史の勉強法や参考書の使い方をレクチャーする世界史特化型チャンネル。多数の著作があるプロ講師直伝の勉強法が強み。また予備校講師としてのネットワークを生かした多彩なコラボも見どころで、ただよびチャンネルの講師をはじめとして世界史以外の勉強や予備校業界のよもやま話などのコンテンツもある。

▶ オススメ動画①

「世界史得点力を鍛える10の鉄則」のうち、最初の5つを解説した動画。世界史の成績が上がらないと悩んでいる受験生にまず見てもらいたい動画。多くの受験生を見てきた経験から、世界史学習において陥りがちな「駄目パターン」を指摘、得点力の上がる学習にどうやって軌道修正するかが伝えられている。

🔊 本人からのメッセージ

こんにちは！世界史系YouTuberの「すずゆう」こと鈴木悠介です。「すずゆうチャンネル」では、僕がこれまでの予備校講師として蓄積した知識・経験の全てを公開していきたいと思っています。世界史を受験で使う高校生・浪人生の皆さん、世界史を教養として学び直したい社会人の方々、そして予備校マニアのみなさんにも楽しんでいただけるような動画をこれからも制作していきますので、ぜひチャンネル登録お願いします！

運営者　鈴木悠介

現役の世界史予備校講師「すずゆう」こと鈴木悠介がお送りする、世界史学習の総合チャンネル。

成績の上がる世界史勉強法、参考書の選び方や使い方に加えて、現在「ただよび」で展開中の世界史授業もまとめて視聴することが可能。

また、すずゆう執筆参考書『世界史用語 マルチ・トレーニング』の朗読動画や、吉野敬介先生・出口汪先生・野島博之先生・茂木誠先生・ただよび講師陣といった有名予備校講師の方々との対談、武田塾の中森泰樹先生とのコラボなども人気コンテンツとなっている。

🐦 @yuusuke_suzuki

DATA
❶ -
❷ 東京都
❸ 東京都
❹ 早稲田大学卒業
❺ 大学在学中より早稲田アカデミーで世界史講師を務め、卒業後フリーの予備校講師となる。現在はYouTubeの予備校「ただよび」世界史講師としても活躍中。
❻ -

チャンネル名	**すずゆうチャンネル**

使い方
レベル的には日常的な基礎学習から難関大学の対策まで幅広い。そのため受験生は現在の自分の学力や目的に応じて視聴内容を調整しよう。日頃の勉強であれば一問一答の使い方、授業の受け方といった動画が参考になる。各参考書を取り上げ、「解説が詳しい」「知識整理用」など特徴を挙げた上で、「このレベルだったら中堅私大からGMARCH」といったようにズバリ志望校水準を指摘しているため、取り組む参考書に悩む必要がない。また、鈴木氏自身が参考書の書き手として、実際の見やすさや使いやすさもこだわっており、自著の紹介もある。

総合評価 ★☆☆

コラム（講評）世界史のプロ兼「予備校オタク」

世界史のプロがさまざまな角度から世界史勉強法を伝授。参考書の紹介が充実しており「一問一答」「通史」「知識確認」「図表」など、それぞれの目的に応じて丁寧で納得のいくレビューが行われている。共通テストや二次試験の分析も行っており、特に早慶など難関校を目指す生徒にとっては勉強の指針になる。一方で受験科目を網羅しているわけではないので、年間を通した勉強スケジュールや、モチベーションに関する動画は少なめ。世界史が好き、もしくはYouTube含めた予備校・塾業界に興味がある場合にオススメのチャンネルだが、視聴時間を調整して勉強時間を確保するようにしたい。

世界史勉強法10の鉄則
本気で世界史に取り組む生徒はぜひ「【完全版】得点力の上がる世界史勉強法10の鉄則」を視聴したい。実際の入試は必ずしも教科書の順番通りに出題されるわけではなく、あるテーマに沿っての思考を求められるなど、受験生が意外と盲点になっている点を確認できる。

世界史以外の勉強はコラボ企画を導入として活用
有名予備校講師とのコラボが充実しており、そこで世界史以外の勉強なども言及されている。参考になる先生を見つけた場合、概要のリンクから各講師のYouTubeチャンネルに行き詳細を把握していこう。

▶ オススメ動画②

武田塾教務部長の中森先生とのコラボ動画。『実況中継』、『ヨコから見る世界史』、ムンディ先生の『一度読んだら絶対に忘れない世界史の教科書』、『東進一問一答』などの有名世界史参考書の歴史を振り返っている。

勉強法系　登録者数　～5,000人

チャンネル名
山岡塾 TV

URL : https://youtube.com/channel/UCGtzMDYx_AJZ8P9q8BgVjYQ

- 登録者数＝4,830人
- 動画本数＝62本
- 再生回数＝79万回

(2021年6月現在)

| 主な科目 | 英 数 国 理 社 小論文 | 対象 | 大学受験 | レベル | 難関 | 更新頻度 | 不定期 |

▶ チャンネル概要

学習塾「難関大学受験BaseUP松山」・完全個別指導プログラム「山岡塾」代表である山岡氏が、大学受験情報を提供するチャンネル。医学部・難関国公立大学を目指す生徒を対象として学習計画管理法や、各科目の勉強法をレクチャーしている。地元松山市の愛光学園から医学部に進学した卒塾生にインタビューするなど、実績に基づいた勉強・指導法が配信されている。

▶ オススメ動画①

「普段どういうことに気を付けて勉強していかなければならないか、落ちる人の勉強から学ぼう」というコンセプトの動画。後悔しないために何に気をつけて受験勉強をしたらよいかが分かる。「自分が現役で落ちた理由がわかりました」「とても為になって泣きそうになりました」と多くの感謝の声が集まっている。

運営者　山岡塾

完全1対1個別指導塾「山岡塾(愛媛県松山市)」が運営するチャンネル。大学受験などの受験や勉強法、参考書、学習カリキュラムの情報を発信している。
勉強法だけでなく、医学部合格者との対談も好評だ。「どのように勉強を進めていいか分からない…」「効率の良い勉強方法を知りたい」と悩んでいる受験生におすすめだ。

✉ mail@baseup-matsuyama.com

DATA
- ❶ -
- ❷ -
- ❸ -
- ❹ -
- ❺ -
- ❻ 会社経営

🔊 本人からのメッセージ

このチャンネルは保存版動画が多いので、過去動画から検索したらお役にたてるかもしれません。

チャンネル名 山岡塾TV

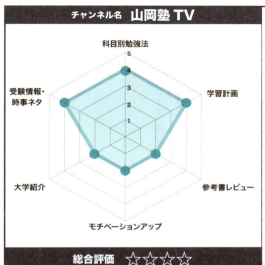

総合評価 ☆☆☆☆

使い方
医学部・難関国公立大学を目指す生徒にとっては、各科目の勉強法が参考になる。おすすめの参考書の理由とその具体的な使い方に関して、共通テストレベルから難関大まで一気にまとめられている。そのため必要な科目の情報をコンパクトにインプットすることができる。また出願校の選び方に関しては何の情報源からどのような観点で決定していけばよいのかも詳細に説明されている。受験回数が限られる国公立受験では、これらの戦略的な出願校選定のレクチャーが有益だろう。

コラム（講評）実績に裏打ちされた骨太な受験指導

学習塾の塾長としての実績・経験から得たエッセンスが凝縮されているチャンネル。動画視聴を通じて、勉強法から学習管理計画まで、実際に塾の学習指導を受けるのに近い効果が期待できる。山岡塾出身で難関大に合格した学生のインタビューもあり、その指導の説得力も証明済だ。ただし動画更新頻度がそこまで高くないため、モチベーション維持のためのペースメーカーとして利用するにはやや使いにくい。その際、興味があれば個別指導プログラムの山岡塾に直接相談を取ることもできる。

出願に関する動画は要チェック
医学部・東大・旧帝・早慶といったそれぞれの水準に合わせ、出願戦略と出願パターンがまとめられているため、受験生やその保護者が受験校選定時のモデルケースとして利用することができる。情報収集を行い合格可能性を算出、そこから得点計算や問題傾向分析を行う過程に論理的な説明が加えられており、このチャンネルでまずチェックするべきコンテンツとなっている。

「何の勉強をしたら落ちるか」という点まで解説
「何の勉強をしたら落ちるか？」というテーマについてまとめている動画があり、その内容はまさに「正論」。受験生によっては耳が痛い内容となっている。逆に言えば、そこから脱却することが合格へのルートである。モチベーションアップ系の動画はそこまで多くないが、語られる言葉には重みがある。自らの学習習慣を見直す契機として活用できるだろう。

▶ オススメ動画②

偏差値80を超える数学の受験勉強法について解説した動画。
数学を題材に、過去問演習のやり方、過去問分析のやり方、総復習のやり方がわかり、成長限界を突破して東大・医学部まで目指すことができる。数学の全範囲をひととおり終わらせた人・国立医学部や東大理I類程度の目標がある人向けの動画となっている。

勉強法系 **登録者数 ～5,000人**

チャンネル名
早稲田合格塾 YouTube
URL：https://www.youtube.com/channel/UCKqliWSPwV41kGMF_fDCyug

●登録者数＝4,760人　●動画本数＝75本　●再生回数＝43万回

（2021年6月現在）

| 主な科目 | 英国社 | 対象 | 大学受験 | レベル | 早稲田 | 更新頻度 | 週1回 |

▶ チャンネル概要

比良氏によるチャンネル。「早稲田版鉄緑会」を目指す、早稲田大学の受験に特化したチャンネル。文系の情報が多く理系はほとんどない。ほぼ全ての動画が早稲田大学に関することになっている。英語の森田氏、日本史の相澤氏、世界史の鈴木氏、数学の上岡氏、国語の出口氏など、書籍を出版したり現在も予備校で活躍している有名講師が多数出演している。比良氏だけの見解ではなく多くの予備校業界の重鎮から早稲田大学に関する話や教科内容を聞ける専門的で多角的なチャンネル。

▶ オススメ動画①

早稲田大学の現代文の攻略法について、現代文講師として受験生から絶大なる支持を得ている出口汪先生と比良寛朗氏が対談をしている動画。どうしたら難しい現代文が読めるようになるのか、適切にまとめられているため、現代文の勉強方法がよくわからないという人にオススメだ。

🔊 本人からのメッセージ

早稲田合格塾は日本で唯一の「早稲田大学が第一志望の受験生」のためだけに作られた学習塾です。塾の特性ゆえ、多くの受講生が逆転合格を果たしております。12年間オンラインでの指導を行なっており、スマホ1台で全国どこにいても授業の受講、個別指導の享受が可能です。また、生徒さんの普段の自学自習内容とやり方の構築にも力を入れていますので、一般的な予備校とは違い、生徒の習熟度と習得スピードの面で格段に違いを生み出せます。

**運営者　早稲田合格塾
比良寛朗**

日本で唯一、早稲田大学合格に対策を絞った早稲田合格塾が運営するYouTubeチャンネル。
「日本で一番濃い早大対策や早大情報を提供が可能」と自負する。早稲田大学受験、または大学受験全般に対して「自分にもいけるんじゃないか？」「早稲田に興味がわいてきたぞ」「早稲田入試ってそういうものなのか！」といった感覚になってもらえるよう、有意義な情報を発信している。

🏠 https://wasego.jp

DATA
❶ -
❷ 鹿児島県鹿児島市
❸ 東京都
❹ 早稲田大学
❺ 早稲田合格塾代表取締役社長
❻ 英検1級

チャンネル名	早稲田合格塾 YouTube

レーダーチャート項目: 科目別勉強法 3, 学習計画, 参考書レビュー, モチベーションアップ, 大学紹介, 受験情報・時事ネタ

総合評価 ☆☆☆

使い方
早稲田の受験情報を10年分調べ、学部の紹介をするなど早稲田大学特化の情報を伝えている。チャンネル初期の頃には早稲田の過去問演習の動画も出ているので見てみるのも良いだろう。ここ最近は早稲田の入試情報や対策に特化した動画が多く、また「早稲田志望」というタイトルながらも生活リズムや模試で9割取る方法に関する動画は早稲田志望者以外も使えるので幅広い受験生にオススメの動画である。参考書レビューを著者である予備校講師本人を呼んで解説してもらう動画もあり、早稲田大学以外の難関大志望者も要チェックと言えるだろう。

コラム（講評） 早稲田に行きたい受験生が、合格をイメージするためのチャンネル

日本でもトップクラスの人気を誇る早稲田大学は全国から受験者が集まる。その早稲田大学への合格を生業とする比良氏によるYouTubeチャンネル。早稲田に関する情報がたくさんある。それぞれの動画単体で完結型。早稲田大学の設問対策を語り合ったり、どこの学部が増員されたりなど、科目別勉強法に加えて時事ネタも豊富。また比良氏が元東進の森田氏を英語科講師として招いた際には「早稲田合格塾を早稲田版鉄緑会みたいにしたい」と発言。

有名予備校講師が出演して早稲田について語る
元東進の出口氏、森田氏、西きょうじ氏が出演。参考書の話や早稲田の問題傾向について語っている。有名参考書の著者自身が「よく見る間違った使い方」など踏み込んだ注意点を話してくれる動画は必見。

早稲田の日本史は難しすぎると明言
「早稲田の日本史には解けない問題がある」とした上で「難問よりも基礎問題を取ることが最重要」と主張している。最難関の問題に惑わされず、しっかりと得点源にできる問題を着実に対策していくべきだと早稲田大学の入試対策をする上での心構えも解説している。

▶ オススメ動画②

早稲田志望者に求められる「英語の基礎力」の定義をハッキリと解説をしている動画。
TOEIC満点講師でもあり早稲田合格塾の英語講師でもある森田鉄也先生と塾長の比良寛朗氏の対談だ。「地方で早慶に詳しい先生少ないからほんとありがたい」「これでなんとなくやるべきことが見えてきた気がします」と好評を得ている。

| 勉強法系 | 登録者数 5,000～1万人 |

チャンネル名
東大院生ふなはし【勉強系YouTuber】

URL：https://www.youtube.com/channel/UCyJDhm3QAOGUHGb2Qt5maww

- 登録者数＝5,010人
- 動画本数＝62本
- 再生回数51万回

(2021年6月現在)

| 主な科目 | 英 数 国 物理 化学 | 対象 | 大学受験 | レベル | 東大理系 | 更新頻度 | 不定期 |

▶ チャンネル概要

東大に現役合格、現在は東大院生であるふなはし氏が、科目別勉強法や東大受験の体験談などを発信しているチャンネル。「先生に依存しない」独学を重視しており、自らが東大受験で用いた参考書の紹介などを行っている。学習スケジュールの立て方や集中力の上げ方など、身近な視点から東大受験のリアルを知ることのできる内容。

▶ オススメ動画①

勉強の時の睡魔に、どう対処すればいいのか？という内容について語った動画。誰でも授業中に眠くなった経験はあるだろう。そんな睡魔への対処方法を、「勉強はどれだけの時間やったかではない」というふなはし氏の信念に結びつけて語られている。本質を学べる上に見やすいテーマの動画だ。一番伸びているという点もオススメポイントの一つ。

🔊 本人からのメッセージ

勉強って面倒くさい、つまらないと思われがちですが、正直かなり面倒くさいです。面倒くさくてやりたくないなら、さっさと終わらせて遊びに時間を回した方がいいと思いませんか？自分はこの「サボるために全力を尽くす精神」をもとに、圧倒的に効率のいい勉強スタイルを確立し、その結果成績が伸びて勉強を楽しいと感じるようになりました。このチャンネルではそんな僕の勉強法などを紹介しているので、面白そうだなと思った人は見てやってください。

運営者　ふなはし

公立高校から"塾なし独学"で東京大学に現役合格したふなはし氏が、先生に依存しない勉強法、効率よく頭を使う方法、東大合格に使用した参考書紹介などの教育系コンテンツをメインに発信するチャンネル。「内職は正義」「独学こそ最強」「睡眠は削るな」など、自身が確立した勉強法がもととなっている。塾にいかずに独学で受験にチャレンジしようと考えている受験生は必見だ。

✉ funahashi.study@gmail.com
🐦 @byebye_gariben

DATA

❶-❷ 愛知県 ❸東京都
❹東京大学前期教養学部理科I類
→東京大学工学部物理工学科
→東京大学大学院情報理工学系研究科創造情報学専攻
❺大学院生、マジシャン、YouTuber
❻実用数学技能検定1級、実用英語技能検定準1級

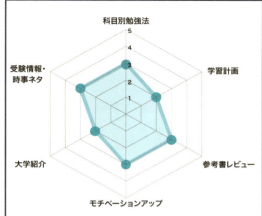

チャンネル名	東大院生ふなはし【勉強系 YouTuber】

使い方
科目別の勉強法やオススメの参考書、学習計画の立て方からモチベーションの保ち方まで網羅的に勉強法のコンテンツが揃っている。最も参考にできる点はやはり東大受験用と共通テスト対策用の参考書それぞれの進め方に関する動画で、東大をはじめとした難関大を受験する生徒にとって実際の参考書の活用方法や難易度のイメージがつきやすい内容だ。ただし、科目の得意不得意に応じて、いきなり該当の参考書から始めるのは難しいというケースもあり得る。その際はより基礎的な内容から理解するように、適宜レベルを調整していこう。

総合評価 ☆☆☆

コラム（講評）東大理系を目指す生徒の参考に

このチャンネルと最も親和性が高い視聴者は、東大理科一類・二類を目指す現役生になるだろう。ふなはし氏自身が過去の模試判定を動画に上げており、そのレベル感を参照すると良い。具体的には高校2年生の冬時点で数学である程度安定的に得点をすることができて、英語・国語にやや不安がある、といった理系の生徒にとってモデルとなるべき点が多い。チャンネル内では進めていくべきルートが端的に明示されている。あとは勉強スケジュールの立て方やモチベーションの維持についての動画を参照しながら、着実に受験対策を進めていくことができる。

動画の内容とリンクしたブログも参照可能
YouTubeチャンネルで取り上げている動画とリンクした内容がブログ「いなくなれ、ガリ勉」でも詳細に解説されている。逆算思考による勉強効率化が述べられおり、各参考書のより具体的な活用イメージがつくだろう。

実体験ベースという点には留意しよう
実体験に基づいた効率的な勉強法が紹介されているが、複数の受験生サンプルの中から導き出されたものではない。実際に取り入れる際には現状のレベルや、自分の勉強の進め方に合っているかは点検したほうが良いだろう。

▶ オススメ動画②

数学を勉強する高校生のほとんどが知ってる数学参考書であろう「チャート式」。全8色もあるチャートについて、使い方や対象者を解説したのがこの動画だ。学校で使っているケースも多いチャートだが、本当に自分にあっているだろうか？自分に合ったチャートを見つけたいという人はぜひ見てみよう。

勉強法系　登録者数　~5,000人

チャンネル名
アクシブ YouTube 予備校

URL : https://www.youtube.com/channel/UCBSqMDlhhsxmZuw-DyxPO2w

● 登録者数＝3,690人　● 動画本数＝314本　● 再生回数161万回

（2021年6月現在）

| 主な科目 | 英 数 国 | 対象 | 大学受験 | レベル | 基礎〜難関 | 更新頻度 | 毎日 |

▶ チャンネル概要

大学受験個別予備校のアクシブアカデミーが運営する、受験戦略の情報が充実したチャンネル。参考書レビューや勉強法といった内容はもちろん、入試制度や志願者数、偏差値ランキングなど、実際の受験校選定にあたる部分のコンテンツが豊富。その内容は受験がゴールではなく、就職まで見据えている。代表の鈴木氏が解説する形式と、アニメーション形式での動画が多い。

運営者　AXIV ACADEMY

大学受験専門の1:1個別予備校であるアクシブアカデミーが運営するYouTubeチャンネル。
アクシブアカデミーは夢・目標を明確にし、能動的な勉強へと導き、戦略によって短期間での飛躍的な成績上昇を得意としている。日々生徒や保護者から受けた質問、受験情報、進路情報、勉強法、参考書の取り組み方、大学別対策などを詳しく配信中だ。
大学受験は戦略で決まるとの考えから、受験戦略についての内容も多い。受験校選定に迷っている高校生には必見！

✉ info@axivision.co.jp

▶ オススメ動画①

金沢大学の紹介と合格するための方法についての動画。アクシブアカデミーのプロコーチが国公立・私立のさまざまな大学の受験や就職の情報を調べて紹介している。どうやったら合格できるかもしっかり解説されているので、各大学を目指す方には非常にオススメ。金沢大学は国公立なのに理系3教科での受験ができるというところを紹介したことで、人気になった動画とのこと。

DATA
❶ -
❷ 愛知県田原市
❸ 東京都文京区
❹ 大卒
❺ 予備校の運営、教材開発、教育システム開発
❻ -

🔊 本人からのメッセージ

大学受験は自らの価値を高められる最も効果が大きなイベントです。多くの選択肢の中から将来の目標を定め、正しい受験戦略と効率の良い勉強を行うことで合格を勝ち取ることが可能です。アクシブYouTube予備校の視聴者さんにとって、私たちの動画が受験戦略や自分の将来を考えるきっかけになってもらえたら幸いです。人生のターニングポイントである大学受験を一緒にがんばりましょう！

チャンネル名	アクシブ YouTube 予備校

科目別勉強法／学習計画／参考書レビュー／モチベーションアップ／大学紹介／受験情報・時事ネタ

総合評価 ☆☆☆☆

使い方
学習の観点ではなじみ深い参考書についてのレビューが上げられている。これを使いなさい、と唯一の解を示すというより、有名な参考書を進める上での注意事項として理解するのが良いだろう。受験戦略の部分では、まず「受験の基本情報」を視聴して大学入試の見取り図を把握できる。その上で各大学・学部の偏差値や志願者状況などの動画をチェックしよう。第一志望に揺らぎがない場合でも、これらの視聴を通じて併願校を選定するヒントがある。チャンネルを活用して、戦略的な受験勉強・スケジュールを早い段階で準備することが可能だ。

コラム（講評） YouTube動画だからこそ可能な効率的で賢い受験戦略

受験情報コンテンツが際立って充実している。多くの受験生・保護者は『蛍雪時代』などの受験情報誌を手元に置いているわけではないので、YouTube動画を通じて効率的に情報収集できるのはメリットになる。また大学紹介や就職情報も豊富で、その点でも合格して終わりではない、より賢い受験をするための一助になる。一方で、いわゆる「先生」といった存在を感じにくい構成のため、モチベーションや学習相談に関しては直接アクシブアカデミーを利用したり、または別のペースメーカーを確保することが求められるだろう。

中堅大学の情報収集が充実
タイトルに固有の大学名が入っている動画が多く、その大学・学部に興味のある受験生が情報を最短で収集しやすい。特に「大学紹介」の再生リストにおいては、それぞれの入試傾向や大学の特徴をチェックし、受験校の選定に役立てることができる。

保護者にもおすすめできる受験情報
入試制度はもとより、各大学・学部の偏差値・志願者・就職状況などが分析されており、チャンネルの内容は全体的に受験生・保護者ともに関わる内容だ。その中でも特に金銭周りや、子供との関わり方、また受験情報収集の仕方まで「保護者の方」向けの内容が再生リストにまとめられている。

▶ オススメ動画②

経済学部の偏差値ランキング動画。
アクシブアカデミーが全国の大学を調べ、各学部の偏差値ランキングを発表している。自分の志望大学を考えるためのわかりやすい動画として好評とのこと。経済学部・法学部・教育学部・理工学部・医学部・薬学部などさまざまなランキングの動画も制作されているので、ぜひチェックしてみよう。

勉強法系　登録者数　～5,000人

チャンネル名
大学受験の桔梗会
URL：http://www.youtube.com/c/KikyokaiNet

- 登録者数＝3,370人　●動画本数＝481本　●再生回数＝89万回

(2021年6月現在)

| 主な科目 | 英 数 社 生物 | 対象 | 大学受験 | レベル | 私立文理 国公立 | 更新頻度 | 週1回 |

▶ チャンネル概要

加藤哲也氏が運営する愛知県、岐阜県、三重県の大学を目指す人のためのチャンネル。岐阜県に自身の塾を構えており、地元の情報に強く、受験情報に特化した内容を発信している。私大獣医学部の受験対策も参考書パートや学習法について詳細に扱っている。

▶ オススメ動画①

南山大学に合格するためのポイントについて解説した動画。「学部ごとの差異」「日本史・世界史と数学の差異」「全学部統一入試or学部別個別の違い」を理解して対策することが合格への近道とのこと。加藤哲也氏が個人で買い揃え、読み込んだ赤本800冊・参考書2000冊の中から、最適な参考書選定も紹介されている。南山大学を目指している受験生は、ぜひ視聴してほしい。

運営者　加藤哲也

「高校生・高専生専門 大学受験の桔梗会」の塾長が運営するチャンネル。
大学受験ストラテジスト加藤哲也氏が、志望大学合格を目指す高校生に向けて、トレンドに応じた受験情報を中心に様々なメッセージを配信している。志望校合格率を大幅に上げるための受験戦略「合格ストラテジー」を立案するお手伝いができたらとの想いで運営されている。

- @kikyokai
- http://kikyokai.net

DATA
① -
② 岐阜県岐阜市
③ 岐阜県大垣市
④ 岐阜北高校、某大学歴史学科卒
⑤ 大学受験の桔梗会代表
⑥ 小中高 教員免許
　(社会・地歴・公民)

🔊 本人からのメッセージ

行きたい大学が決まっている受験生へ。志望校合格のためには、受験生それぞれに最適な試験方式を探し出し、戦略を立てて学習をすすめることで合格可能性を大きく向上させることができます。加藤と一緒に「合格ストラテジー」を作り、志望校合格を叶えましょう!!受験相談は、毎週の生放送でお答えします。

チャンネル名	大学受験の桔梗会

レーダーチャート:
- 科目別勉強法: 3
- 学習計画: 3
- 参考書レビュー: 2
- モチベーションアップ: 1
- 大学紹介: 4
- 受験情報・時事ネタ: 4

総合評価 ☆☆☆

使い方
岐阜県と愛知県の国公立大学や私立大学の入試情報に関して動画を多数あげている。人気の大学は各学部の出願状況を数字で全てホワイトボードに記入して、志願者の状況を解説している。科目別の勉強法動画もあるが数は少なめ。中京圏の大学志望者にとっては有益なチャンネルとなりうる。ブックオフで買ってきた本を紹介する動画が多め。また、毎週水曜・土曜にライブ配信は、都市圏の私大などの対策や参考書の進め方などについても細かく回答してくれるため、中京圏に限らずどの大学を受験する生徒にとっても有益である。相談は先着順。気になることがあれば生放送前にチャット欄に書き込んでおこう。

コラム(講評) 中京圏の大学志望者に向けた動画を多く配信

扱っている大学は、国公立は名古屋大学・岐阜大学・岐阜大学三重大学をはじめ、名古屋市立大学・岐阜県立看護大学など。私立大学は南山大学・中京大学・名城大学・愛知大学など、名古屋市内の大学が多い。昨年からの動画では、コロナ禍における入試動向や、共通テストの実施だけでなく、指定校推薦の不合格情報なども扱っている。入試情報に関しては、ホットな情報が時期に合わせて投稿されており参考にしやすい。

メインは受験戦略の立案
チャンネルのメインは詳細な受験情報の分析に基づく受験戦略の立案。独自の情報網と分析眼で合格ルートを紹介する。私大獣医学部や愛知県・岐阜県の私大看護学部については試験方式・試験科目ごとに具体的な戦略や学習方法、オススメ参考書を紹介している。

毎週水土 YouTube ライブで受験相談に回答
バックに大量の赤本を従え、1時間を超えるの受験相談ライブを行っている。チャンネル内で主に扱っている中京圏の大学だけでなく、関東・関西の大学に関する相談も。生放送中に赤本や参考書を持ってきて参照し傾向と対策を見つけることもしている。

▶ オススメ動画②

毎週水・土曜日に生放送でおこなっている受験相談の動画。
志望校合格のための学習ルートや、大学の試験方式毎の攻略ポイント、オススメ参考書もすぐ回答。高校生はもとより、受験生の保護者さんの質問にも応じているとのこと。受験のプロに個別に相談できるチャンスなので、ぜひ参加してみよう。

勉強法系　登録者数　〜5,000人

チャンネル名
医学部受験のプロ
URL：http://youtube.com/channel/UCOgEaUUqFgKnUhlPqS2eEmA

（2021年6月現在）

- 登録者数＝2,400人
- 動画本数＝88本
- 再生回数＝30万回

| 主な科目 | 英 数 物理 化学 | 対象 | 大学受験 | レベル | 医学部 | 更新頻度 | 週5〜7回 |

▶ チャンネル概要

海城高校から慶應医学部に現役合格した現役医師まっつー氏による医学部受験生のためのチャンネル。自身を参考書マニアと呼び、多数の参考書を紹介している。医学部合格に必要な勉強時間という動画では投稿者の主観ではなくアンケートを取り平均値を出すなど、分析を用いる場合が多い。

▶ オススメ動画①

質問の多い数学の参考書を、慶應医学部に現役合格した現役医師の目線から、レベル別に10冊厳選して紹介した動画。幅広い受験生に参考になること間違いなしの動画となっている。「参考書がたくさんありすぎて選べない」「自分のレベルに合う参考書が分からない」「今やっている参考書がいい参考書なのか疑問に思っている」といった悩みを抱えている受験生はぜひチェックしてみてほしい。

🔊 本人からのメッセージ

年々難化する医学部受験を勝ち抜くためには、正しい勉強法でたくさん努力することが必要不可欠です。当チャンネルが、本気で医学部受験を目指す受験生の手助けとなれれば幸いです。
合格した際には、当チャンネルへの出演もお待ちしています！！

運営者　医学部受験のプロ

「医学部受験のプロ」は、全国の医学部受験生に有益な情報を届けるべく慶應医学部を卒業した現役医師が運営するチャンネル。
勉強法などを発信するほか、医学部に合格したばかりの1年生を対象に独自で大規模なアンケートを実施し、WebサイトやTwitterにて情報発信している。医学部合格者の生の声が参考になると評判だ。医学部専門塾「メドイニット（https://medinit.jp/）」も運営しており、塾生を募集中とのこと。

🏠 https://medpro.jp
🐦 @igakubuexpert

DATA

❶ -
❷ -
❸ -
❹ 慶應義塾大学医学部
❺ 医師
❻ -

チャンネル名 医学部受験のプロ

レーダーチャート項目：科目別勉強法、学習計画、参考書レビュー、モチベーションアップ、大学紹介、受験情報・時事ネタ

総合評価 ☆☆☆

使い方
数学、英語、物理、化学に関する勉強法の動画を発信している。それに加えて医学部では必須の面接に関する動画も紹介。他の医学部（阪大、医科歯科、東北大、千葉大など）の紹介も行っており、医学部志望者はチェックしておいて損のない内容。数学参考書レビュー動画では参考書の難易度や問題数、解説の良さを星の数で評価しているため、参考書選びで迷ったら動画をチェックしてみよう。医学部にフォーカスしたチャンネルは少ないため、特化したこのチャンネルの情報を使いこなすと良いだろう。

コラム（講評）医学部志望の高校生に必要な参考書と勉強法を伝授

医学部受験生のためにまっつー氏がお勧めの参考書および問題集を、英語10冊、数学10冊、物理9冊、化学9冊を紹介している。同動画内で医学部合格のために使っていた参考書ランキングという第三者の意見も積極的に取り入れられており、医学部合格した受験生が最も多く使っていた英単語帳は鉄壁、文法系はネクステージであることも紹介している。また数学と物理と化学においても基礎的なものから始め、標準的なもの、発展的なものへ移行していくことを推奨している。

医学部合格者610人に受験勉強を始める時期をアンケート
医学部に合格するためにいつから勉強を始めれば良いかというアンケートでは中学生と答える人も少なからずいる中で、高2の8月までで過半数を占めている。高3の7月より前という回答も比較的多い。その中で科目数が少ない医学部受験でも遅くから始めれば良いというものではないと指摘している。

勉強できる才能＝努力できる才能
勉強できる人はみんな努力していると明言。理解できるまで何回も訓練を積まなければならないとし、そういった訓練のおかげで一つずつ成長していくことになると言っている。東大に受かりたい人も教科書レベルを完璧にすることは当たり前であると説いている。その上でスキルを磨いていけば東大合格はできるようになるとのこと。

▶ オススメ動画②

日本最難関である東京大学理科三類Ａ判定を獲得したことのある経験を元に、東大理三Ａ判定までに使った参考書を紹介する動画。
模試で使用した参考書並びにその使い方、それによる成績の変化も含めて全て公開されている。
医学部受験を目指す受験生には必見の動画となっている。

勉強法系　登録者数　〜5,000人

チャンネル名
医学部受験チャンネル produced by 医学部進学会

URL : https://www.youtube.com/channel/UCjcoQrORb-7S15u2gojztEg

● 登録者数＝1,830人　● 動画本数＝78本　● 再生回数＝18万回

(2021年6月現在)

| 主な科目 | 英 国 社 | 対象 | 大学受験 | レベル | 医学部 | 更新頻度 | 週1回 |

▶ チャンネル概要

岡山大学医学部に合格した現役医師である石戸氏が医学部受験生のために作ったチャンネル。石戸氏は地元・岡山で学習塾「医学部進学会」を経営しており、動画内容もほぼ医学部に関することに特化している。共通テストで8割取ることを目標にした動画もあるため、医学部受験ではない難関大学受験生も参考にすることができる。その中でも特に数学と理科(物理と化学)に関する動画が多い。

▶ オススメ動画①

5浪した経験をもとに医学部受験を諦める時について語った動画。多浪すると、トンネルの中に入ったような気持ちになってしまう。「あと数歩歩けば光が見えてくるかも」という期待感で前進しながらも「まだまだトンネルは続いているかも」という不安感で前に進めない時がある。そんな人に向けて「いつ諦めるか?」を判断基準を含めて語っている。

🔊 本人からのメッセージ

運営者　石戸佑典

5浪して医学部に合格した後に医師となった代表の石戸氏が運営する、医学部受験を考える人のためのYouTubeチャンネル。
自身の医学部受験の経験と、10年以上に渡る医学部受験専門塾の運営経験から、医学部受験に必要な情報を発信している。
【医学部受験チャンネルで発信している内容】
・医学部合格のためのノウハウ
・医学部受験に関する最新情報
・各医学部の傾向と対策の分析
・過去問の解説動画
・問題集・参考書の紹介

✉ support@ishin-kai.com

DATA
❶ 1985/02/26
❷ 岡山県倉敷市
❸ 岡山県岡山市
❹ 岡山大学医学部
❺ 経営者・塾講師・医師
❻ 医師免許取得

「なぜ医師なのに教育をやっているのか?」よく聞かれる質問ですが、それは私が「良い教育は人生を変える」と思っているからです。受験生の立場で言い換えるならば、受験勉強への取り組み方で人生は変わります。努力できない私が変わったように、あなたにも受験勉強を通して苦労と克服を繰り返し、大きく成長していただけること祈っております。そして、その成長の一部に当チャンネルが役立てばこれほどうれしいことはありません。一緒に頑張っていきましょう。

| チャンネル名 | 医学部受験チャンネル produced by 医学部進学会 |

レーダーチャート項目: 科目別勉強法、学習計画、参考書レビュー、モチベーションアップ、大学紹介、受験情報・時事ネタ

総合評価 ☆☆☆

使い方
参考書レビューは医学部受験生にとって有益な動画になり得る。物理受験をすべきか生物受験をすべきで悩んでいる生徒に向けて物理受験の方が有利な理由を解説するなど、医学部受験や理系科目に関する情報を得られるのが大きな特徴。勉強法だけでなく「医学部現役合格のコツ」「多浪差別がない医学部」「高1高2から始める受験対策」など医学部を狙う現役生、浪人生、そして石戸氏と同じく多浪生それぞれに向けたコンテンツが幅広く用意されているので学年や状況にあったものを選択して視聴するのが良い。

コラム（講評） 現役医師による医学部を目指す人向けの動画

動画は論理的な説明が施されており、国公立大学の医学部の変革から私立大学の医学部の人気が過去よりも下がってきているといった具体的な受験情報も教えてくれる。受験科目で物理か生物のどちらを選択するかで悩んでいる学生へ向けては、物理は数学型で勉強時間と成績が比例しない、生物は英語型で勉強時間と成績が比例するという持論を展開。物理は数学のように応用が効いて高得点が狙いやすいから、物理の方が生物よりオススメとしている。

世間で問題になった医学部受験の多浪差別にデータを駆使して切り込む

医学部受験において多浪生や女性受験者の点数を引いていたという事実が発覚した大学があり、それに関して文部科学省のデータから数字を抜粋して「多浪差別がないと考えられる大学ランキング」を作成。数字の根拠と石戸氏の分析により、多浪差別を行っていないと思われる大学を実名で10校発表している。

高2までに英語、国語、数学ⅡBまで終わらせることを推奨

石戸氏の主張によると高2までに英語と国語と数学ⅡBを終わらせ、センター試験や共通テストで7〜8割解けるようにしておけば医学部合格の可能性があるという。理科と社会は学校の履修スピードが遅いため後回しにしても良いとの見解。短期間で飛躍的に点数が伸びる科目としている。また高1は河合塾の模試の偏差値では65を目指すようにとのアドバイスもある。

▶ オススメ動画②

医師であり医学部受験のプロの石戸氏が、医学部受験の面接で答えるべき正解についてお伝えする動画。「なぜあなたは医師になりたいのですか？」医学部受験の面接では必ず聞かれる定番の質問。多くの人が「身内が過去に病気になったから病気を治せる医師になりたい」と回答するという。しかし、この回答は医学部の面接においてNG。オススメの答え方を知りたい人はぜひ視聴してみよう。

勉強法系　登録者数　〜5,000人

チャンネル名
COMKEN / こむけん
URL : https://youtube.com/c/comken

(2021年6月現在)

● 登録者数＝1,180人　● 動画本数＝60本　● 再生回数＝25万回

| 主な科目 | 英 数 国 物理 化学 | 対象 | 大学受験 | レベル | 東大理系 | 更新頻度 | 月1回 |

▶ チャンネル概要

浪人して東京大学に合格したCOMKEN氏による、勉強法・大学生活紹介チャンネル。科目別の勉強法や受験戦略の紹介のみならず、浪人時代の経験を踏まえた反面教師的内容もある。また大学紹介では東大以外の学生にもインタビューしており、難関校のリアルな声が多く収録されている。

▶ オススメ動画①

COMKEN氏を含めた7名が東大不合格体験記を語った動画。世の中に合格体験記はたくさんあるが、「不」合格体験記はなかなかない。そこで作成した動画とのこと。東京大学に落ちた経験のある6人が、なぜ落ちたのか当時を振り返って赤裸々に語っている。毎日の習慣、勉強法、当時の成績など反面教師にすることで、受験生には参考にしてもらいたい。

運営者　COMKEN

現役東大生のCOMKEN氏が、浪人生活を経て東大、早慶全てに合格した経験から、効果的な勉強法や失敗しないコツを動画にして発信しているチャンネル。
高校3年生から本格的に受験勉強を始めたが、第一志望の東大どころか私大も全て落ちて浪人。動画には、そこから1年間、試行錯誤しながら勉強した経験が詰まっている。また、東大をはじめとした各大学出身の人に出演してもらい、大学の実態についても発信。受験生や将来に悩む学生の助けになるだろう。

🐦 @comxken

DATA
❶ -
❷ 愛知県
❸ -
❹ 東京大学在学中
❺ 大学生
❻ -

🔊 本人からのメッセージ

将来に不安がある人も多いかと思いますが、ひとつの目標に向けて勉強し続けた経験や努力したという事実は、この先の人生で必ず役に立ちます。そして人生でこれほどまでに自分と向き合う機会もなかなかありません。たいへんな時もあると思いますが、ぜひ今この瞬間の勉強を楽しんでください。そのために私もほんの少しだけサポートさせていただきます。

チャンネル名 COMKEN/こむけん

レーダーチャート項目：
- 科目別勉強法: 3
- 学習計画: 3
- 参考書レビュー: 3
- モチベーションアップ: 3
- 大学紹介: 4
- 受験情報・時事ネタ: 2

総合評価 ☆☆☆

使い方
参考書の紹介では「基本」「応用」などと分かれているものもあるが、前提として東大や難関大レベルがターゲットになっている点は認識しておこう。各参考書はテキストでメリット・デメリットなどが表示され、使い方も丁寧に説明されているため実践に移しやすい。勉強スケジュールについても根拠づけと共に提示されているので浪人・現役生限らず参考になるだろう。ただしすでに基礎学習を終えていて東大を目指す段階といった想定のため、基礎を理解していない生徒は別途計画の指針を持つ必要がある。

コラム（講評） 勉強法から大学紹介まで骨太な内容

科目別におすすめ参考書とその使い方のレクチャー、また実際にどういったスケジュールで進めていくかの説明が論理的で、本気で東大を目指す生徒にとって参考になる。さらに合格して終わりではなく、東大の良いところ・悪いところなど大学紹介もされており、モチベーションの向上に役立てることができる。全体のレベル感は高いため、基礎的・日常的な学習というよりは、高3時・浪人時に東大をはじめとした難関大受験をする受験生向け。更新頻度にムラがあるのがネックで、受験の最新情報などタイムリーな内容は少ない。

「東大不合格体験記」など、浪人コンテンツ豊富
浪人という自身の経験も踏まえ、現役時代の失敗や浪人時の受験戦略など、浪人系コンテンツが多いのが特徴。浪人している視聴者にとっては共感でき、自分の勉強方法を見直すきっかけとできる。また現役生にとっては「模試を解き直す」など、一つ一つを謙虚に取り組む勉強法が現役合格につながることが理解できる内容となっている。

有名大学のリアルな声
COMKEN氏が通う東大だけではなく、各有名大学の現役生にインタビューして「良いところ」「悪いところ」「視聴者へのメッセージ」が動画としてまとめられている。内容的には浮ついたものではなく学部・学科や就職など実用的な情報が多いため、受験時のモチベーション維持として活用することができる。

▶ オススメ動画②

現役の名古屋大学生に名古屋大学のメリット、デメリットを語ってもらった動画。
大学の実態は調べても表面的なことしか分からないとの想いから作成されている。名古屋大学を視野に入れてる人にはぜひ参考にしてみよう。

勉強法系 登録者数 5万～10万人

チャンネル名

勉強法系 武田塾チャンネル｜参考書のやり方・大学受験情報

● 登録者数＝9.28万人　● 動画本数＝7,182本　● 再生回数＝1億475万回

（2021年6月現在）

| 主な科目 | 英 数 国 社 理 | 対象 | 大学受験 | レベル | 標準～難関 | 更新頻度 | 毎日 |

▶ チャンネル概要

動画初投稿は12年前と、かなり古い。過去には塾長である林氏の登場も多かったが近年は武田塾チャンネルへの露出は少ない。現在では山火氏、中森氏、高田氏を中心にチャンネル運営を行い、元東進の森田氏を招聘するなどチャンネルの発展に力を入れている。現在は1日2本の動画投稿を必ず行っており、参考書のレビューから勉強法、大学情報、モチベーションに関してなど幅は広い。チャンネル内で大学受験に必要なワードを入れて検索すればヒットする可能性は高い。

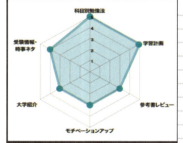

総合評価　★★★☆☆

使い方

他チャンネルと比較しても揃えている情報はかなり多い。ただし大学紹介に関しては旧帝大・早慶上智・MARCH・関関同立に偏りが激しい。ニーズの高い大学なので仕方ない部分はあるが、地方の学生にとっては欲しい動画がない場合がある。モチベーションアップの動画も多め。参考書レビューは時期問わず通年紹介されるが、参考書ルートは改訂される場合があるので最新の動画を見るのがおすすめ。

コラム（講評）　全ての高校生にとって意味のあるチャンネル

「授業を受けても偏差値は伸びない」といった今までにない発言で世間を騒がせた武田塾。過去には予備校不要論といった物議を醸す動画も投稿。しかし受験のノウハウや情報を惜しげもなく無料でYouTubeに投稿し続け、武田塾に通わない生徒からの支持も厚い。授業をしない塾を売りにしているだけあって講義の動画や設問を詳しく解説する動画はないが、「参考書ルート」を提示してくれる。

▶ 特徴

逆転合格を真に受けすぎないよう注意

難関大学への逆転合格を謳う武田塾であるが、偏差値を上げるためには効率的な勉強法だけでは不可能で、一定の時間数の確保は絶対である。受験者数何万人といる中で稀に逆転合格を果たす生徒が数％いてもおかしくはないがフィクション程度に考える方がベター。

勉強法指導・教育系YouTuberのパイオニア

近年主流になりつつある「勉強法指導塾」のパイオニア的存在である武田塾に蓄積された受験情報、勉強法等が惜しみなく公開されている。特に参考書紹介に関しては手厚く、参考書の著者自らが使い方を説明する等、貴重な動画も数多くある。

勉強法系 登録者数 5,000〜1万人

チャンネル名
受験情報ラボ（現論会チャンネル）

●登録者数＝5,360人　●動画本数＝53本　●再生回数＝76万回

(2021年6月現在)

| 主な科目 | 英 数 国 社 理 | 対象 | 大学受験 | レベル | 標準〜難関 | 更新頻度 | 週1〜2回 |

▶ チャンネル概要

元東進講師の柳生氏が立ち上げたチャンネル。成績を上げるには授業を受け、予習や復習をこなしつつ、テストを受けなければならないという考え方である。スタディサプリの講師である柳生氏と有名な予備校講師が出演している。元東進の英語科である森田氏や、日本史の野島氏、スタサプの関氏や肘井氏などが出演。他にもヨビノリのたくみ氏や、武田塾の高田氏、マナビズムの谷澤氏などYouTubeで活躍する講師が出演するなどコラボ動画がバラエティに富んでいる。

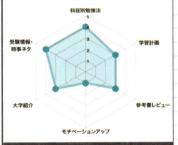

使い方

有名な予備校講師やYouTubeで活躍する講師を動画に呼び、それぞれの講師の得意分野を生かし、参考書や勉強法について解説してもらう動画が多く用意されている。動画全体としては各科目の内容に特化したものが9割程度を占めている。その中でも柳生氏の担当科目である現代文が動画としては多い。

出演している講師は関正生氏を筆頭としたスタディサプリ講師陣が多く、サービスを利用している生徒には特に役立つような話であったり、授業では聞けない講師の裏話なども聞くことができる。

コラム（講評）　元東進の柳生氏が代表を務める現論会チャンネル

柳生氏から現代文に関する勉強法はもちろんのこと、時間短縮につなげるためボールペンの指定やキッチンタイマーの使用なども動画になっている。動画の時間も比較的短いものが多く簡潔にまとめられている。ただ簡潔な動画の場合、勉強法や参考書の良い部分の大枠は話してくれるものの、具体的にいつまでにどれくらいやりましょうといった深く突っ込んだ解説がない動画もあるので注意が必要である。

▶ 特徴

有名な予備校講師やYouTuberが続々と出演

スタサプの有名講師、元東進の講師、武田塾やマナビズムなど、コラボのジャンルがかなり広め。基本は動画に呼んだ講師に勉強法と使うべき参考書について語ってもらっている。現代文と小論文に関しては柳生氏自らの解説動画となっている。

現代文に留まらない、大学受験全般の情報が公開されている

現代文以外の科目に関しても、現論会で実際に使用されている参考書ルートの紹介動画が公開されている。著者自身が有名参考書の使い方や特徴を自ら解説する動画はこのチャンネルだからこそ実現可能な動画であり、一見の価値があるだろう。

勉強法系　登録者数 5万〜10万人

チャンネル名
勉強法系　リケジョの相談室 / ゆばしおり

●登録者数＝5.34万人　●動画本数＝785本　●再生回数＝389万回

(2021年6月現在)

| 主な科目 | 英 数 国 生物 化学 | 対象 | 大学受験 | レベル | 基礎〜標準 | 更新頻度 | 毎日 |

▶ チャンネル概要

「大逆転勉強法」を強みにしている学習塾ミスターステップアップの元塾生であり現講師のゆばしおり氏による勉強法解説チャンネル。ゆば氏自身、ミスターステップアップの勉強法を実践することで京都大学農学部に合格を果たした経歴を持ち、実体験と塾の理論に支えられた勉強法が展開されている。

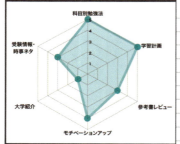

使い方

総合的に受験対策の動画が配信されているが、特に学習計画に関する内容が充実しており、全体のスケジュールと、どのタイミングで何をするかがわかる。月ごとの勉強法動画も上がっているので、実際に立てた計画と各月に応じた実際の進行具合をタイムリーに把握できるつくりにもなっている。また科目別の勉強法についてはなぜこの参考書を選ぶべきなのかロジックが明確に説明されているため説得力が強い。今の学習内容や計画に不安のある受験生は参考にするとよいだろう。

総合評価 ☆☆☆☆☆

コラム（講評）　ミスターステップアップの「大逆転勉強法」が軸

京都大に逆転合格を果たしたゆば氏が紹介するため、内容に説得力がある。季節に応じた受験情報も定期的に更新されており、学習計画のペースメーカーとして視聴することができるだろう。モチベーション系の動画も同様に更新されているため一緒に受験を走っていく感覚を持つことができる。呼吸法や体操など、受験勉強との直接的な関連性は薄いが、身体や生活を整えるなど勉強以外の部分を磨こうというメッセージもみられる。

▶ 特徴

参考書の紹介だけでなく、具体的な使用法の説明
科目別勉強で取りあげられている問題集に関して、レベル感と使い方が解説されている。使い方もいくつかのステップが示されている。同様にノートの取り方についての講義もあるので、インプットの効率に課題がある受験生は確認してみよう。

旬な傾向分析などは手薄
共通テストの分析・総評や、二次試験の例年の出題傾向など、直接的に入試にかかわる受験情報が少ない。そのため科目別勉強法で汎用的な対策はできるが、実際に志望する大学に受かるために＋αで必要な勉強があるのかが伝わりにくい部分がある。

| 勉強法系 | 登録者数 1万～5万人 |

勉強法系
チャンネル名
多賀T/多賀塾公式

● 登録者数＝1.12万人　● 動画本数＝467本　● 再生回数＝469万回

(2021年6月現在)

| 主な科目 | 英 数 理 | 対象 | 大学受験 | レベル | 私立文理 国公立 東京一工 | 更新頻度 | 週3回 |

▶ チャンネル概要

多賀塾の多賀氏が運営するチャンネル。勉強法は個人によると明言しており、その上で「自分だったらどうしていたか」を話している。センター試験や共通テスト後には講義動画もあげるが、普段は勉強法や参考書の紹介動画をあげている。また多賀氏は今現在も東大に受かるために勉強しており、その勉強計画の動画を紹介している。

| チャンネル名 | 多賀T/多賀塾公式 |

使い方

多賀氏と小田チャンの2人で参考書をレビューする動画、自身の勉強も兼ねた学習計画の公開、科目別の勉強法の動画が多い。特に共通テストに関しての動画が多く、数学に関しては問題解説の動画もある。不定期ではあるがライブ配信で受験生の相談に乗ることもあり、生徒を勇気づけるような前向きな言葉を与えてくれる。また、勉強法に限らず、チャート一冊を一日で解き終わるか挑戦したり、自称進学校あるあるを替え歌にしたりなどエンタメ色の強い動画もあり、これらの動画は非常に多くの再生数を獲得している。

総合評価 ☆☆☆☆☆

コラム(講評) 塾講師でありながら東大受験を目指す受験生

勉強法に関しては多賀氏自ら視聴者に向けて「全員がこの方法で上がるわけではありません」と注意を促している。忘却曲線を利用した学習を推奨しており、ある程度進めて立ち止まりきちんと復習するという勉強法を提唱している。東大合格のために自身の勉強のスケジュールを受験期は毎週公開している。定期的にライブを行いチャットで学生の悩みに答えている。

▶ 特徴

ユニークなキャラの塾長

多賀塾の塾長で、すべての動画に出演している多賀氏は非常にユニークな方で、激辛焼きそばを食べながらリスニングを解いたり、自ら一日で参考書一冊を終わらせる企画など常に面白いエンタメ動画もあり、見ているだけで元気をもらえるはずだ。

参考書レビュー

紹介している参考書や問題集の動画は17本。多賀氏が「ベタ」「よくある参考書」と言っているようにレビュー対象の参考書は一般的なものが多い。参考書レビュー動画が2016～2017年に投稿されたもので若干古い。改訂され表紙が変わっている参考書あり。

勉強法系 登録者数 1万～5万人

チャンネル名
勉強法系 センセイプレイスチャンネル 大学受験の勉強法

(2021年6月現在)

- 登録者数＝4.44万人
- 動画本数＝1,505本
- 再生回数＝1,961万回

| 主な科目 | 英 国 社 文系数学 | 対象 | 大学受験 | レベル | 標準～難関 | 更新頻度 | 週4～7回 |

▶ チャンネル概要

「独学コーチング」を掲げる大学受験のオンライン指導を手がける「センセイプレイス」が運営するチャンネル。4年以上更新を続けている。出演者は馬場氏を中心にセンセイプレイスの講師陣が登場。動画の内容は勉強法から参考書レビュー、質問回答等幅広いが、月ごとの学習法や季節ごとに注意すべきポイントなど、実際に塾として指導を行っているリアル感のある動画が特徴。塾が運営しているため更新頻度は安定しており、週に4～7本程度の動画が公開されている。

使い方

動画は安定して更新されており、科目別の勉強法やモチベーションアップにつながる動画が多い。参考書レビューも広く扱っているが、単発的なレビューが多いので他の参考書との比較や、学習計画の中でどのように使うべきかの計画が立てにくいのが難点。ただし1冊についてかなり具体的な使用方法にまで踏み込んで解説しており、自分が気になっている参考書の用途確認には役立つだろう。学習計画はその時期ごとの注意点以外にはあまり触れておらず、大学紹介や時事ネタはあまり扱わない傾向にある。

総合評価 ☆☆☆☆☆

コラム（講評）　私大受験生のためのノウハウが凝縮

国立をテーマにした動画も存在するが、主に早慶・MARCHをテーマにした動画が多い。勉強法や質問回答の動画についても私立文系を念頭に置いたアドバイスが中心。参考書の使い方・勉強法に関する動画は指導経験者ならではの視点が入っており、安心感がある。また、講師陣の経験談や生徒指導経験を元にモチベーションアップにつながる動画も配信しており、定期的に動画を視聴してモチベーション維持をしている受験生も多い。

▶ 特徴

モチベーションアップに効果的

「今から本番に間に合うか」といった、受験生にハッパをかけ、現実的な努力指標を教えてくれるものが多い。受験生がモチベーション維持で利用するチャンネルとしては安定感がある。参考書の使い方を紹介する動画でも、標準的な考え方を伝えてくれている。

学習計画は自分で立てよう

動画のテーマは「今の時期に、次に何をすべきか」などが多いので、長期的な計画を立てたい場合や、参考書の順番を固めたい受験生には物足りないかもしれない。あくまで王道の学習法を紹介しているケースが多いため、学習が一定以上進んでいる生徒は別の情報源も確保したいところである。

勉強法系 登録者数 **1万～5万人**

勉強法系	チャンネル名	**よなたんチャンネル【ゴールを決めろ！】**

(2021年6月現在)

●登録者数＝3.93万人　●動画本数＝972本　●再生回数＝1,107万回

| 主な科目 | 英 国 社 | 対象 | 大学受験 | レベル | 私立文系 | 更新頻度 | 毎日 |

▶ チャンネル概要

偏差値30台から1年で早稲田大学に合格したよなたん氏が偏差値を大幅に上げる勉強法をメインに投稿をしている。動画内容は偏差値を上げるために必要な重要なポイント1つに加えて、細かく何をやるべきなのか講義形式で明示してくれる。

チャンネル名　よなたんチャンネル【ゴールを決めろ！】

（レーダーチャート：科目別勉強法、学習計画、参考書レビュー、モチベーションアップ、大学紹介、受験情報・時事ネタ）

総合評価 ★★★☆

使い方
「○○で9割取る方法」といったサムネイルやタイトルで科目別の勉強法をメインに取り扱っている。モチベーションが上がらない生徒の悩みに対し、どういう策を取るべきかの対話動画が非常にリアル。

コラム（講評）　自身の経験に基づく逆転合格の方法をまとめた動画

よなたん氏は偏差値38のE判定から1年の浪人期間を経て早稲田大学に合格している。その経験を生かし「逆転合格」のタイトルをよくつけた勉強法を紹介している。「僕も○○できなかったんですけど、○○をするようになってできるようになった」と動画内で度々発言しており、現状何かしらの科目や勉強ができない受験生に共感し寄り添っていくスタイルが特徴。

▶ 特徴

逆転合格の中身は基礎の高速学習
よなたん氏自身も動画内で発言しているが、勉強時間の確保は絶対とのこと。浪人時代は1日10時間勉強していたとのことなので、短い時間で楽に逆転合格できるという意味ではない。紹介している参考書を短期間でスピード学習する必要がある。

暗記に王道なし
暗記についての動画が他動画と比べると多く投稿されている。よなたん氏が提唱する暗記のコツは「スピード」と「反復」である。書いて覚えるやり方はNGとしている。スピード感を持って暗記の作業を行い、反復を重ねることが重要だと述べている。

| 勉強法系 | 登録者数 1万～5万人 |

チャンネル名
マスクド先生

勉強法系

- 登録者数＝1.44万人
- 動画本数＝930本
- 再生回数＝804万回

(2021年6月現在)

| 主な科目 | 英 数 | 対象 | 大学受験 | レベル | 基礎～中堅 | 更新頻度 | 毎日 |

▶ チャンネル概要

埼玉の学習塾「県南ゼミ」塾長であり、オンラインで「日本初指導しない塾・武藤塾」を立ち上げたマスクド先生による、大学入試を中心とした受験情報チャンネル。難関大から偏差値50以下の大学までの受験情報が満載で、実際にどういったスケジュールや戦略で受験校を組めばいいのかが解説されている。その点で受験生だけでなく、保護者にもおすすめできる内容。

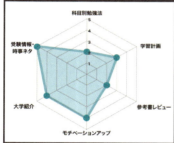

使い方

最も活用イメージが湧くのは実際の受験校選びの時だろう。生徒が受験校を選ぶ際、偏差値や大学ブランドに目が行きがちだが、マスクド先生の動画では入試日程や就職の状況、大学の強みなどの観点からも狙い目の大学・学部・学科の情報を提供している。そのため、今まで関心のなかった大学にも新たに興味を抱ける内容になっている。偏差値帯でいうと早慶・GMARCH・日東駒専から、それ以下の大学も取り上げており、特に中堅程度の学力の生徒にとっては現実的な受験戦略を練る一助になるだろう。

コラム（講評）　飄々とした語り口だが、紛うことなき塾経営者

マスクを被ったマスクド先生。だがその見た目に反して内容に手抜かりはない。細かい大学入試情報を提供しており「情報こそ受験を制する」というテーマになっている。ひょうひょうとした語り口の中にユーモアと、人生経験に裏打ちされた知恵を感じさせる。科目別の勉強法についてのレクチャーは少ないが、それを補って余りある豊富な受験情報が有益なチャンネルとなっており、実際の塾での受験指導に近しい。

▶ 特徴

保護者向けのモチベーションアップ動画もあり

マスクド先生のチャンネルでは保護者向けの動画も存在する。受験期に親がやっていけないこと、やるべきことなど、特に初めて受験生を持つ親にとっては気づきも多い。「出願は本人にやらせる」など盲点だったりもすることも指摘されている。

指導をしない塾とは？

動画の冒頭で「日本初指導しない塾」と枕を添えるマスクド先生。指導しないという意図は情報提供・カウンセリングをメインにするということを指す。大学入試改革の影響も相まって、受験生・保護者ともに受験の現状について正確な情報把握が難しいケースもある。

| 勉強法系 | 登録者数 1万～5万人 |

勉強法系	チャンネル名 **ぎんなん女子部**
	●登録者数=1.48万人 ●動画本数=147本 ●再生回数=296万回

(2021年6月現在)

| 主な科目 | 英 数 国 社 理 | 対象 | 大学受験 | レベル | 標準～東大 | 更新頻度 | 週1回 |

▶ チャンネル概要

東大生女子4人組のチャンネルで、主に東大の学生生活や受験勉強のやりかたについての内容を配信している。勉強法については受験生におすすめの参考書の進め方や、東大受験時代の自分たちのエピソードが豊富。学生生活編については学科の紹介から恋愛系ガールズトークまで幅広い。

総合評価 ☆☆☆

使い方

紹介されている参考書や勉強法は汎用的な範囲もカバーしているが、最終的な目標は東大レベルに据えている。東大レベルを志望する受験生は、まず科目別のレクチャーで参考書や勉強法を吸収しよう。赤本の進め方・地歴科目の選び方・受験校の選び方といった受験期の各トピックも配信されているので、それらについて課題のある生徒は動画を参考にすることができる。注意点としてはメンバーそれぞれのスタート地点における学力がどの水準だったか若干見えにくいため、視聴者の現状の学力や時期によってはモデルにするのが難しいケースもあるだろう。

コラム（講評）受験勉強に対するストイックさと、大学生活のゆるさが融合

勉強法・おすすめの参考書といった内容は概ねカバーしている。自分たちの受験期の体験談も交えており、モチベーション維持の側面で役立つ内容。一方で受験情報や高校生活全体を通しての学習スケジュールの提示といった指導的な側面は薄く、実際に何をするかは基本的に視聴者側の判断になっている。その他、東大といった点にあまりこだわらないキャンパスライフを取り上げており基本はゆるい動画が多い。

▶ 特徴

東大合格までのヒントが豊富

4人組のチャンネルということもあり、東大合格までの過程や用いた参考書はそれぞれ異なる。伴って、それぞれのテーマについてのトークという側面が顕著で、各人の本音が引き出される構成になっている。その中で勉強のヒントがたくさん出てくるので、必要な情報を選んで取り入れよう。

東大をカジュアルに解剖する

大学周辺の状況や恋愛・サークル・文化祭といったカジュアルな内容が多く、東大とは言えどあくまで「普通の大学生」としての側面にフォーカスされている。受験生にとっては受験勉強の苦労に末に手に入れられるだろう華やかな大学生活をイメージできる。

勉強法系	登録者数	1万〜5万人

チャンネル名

勉強法系 オンライン家庭教師のメガスタ公式チャンネル

●登録者数=1.35万人 ●動画本数=430本 ●再生回数=467万回

(2021年6月現在)

主な科目	英語	対象	大学受験	レベル	標準〜難関	更新頻度	週2〜3回

▶ チャンネル概要

「オンライン家庭教師のメガスタ」が進路支援のために創設したチャンネルで、スピーカーは「日本の大学全部行った男」である山内太地氏。大学紹介と進路指導に特化した内容で、大学研究家としても著名な山内氏の知識が存分に展開されている。標準レベルから難関校まで、様々な大学の学部・学科の情報を網羅している。

チャンネル名　オンライン家庭教師のメガスタ公式チャンネル

科目別勉強法
学習計画
参考書レビュー
モチベーションアップ
大学紹介
受験情報・時事ネタ

総合評価 ☆☆☆☆

使い方

進路が明確に決まっていない、そもそも将来やりたいことが見えない、といった受験生が大学選びをする際に有効な情報源となる。首都圏から地方まで、有名大学から比較的マイナーな大学まで紹介されている。その大学の学部・学科で何を勉強できるか、また就職の情報などが詳細に提供されており、受験生・保護者双方にとって役立つ内容となっている。大学同士の比較もなされており、イメージだけではない、根拠のある志望校・併願校選びの参考になるだろう。

コラム（講評） 大学研究家としての圧倒的な知識量

大学研究家として国内全ての大学に足を運んだ山内氏の圧倒的な知識量がコンテンツの肝となっている。一般的な偏差値という観点だけでなく、就職・専門性・伝統・文化・立地など多様な切り口で大学が紹介されているため、大学選びの幅が広がる。ただし医学部など特定領域の学部の情報は少ない。また科目別の勉強法や参考書レビューなどは基本的に配信されていない。

▶ 特徴

「たて」だけではなく「よこ」の志望校選びも

各大学の学部が紹介されており、専門性や就職の情報を収集することができる。また心理学部や経済学など特定の学部をピックアップし、複数の大学での特徴を比較するといった動画もある。大学そのもの、あるいは学部、いずれの観点からでも参考にすることができる。

入試そのものについても多様なアドバイス

一般入試だけでなく、AO入試や総合選抜の紹介など、多様な入試制度の利用も推奨されている。またコロナなど社会情勢も踏まえた志望校の決め方など独自の分析もなされている。何が自分にとってベストか時に判断が迷うこともあるかもしれないが、選択肢の種類がたくさんあることそのものは、知っておいて損はないだろう。

| 勉強法系 | 登録者数 1万〜5万人 |

チャンネル名
英語のこやま

勉強法系

●登録者数＝1.83万人　●動画本数＝32本　●再生回数＝131万回

（2021年6月現在）

| 主な科目 | 英語 | 対象 | 大学受験 | レベル | 標準〜難関 | 更新頻度 | 不定期 |

▶ チャンネル概要

慶應卒のこやま氏が大学受験に向けた勉強法とTOEICの勉強法について解説している。勉強法に関しては大学受験にもTOEICにも通ずる話が多く、TOEICの点数とセンター試験の点数を対応させることもある。長文の読み方について解説した動画が多いが、音読不要論を唱えている珍しいチャンネル。「長文をスラスラ読めるようになるためには」という趣旨の動画が多い。

使い方
英語の勉強法に特化しているが、特に長文に関しての見解を述べている動画が多め。長文に関する動画が多いので、スラスラと長文が読めるようになりたい生徒は視聴してみるのも良いだろう。会話表現の動画では細かな表現の差によるニュアンスの違いを解説してくれる。また、「早慶志望生なら使うべき参考書」などの動画もある。投稿が不定期で1年半以上投稿がない期間もあるため、最新情報は他のチャンネルも活用しよう。

コラム（講評）　英語長文の速読について

速読を身につけたいと思っている学生向きのチャンネル。一方で間違った速読の危険性について言及し、ただ飛ばし読みをして点数を悪化させている人が多いことに警鐘を鳴らしている。「速読とは精読のスピードが速くなること」という持論を述べ、単語力と文構造への慣れの重要さを説いている。実際に大学の入試問題でどのように読んでいくかを解説するなど、文をスラスラ読むことへのこだわりを強く見せるチャンネルである。

▶ 特徴

よく出る発音アクセント問題の解説
センター英語200点の慶應卒がアクセントのルールや要注意の問題を教えてくれる。パターンの問題に関して説明が丁寧で、「何となく」で解いている人にとっては貴重な動画となるだろう。

とっつきにくいテーマの長文対策に
「難解な文章が多い」と言われる早慶の長文対策として、難しい構文が勉強できる参考書と英単語帳を1冊ずつ勧めている。難解な文構造を読み解く訓練を積み、背景知識を身につければ推測しながら読めるので得点アップにつながるとしている。

勉強法系 | 登録者数 10万人〜

勉強法系

チャンネル名
藤白りり

● 登録者数=13.6万人　● 動画本数=92本　● 再生回数=1,078万回

(2021年6月現在)

| 主な科目 | 英 数 物理 化学 古文 | 対象 | 大学受験 | レベル | 医学部 | 更新頻度 | 週1〜2回 |

▶ チャンネル概要

現役の東京医科歯科大学の医学生である藤白りり先生が、科目別勉強法・勉強スケジュール・受験全般のアドバイスを行う医学部対策向けチャンネル。医学部予備校ACE Academyの記事との提携が多く、自身の経験だけに寄らない客観性の高い内容となっている。勉強以外ではメイク・美容の他、りり先生の日常をゆるく配信中。

使い方
「受験アドバイス」の動画を通じて、一通りの科目別勉強法や学習計画が紹介されているのでまずはこちらに目を通そう。医学部予備校ACE Academyによる医学部受験バイブルの内容を参照、またはコラボしているので、りり先生自身の考えだけでなく、客観性のあるアドバイスも多数。りり先生の意見を先輩の実体験として、医学部受験バイブルからの引用はプロ目線の指導として捉えるのがよいだろう。また参考書レビュー・勉強法動画の本数は少ないが、その分これをやればいいというのが明確になっている。

コラム(講評) 医学部対策のトピックが充実。科目別勉強法は汎用的

医学部を目指す受験生中心の対策動画が配信されており、医学部の志望校の選び方や奨学金の話題なども取り上げられている。「先生」ではなく受験生目線からの勉強法紹介が多いので、りり先生自身の考えは先輩のケースとして捉え、より詳細で専門的なアドバイスは概要欄でリンクのある医学部受験バイブルの記事を参照するとよいだろう。

▶ 特徴

教育系の動画は全体の一部
りり先生のチャンネルでは受験対策の他、メイク・美容・ダンスや日常系のゆるい動画も配信されており、それらも人気。受験特化の動画が多いわけではないが一つの動画にエッセンスが詰め込まれており、高校3年間のどの時期に何の問題集をこなせばいいか等、具体的な学習計画アドバイスが網羅的に紹介されている。

モチベーションアップ動画多数
りり先生の華のあるキャラクターも相まって、どの動画を見ても元気が湧く作りになっている。医学部女子の日常が配信される動画を見て、受験生は大学生活に向けてのポジティブなイメージを形成することができるだろう。

勉強法系 登録者数 5,000人〜1万人

チャンネル名
専門塾 学生インタビュー

●登録者数＝7,970人 ●動画本数＝147本 ●再生回数＝228万回

（2021年6月現在）

| 主な科目 | 英語 | 対象 | 大学受験 | レベル | 標準〜難関 | 更新頻度 | 週3〜4回 |

▶ チャンネル概要

東大・早慶をはじめとして、都内の有名大学の学生への街頭インタビューが多数配信されているチャンネル。受験時に苦労したことや勉強法、現在の大学での勉強や生活について大学生のリアルな声が収録され、受験生が共感をもってモチベーションをアップできる構成になっている。提供は株式会社Nogifaが運営する青学専門塾。

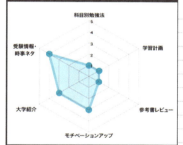

総合評価 ☆☆☆

使い方

東大・早慶・MARCH・日東駒専と誰もが知っている大学の紹介がされている。東京の大学を受ける受験生は、併願も含めてこれらの学校を複数受験するケースも多いだろう。その際に現役の大学生から「大学に点数をつけると何点？」「キャンパス周辺でよく行く店は？」「オススメの授業は？」といった具体的な声を聞くことでモチベーションの向上につなげることができる。映像・音声の綺麗な街頭インタビューのため、その点でも「都会的でお洒落な大学生活」のイメージが形成されやすく、受験生の気持ちにプラスに働きやすい。

コラム（講評） スタイリッシュな青学専門塾

運営の青学専門塾は「ゼロから青山学院大学へ合格すること」を目標にしている。スタイリッシュなHPになっていて、チャンネル内の動画もお洒落な映像だ。大学生が真摯にインタビューに回答しているものが多く、努力を積み重ねてきたことがうかがえる。受験生はぜひ自身が志望している大学についての「満足度」「オススメ授業」を見てみよう。「こういう人になりたい」というモデル像を見つけることができるだろう。

▶ 特徴

様々な大学生に「触れる」機会

各大学で複数の大学生にインタビューしているため、様々な大学生のパターンに触れることができる。大学への満足度や授業などは比較的真面目な回答が多く、一方で志望校を選んだ理由は「かわいい子が多いから」といったものもある。

勉強法はあくまでモチベーションアップの一つ

インタビュー内ではいくつかの質問に対して現役大学生が回答する形式。一人一人が勉強方法やスケジュール管理についても言及する場合があるが、インタビュー形式のため当然各々回答が異なっており、抽象的な内容も多い。

勉強法系　登録者数　1万〜5万人

チャンネル名
勉強法系　いだちゃんねる【京大生の日常】

- 登録者数＝4.75万人
- 動画本数＝96本
- 再生回数＝3,567万回

(2021年6月現在)

| 主な科目 | 英 数 理 社 | 対象 | 大学受験 | レベル | 標準〜難関 | 更新頻度 | 週3回 |

▶ チャンネル概要

現役の京大生であるコバ氏とサイコ氏によるチャンネル。他にもあっくん氏やSK氏が登場。京都大学に関する受験生に向けた情報や、京都大学入学後についての紹介動画も多数発信している。関関同立を扱う動画も多いので関西の大学志望者に向けたチャンネル。受験勉強に関する企画だけでなく、チャンネル名にもあるように、京大生の日常もかなり多く発信している。ドッキリ企画やあるあるネタなどのYouTuberらしい動画も魅力的。

チャンネル名　いだちゃんねる【京大生の日常】
総合評価　★☆☆

使い方
京大に合格した投稿者が使っていた参考書を紹介する。京大の過去問を扱う参考書一覧と、一般的な参考書も教えてくれる。どの時期に使っていたかなどの情報も勉強計画の参考になるだろう。大学紹介は京都大学が圧倒的に多いが、旧帝大や関関同立についての情報も発信。勉強と全く関係ない動画も同じチャンネル内に一定数存在するため、勉強法を調べようと思ったら関連に出てきたいろいろな動画を見てしまっていたとならないように気を付けよう。

コラム（講評）　センターと二次試験の比重の違いを考える

現役時に京大志望だったサイコ氏はセンター試験で地理満点、合計81%の得点率で合格判定Cを取っている。しかし二次で失敗し一浪を経て京大に合格をしている。浪人時のセンター得点率は79%で現役時より下がったが、点数の比重の大きい二次試験の重要性を浮き彫りにした。こうした実体験から、京大受験でのセンター試験（共通テスト）と二次試験にかけるべき勉強時間を科目ごとに具体的に語っている。

▶ 特徴

京大生100人に聞いたお世話になった参考書ランキング数学編
なんとTwitterなどで使った参考書を集計したのではなく、実際に京大の友達に聞いて回ったという苦労の見える企画。1位から10位までランキング化。8位には塾や学校の教科書という意見もランク入り。

関関同立のイメージを京大生が語る
京大生という地の利を生かして関関同立のイメージや実態を偏見も混じりながら語っていく。どこがオシャレだとか、飲み屋街が近くて良い、女子との交流がしやすいなど大学生になったら楽しめそうな話題をたくさん提供してくれる。

勉強法系	登録者数 ～5,000人

チャンネル名
【MEI-PASS】明治大学合格チャンネル

- 登録者数＝2,630人　● 動画本数＝85本　● 再生回数＝95万回

(2021年6月現在)

| 主な科目 | なし | 対象 | 大学受験 | レベル | 私立文理 | 更新頻度 | 週2〜4回 |

▶ チャンネル概要

MEI-PASSの代表菅澤孝平氏による明治大学を専門にしたチャンネルだが、MARCHという括りでも情報を発信する。自ら「明治大学合格コンサルタント」と名乗る。明治大学の情報がとにかく多いが、比較対象として明治大学と偏差値帯の近い大学も登場する。さまざまな大学を明治大学目線で語っていくため、少々過激な内容になることもしばしば。黄色と赤色の大きな文字のサムネイルが特徴的で、一目でわかるような作りになっている。

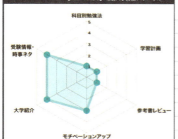

使い方
明治大学の情報量が圧倒的に多く、内容面においても学部を分けて分析した詳細な情報となっている。明治大学を軸にしながらMARCHの中で比較していくことが多い。早慶や日東駒専の情報もあるが、基本的には明治大学と比較してどうか？という内容になっている。動画の内容としても明治大学を推す内容が多いため、コメント欄で論争が起こることも多々ある。入りやすい入試方法やMARCH全体の中での狙い目学部に関する動画などもあるため、興味のある人は見てみるとよいだろう。

コラム（講評）　明治大学へ逆転合格への鍵は「自学自習」

偏差値30や40からでも明治大学へ逆転合格することが可能と謳っている。ただそれに関する各科目の勉強法や使用する参考書などはYouTubeでは公開されておらず、運営するオンライン家庭教師への相談及び入会が必要となる。毎日の自学自習によって、週1回しか授業がない予備校生の7倍のスピードで勉強できると主張しているが、予備校生は授業がない日でも勉強はしていると思われるので7倍という数字の定義に関しては曖昧さが残る。

▶ 特徴

明治大学全10学部を徹底比較
国際日本学部の留年率、商学部のゼミ開始時期が特徴的、政治経済学部は単位取得が比較的楽だが数学が必須であることなど、明治大学の各学部の特徴を語っている。また勉強する内容や入学後に覚悟が必要なことなども教えてくれる。

明治大学に逆転合格した生徒が登場
偏差値30から明治大学経営学部に合格した生徒というタイトルで動画に登場するが、勉強を始めたのは高2の3月ですでに偏差値は50前半。偏差値30だったのは国語である。タイトルの文言と事実に若干の相違があるので注意。

勉強法系　登録者数 非公開

チャンネル名
【偏差値動画】大学受験の雑学
勉強法系
● 登録者数＝非公開　● 動画本数＝64本　● 再生回数＝24万回

(2021年6月現在)

| 主な科目 | 英 国 | 対象 | 大学受験 | レベル | 私立文理 | 更新頻度 | 週4回 |

▶ チャンネル概要

浪人後、早稲田大学に合格したたなまる先生による受験情報チャンネル。偏差値ランキングをもとに、大学ごとの学部紹介や、各学部で学べる内容などの情報を提供している。単純に偏差値を伝えているだけではないため、進学後に学ぶことをイメージするのに役立つだろう。勉強法についての動画やモチベーション管理に関する動画も存在している。

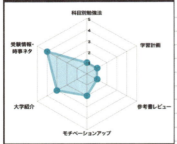

使い方
進路選択の際に活用できる動画が多い。各動画はそれぞれテーマ性をもっており「学部別の偏差値ランキング」「大学別の偏差値ランキング」「地方大学の特徴紹介・ランキング」など多様。また日東駒専は意外と難しいなど、受験生の盲点になるようなメッセージも存在している。自分が興味を持っている大学や学部についての動画をチェックしてみると、今までと異なる視点が得られる可能性もあるだろう。勉強法については英語・国語を中心に、おすすめの参考書や勉強法を提供している。基礎から早慶クラスまで、多様なため、受験生の志望校のレベルに応じて参考にできる。

コラム(講評) 独自の切り口が新鮮な受験情報チャンネル

大学ランキングを中心に「勉強雑学」を提供している。また早稲田の得点調整・成績標準化や、早慶ダブル受験のデメリットなど、あまり他の教育系チャンネルで取り上げないようなテーマも。ただしチャンネル・動画の概要欄の情報が少なく、たなまる先生自身の人となりがいまいち伝わりにくい。視聴者はまず実際に自分の目で各動画を見て、自分の課題に合ったチャンネルかどうか判断する必要があるだろう。

▶ 特徴

大学の基本的な情報がわかる
「文学部では何を学べるか」などの基本的なことを説明した上で、大学・学部を紹介している。そのため受験学年だけではなく、これから進路を考える高1・2生も親しみやすい内容となっている。ただし入試傾向の分析よりも、大学紹介の側面が強い点は留意しておこう。

勉強法は幅広いレベル感
日常的な学習について、または赤本・青本を比較した入試対策アドバイスなど、受験期の各局面に応じたさまざまな勉強動画が上がっている。レベルも日東駒専から早慶レベルまで、志望に応じた内容を視聴できる。再生リストは未整備。

| 勉強法系 | 登録者数 10万人〜 |

チャンネル名
日常でんがん

●登録者数＝23.2万人　●動画本数＝78本　●再生回数＝2,395万回

（2021年6月現在）

| 主な科目 | 英　数 | 対象 | 大学受験 | レベル | 国公立理系 | 更新頻度 | 週2回 |

▶ チャンネル概要

有名YouTuberであるでんがん氏が「人生に迷った10代」にフォーカスしたコンテンツを配信している。自身の体験をベースとした勉強法・模試活用法の紹介、またモチベーションアップのための内容が中心。同時に勉強系のチャレンジ企画、日常系動画、コラボなど、受験以外のトピックも多い。

使い方
浪人を経て大阪大学に合格したでんがん氏の経験をもとに、大学受験に向き合う心構えの形成に力点が置かれており、モチベーションアップに活用できるだろう。また、模試の受験後に取るべき行動についても詳細に説明されている。でんがん氏自身が受けた模試結果を取り上げ、模試の傾向を把握するとともに自分に足りていない知識・戦略性・語彙力など、ストイックな分析がなされている。そういった分析をもとにした反省と指針を日常の勉強にフィードバックするのが狙いで、難関大オープンなどを受験する生徒にとって参考にできる点が多い。

総合評価　☆☆☆

コラム（講評）　熱いメッセージにあふれる受験生応援チャンネル

各動画から、でんがん氏の勉強に対する想い、また今受験の渦中にいる若者への応援メッセージが溢れている。環境を言い訳にしない勉強方法・態度形成など、勇気づけられる内容多数。実践的な模試活用法や英語・理数の勉強方法レクチャーもある。ただし受験と関連性の薄い日常動画や、直接的には真似できない勉強チャレンジ企画もあるため、体系的な構成ではない点には留意しよう。

▶ 特徴

モチベーション系の動画は万人に当てはまる

塾講師、サラリーマンとしての経験もふまえた教育論は受験生だけでなく一般の視聴者にも目標実現の参考になるだろう。夢を描く際に重要なのは「知見と経験」というメッセージは、近視眼的になりがちな日常において本質を見失わない物の見方を提供している。

豪華なゲスト陣にも注目

教育系の有名YouTuberとのコラボ動画も多数。ヨビノリたくみ氏や鈴木貫太郎氏らと勉強に関しての対談を行ったり、将棋対決をしたりと、ためになりかつエンターテイメント性に富む内容だ。いずれも「真剣勝負」の内容になっているのがポイント。

勉強法系　登録者数　5万〜10万人

チャンネル名
勉強法系 **海外塾講師ヒラ**
●登録者数＝5.08万人　●動画本数＝389本　●再生回数＝418万回

(2021年6月現在)

| 主な科目 | 英 数 国 社 理 | 対象 | 高校・大学受験 | レベル | 標準〜難関 | 更新頻度 | 毎日 |

▶ チャンネル概要

顔も全身も真っ黒な姿が特徴的なヒラ氏によるチャンネル。主に中学生に向けた勉強法を発信している。入試に関してだけではなく、定期テストから普段の勉強に至るまで、かなり具体的なアドバイスを聞くことができる。動画は基本的にホワイトボードを使った講義形式で進み、モチベーションを上げる方法や勉強法について、生徒の目線に立った話をしてくれる。

チャンネル名　海外塾講師ヒラ

(レーダーチャート：科目別勉強法、学習計画、参考書レビュー、モチベーションアップ、大学紹介、受験情報・時事ネタ)

総合評価　★★★☆☆

使い方
対象は主に中学生であるが、モチベーションアップの話などは高校生にも共通する話であるので、参考にすることができる。時期に合わせて模試の対策や定期テストの対策について話していたり、〇月の勉強法という形で具体的なアドバイスをしているので、自分に今必要な情報を手にすることができるだろう。このチャンネルを定期的に見ることで、自分の学習の進度が適切かどうかのペースメーカーとすることができる。

コラム(講評)　勉強は考え方がすべて

なぜ勉強するのか、勉強をする目的は何なのか、各科目でどういった勉強法を取ることが点数アップにつながるのか、「考えるという癖」を身につけさせてくれる動画になっている。論理的に説明を行ってくれるので、しっかりと勉強に対する考え方も身につけたい中学生、高校生にとっては有益な情報になるかもしれない。勉強に向かう姿勢や手順を学びたいならば豊富な動画が用意されている。

▶ 特徴

勉強が辛くなったら？
勉強が辛くなったらまずやることは、自分は何のために勉強しているのかを自問自答し「目的を考える」ことだと話す。「目的があると、今日は勉強をやめておこうかなという悪魔のささやきにも勝てる」と主張している。

英語の長文を速く読むためには
英語の長文を速く読めるようにするためには音読が重要だとしているが、ただ音読をするだけではダメで、文法から構造を捉える力、前から読んで意味を捉える力を備える必要があるという。

勉強法系 登録者数 **1万～5万人**

勉強法系

チャンネル名
パカスタ / 勉強チャンネル

● 登録者数＝2.92万人　● 動画本数＝13本　● 再生回数＝58万回

(2021年6月現在)

| 主な科目 | 英 数 国 社 理 | 対象 | 大学受験 | レベル | 標準～難関 | 更新頻度 | 週2～3回 |

▶ チャンネル概要

登録者数50万人超えの人気YouTuberパーカー氏による勉強法専門チャンネル。主に英語や数学の勉強法について触れられており、他にもスケジュール管理の方法や自身の受験の失敗について語ったり、視聴者からのお悩み相談であったり、朝の勉強配信というライブ配信も不定期で行っている。人気YouTuberだけあって動画は他チャンネルと比較しても見やすく編集されており、独特の語り口で視聴者に寄り添ったアドバイスをしてくれる。

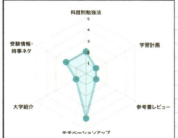

チャンネル名　パカスタ / 勉強チャンネル	使い方
（レーダーチャート：科目別勉強法／学習計画／参考書レビュー／モチベーションアップ／大学紹介／受験情報・時事ネタ） 総合評価　★☆☆	神戸大学に通う現役の大学生が受験で偏差値を伸ばした英語と数学の参考書や問題集について、自身の体験に基づいて解説してくれている。スケジュールを立てるコツという動画や、モチベーションを維持する方法についての動画もある。視聴者からの質問に回答する動画では、受験生であれば誰でも陥りがちな悩みについて答えてくれているので、同じような壁にぶつかった際には参考にしたい。動画一本当たりの時間は短く、本数も少ないので、気になる内容に関してまとめて視聴しても問題ないだろう。

コラム（講評）　勉強に関する情報を丁寧にわかりやすく教えてくれる

視聴者に伝わりやすいよう配慮した動画が特徴的。「効率よく英単語が暗記できるようになった方法」という動画でも、その暗記の作業の様子が丁寧に紹介されており真似しやすいよう考えられている。「覚えたものを思い出そうとしているときに記憶が定着しやすい」という持論を展開し、他科目の暗記においても応用できると明言している。真面目な印象が強いパーカー氏だが「勉強の戦略はとにかく（学校の）授業中に内職すること」という発言も。

▶ 特徴

勉強に集中できる方法

時間を意識し計ることによって、勉強量を数値化・可視化することでモチベーションアップにつながるとしている。気が散りやすいスマホでの時間計測は推奨せず、ストップウォッチを使うことがオススメであるとしている。

動画の最後の一言に思いを込める

動画の最後に口にする一言は格言とも呼べる内容で必見。動画内容を具体的に理解し、最後の格言で理解度を深めることができる。勉強のモチベーションにもなりうるので最後まで視聴するのがオススメ。

勉強法系 登録者数 ~5,000人

チャンネル名 二浪のワセジョ

勉強法系

● 登録者数＝4,770人 ● 動画本数＝60本 ● 再生回数＝70万回

(2021年6月現在)

| 主な科目 | 英 国 日本史 | 対象 | 大学受験 | レベル | 早稲田文系 | 更新頻度 | 週2～3回 |

▶ チャンネル概要

二浪の末、早稲田大学に合格を果たしたきな子氏の教育系チャンネル。各科目の勉強法のほか、仮面浪人・多浪生活の中でのメンタルなどについて言及している。なぜ二浪までして早稲田を目指したのか、また浪人時代の心の動きなどが詳細に配信されており、勉強が思うようにいかない受験生にとっては共感できるとともに自己反省を促す内容となっている。

使い方
早稲田受験で9割とるための勉強法・参考書の紹介が中心。本気で早稲田を目指すための参考書がレビューされている。個人的な意見に寄っているケースもあるが「二浪して早稲田」という点が説得力を与えており、これをやり込めばいいのかと参考になる内容だ。また現在予備校で教えている経験も踏まえ、各科目で苦手な人向けの勉強法も同時に紹介されている。視聴者はやるべきことを決めたあとは、メンタルや浪人事情について語っている動画を見てみよう。

コラム(講評) 多浪生からみた受験勉強の「ぶっちゃけ」

受験のシビアな現実を見据えた動画が多く受験生、特に浪人生は精神的な面で学ぶところが多い。きなこ氏自身が自分の受験生活の中で反省すべきだった点なども細かく述べられており、特に「スタディプラスで点数を盛ることで自己肯定感を確保していた」など、学校の先生や塾講師が気づきにくい間違った勉強法の紹介は衝撃的。視聴者からの質問コーナーでの返しも、濃度が高い内容になっている。

▶ 特徴

早稲田を目指す受験生は参考にしやすい
合格までに使った参考書やその活用法が紹介されているので、本気で早稲田を目指す受験生は一つのケースとして参考にできる。動画に出てくる使い込まれた日本史参考書に驚いた受験生もいるだろう。ただし、受験する科目や学部が違う場合は他でも情報を探そう。

受験や浪人生活について、重みのある言葉
勉強や浪人というものに現実的で、手厳しい意見が述べられる場合もある。「受験には向き不向きがある」「第一志望に受かったからといって人生薔薇色にならない」など本人の経験に裏打ちされた言葉には重みがある。

勉強法系　登録者数 1万〜5万人

チャンネル名
勉強法系　クリリン【医大生tuber】

●登録者数＝1.81万人　●動画本数＝56本　●再生回数＝213万回

（2021年6月現在）

| 主な科目 | 英 数 国 社 理 | 対象 | 大学受験 | レベル | 医学部 | 更新頻度 | 週2〜3回 |

▶ チャンネル概要

地方公立高校から京大医学部に現役合格したクリリン氏のチャンネル。自らの医学部受験の経験を生かして科目別勉強法・スケジュール管理や、医学生の日常についての情報を発信。また公式ブログ「クリクリ教室」ではYouTubeチャンネルの受験勉強と関連する内容についてより詳細に記されている。

使い方
医学部の壁は並大抵の努力では太刀打ちできない。その点、このチャンネルでは高1・2期からの学習スケジュールも動画に上がっており、早め早めの対策を意識できる。また、各科目の勉強法や参考書、さらにそれぞれどの時期に何をしたのかまでが一気に紹介されている。国語など、自分が実践してうまくいかなかった点も含めて分析されており、参考になる方法が提示されているといえる。ブログの記事と並行してこれらの動画を活用することで、より一層学習の進め方が理解できるだろう。

コラム（講評）　スマートな語り口で、受験から医学部の生活まで配信

モチベーションアップのための精神論的動画が多め。その熱い内容については医学部以外の受験生にとっても示唆に富む内容となっている。また医学生の日常動画においては医学部での勉強や国家試験のトピックも含まれていて、本気で医学部を目指す生徒にとっては興味深い内容が多い。一方で各大学の入試情報はほぼ取り扱われていない。実際に受験校を選択する際、他の情報源も参照する必要があるだろう。

▶ 特徴

シンプルだが使いやすい動画構成
タイトルに沿ったテーマについてしゃべり、そこにテロップが付くというシンプルな配信形式。長尺だったり、動画のテーマが小項目に分かれたりする場合は概要欄にチャプターがつけられており、必要な箇所にすぐ飛べる親切な設計になっている。さらに詳細を知りたい場合は公式ブログも併せて活用するとよいだろう。

ロジックに加え、熱い叱咤激励
多くの動画で勉強に対するクリリン氏の強い意志を感じることができ、医学部を目指す受験生も感銘を受けるようなオーラがある。中学生の頃から医学部を志してきたという熱量と、高い客観性が両方存在している。

勉強法系 登録者数 5,000〜1万人

チャンネル名
大学受験ちゃんねる
勉強法系
- 登録者数＝5,800人
- 動画本数＝785本
- 再生回数＝195万回

(2021年6月現在)

| 主な科目 | 英数国社理 | 対象 | 大学受験 | レベル | 標準〜難関 | 更新頻度 | 毎日 |

▶ チャンネル概要

大学紹介が非常に多いチャンネル。出題傾向の変更から、○○大学英語など、基本どの動画にも大学名が入っている。その大学の幅も東大京大を含む旧帝大から始まり、地方国公立、早慶上智、MARCH、関関同立など網羅の範囲は広い。特に早稲田大学に関する動画が多い。

チャンネル名　大学受験ちゃんねる

レーダーチャート項目：科目別勉強法／学習計画／参考書レビュー／モチベーションアップ／大学紹介／受験情報・時事ネタ

総合評価　★★★

使い方
大学情報の紹介がメインだが、その他にもオススメの参考書紹介や、大学入試の志願者速報、さらには私大をメインにさまざまな大学の入試分析などの動画もあり、各予備校などが出しているデータをまとめて紹介してくれている。特に最新の偏差値や入試志願者数の情報については毎年アップデートされており、首都圏の私大については日単位で速報を出してくれる。全体の動画を通じて各予備校が出しているデータなどをもとにしているため情報に信ぴょう性はあるが、最新の情報でない可能性もあるため最終的には自分で確認することをオススメする。

コラム（講評）　受験者が多い人気のある大学を幅広く多角的に紹介するチャンネル

東大1つとってもその紹介内容は多岐にわたる。東大の文科○類の説明から始まり、入学後の進振り制度の説明、センター試験安全圏内％（投稿者の主観）、各科目の出題内容と特徴まで説明する。東大文系数学は東北大学と北海道大学の数学で対策を勧めるなど、幅広い過去問の研究を行っている。また、時期に合わせた動画を投稿するのが特徴で、共通テストの直後には難易度変化を取り上げ2月の時期になると志願者速報が連日投稿される。

▶ 特徴

動画本数自体も多く、特に早稲田大学が圧倒的
再生リストだけでも130本用意されており、各学部の文系科目を解説する動画が目立つ。【早稲田道】というタイトルで参考書紹介が行われ、早稲田は投稿初期の頃から動画が多い。問題を解く手元を映した講義動画も志望者には参考になるかもしれない。

関東関西を中心に中堅大学紹介も
日東駒専や産近甲龍はもちろんのこと、成成明学獨國武や大東亜帝国などの大学群も紹介。本数こそ多くはないが東大京大も扱っていることを考えるとかなり幅広く対応していると言える。どういった大学なのかから、出願速報まで複数の要素を持った動画を出している。

勉強法系　登録者数　1万〜5万人

チャンネル名
勉強法系　さおりんモチベ倶楽部
●登録者数＝2.59万人　●動画本数＝62本　●再生回数＝362万回

(2021年6月現在)

| 主な科目 | 主に英語 | 対象 | 大学受験 | レベル | 早稲田 | 更新頻度 | 週1〜2回 |

▶ チャンネル概要
元ミスコングランプリの早稲田卒さおりん氏によるモチベーションアップのためのチャンネル。取り扱っているのは勉強系、恋愛系、そのほか社会人生活など幅広い。大学受験に特化したチャンネルではないが、英語を中心に早稲田に合格するための1日の勉強スケジュールや参考書の紹介が成されている。

使い方
体系的な勉強法の紹介ではないため、視聴する際はすでに目標を持ち、やるべきことが見えている状態であることが前提となる。そのうえで、なかなかだらけてしまって手がつかないときなど、受験生の一日の過ごし方動画を参考にモチベーションの維持につなげるのが良い。またさおりん氏は英語が苦手だったということで、英語を身につけるためのアプローチが様々紹介されている。その中でも朗読が推奨されているので、同じ点で躓いている生徒は勉強ルーティンの中に取り入れてみるのもいいだろう。

総合評価　☆☆☆

コラム(講評)　さおりんから学ぶ努力
勉強系コンテンツに関しては、偏差値47の高校から早稲田に合格するまでの勉強法と自身が使った参考書、どうやってモチベーションを維持したかの方法が主に紹介されている。英語が特に苦手だったというさおりん氏は夏まで基礎を徹底することを説き、そのために英語長文の朗読を重要視している。焦る感情に負けずにルーティンを徹底する勉強のやり方なども高3生は参考にすることができるだろう。受験のほか、TOEICなどの資格を扱った動画も有り。

▶ 特徴
実体験ベースのため、視聴する際は目的を明確に
紹介されている参考書は「わかりやすく丁寧」という点に主眼が置かれており、基礎範囲のカバーには適している。ただし、秋以降の応用・演習には細かく触れられていない。まず赤本を解いて傾向をつかみ、そのあと志望校に特化した参考書を説いていくことが述べられているが、基礎と入試実践問題集のレベルにやや乖離を感じる箇所もある。

恋愛、大学、社会人生活についての動画を勉強モチベアップに活かす
勉強系のほかには恋愛系のあるあるネタ、大学や社会人生活についてのコンテンツがある。未来の生活のイメージを持つことで、勉強をがんばる動機付けになりうる。受験生にとってはまり過ぎには要注意だが、適度に大学生活の華やかな面も意識するのは必要だろう。

勉強法系　登録者数　〜5,000人

チャンネル名
医学部 難関大学受験のネット塾 リアル塾東大理三講師の合格の天使

勉強法系

● 登録者数＝4,060人　● 動画本数＝972本　● 再生回数＝79万回

（2021年6月現在）

| 主な科目 | 英 数 国 社 理 | 対象 | 大学受験 | レベル | 医学部 東京一工 | 更新頻度 | 週1回 |

▶ チャンネル概要

東大理三合格講師が多く在籍し彼らが各科目の勉強法を教えてくれるチャンネル。高1高2に向けた動画や高3向けに直前対策で少しでも点数を伸ばすための方法などが紹介されている。内容は東大を目指す人だけではなく難関大学に行きたい学生にも視聴が推奨されている。一部授業動画あり。

チャンネル名　合格の天使

（レーダーチャート：科目別勉強法／学習計画／参考書レビュー／モチベーションアップ／大学紹介／受験情報・時事ネタ）

総合評価　★★★☆

使い方
数学、理科、英語の勉強法動画が豊富に用意されており、数は少ないが国語と社会もある。講師によって勉強法の内容は異なるものの、それぞれが参考になる内容だ。複数の東大理三合格講師が出演しているため、さまざまな勉強への姿勢を学ぶことができる。

コラム[講評]　東大理三合格者の説得力あるトークが魅力

出演は東大理三合格講師が中心だが、東大志望者だけでなく幅広い難関大学志望者に向けて情報を発信している。医学部や難関大学に合格するためには高2までに英語と数学の受験範囲を終わらせるよう推奨しており「早期の先取り学習」が重要であると語っている。国語、社会、理科に関しても基礎的な部分や知識を学校の授業などで定着させるように推奨している。受験期直前対策では単語や知識を1つでも多く詰め込み、演習量を増やすことをオススメしている。

▶ 特徴

リスニング対策の勉強法も紹介
英文読解の対策を発信するチャンネルは多いものの、リスニングまでは手付かずの場合も多い。このチャンネルではリスニングに関する復習のやり方が紹介されており、どこの大学とは指定せず広いリスニング対策として説明し段階的なやり方を落とし込んでいる。

高1から勉強しないと医学部は厳しい
医学部合格のため受験勉強をいつ始めるかという動画で東大理三合格講師の2名はそれぞれ受験勉強を始めた時期を「高1の春」と「高1の夏」と回答。志望校は早く決め、目標を高めに設定し逆算して早期から勉強内容や量を考えることが重要であると説いている。

勉強法系 登録者数 **1万～5万人**

勉強法系	チャンネル名 **ゴンとベール** ●登録者数＝1.21万人　●動画本数＝74本　●再生回数＝319万回

（2021年6月現在）

| 主な科目 | 英 国 数 日本史 世界史 政経 | 対象 | 大学受験 | レベル | 早稲田 | 更新頻度 | 不定期 |

▶ チャンネル概要

早大生のかんちゃんとたけが贈る勉強法・早稲田大学紹介チャンネル。自分たちが早稲田大学に合格するまでの勉強法を実体験ベースで情報提供している。また勉強そのものだけでなく、早稲田大学や早稲田という街について紹介する動画など、早稲田志望の受験生であればモチベーションの上がる内容も多い。

| チャンネル名　ゴンとベール
（レーダーチャート：科目別勉強法、学習計画、参考書レビュー、モチベーションアップ、大学紹介、受験情報・時事ネタ）
総合評価　★☆☆ | **使い方**
早稲田の文系学部志望の受験生にオススメだ。勉強法と学習スケジュールは要チェックだ。自分たちでカバーできない数学・政経に関しては、実際にそれらの科目で受験したゲストの早大生を呼んでインタビューを行っている。内容としては最後の1年間でがんばるものが多く、特に高3生は共感しつつ実践できる内容となっている。ただしプロフェッショナルな受験アドバイスというわけでなく、本人たちの経験が中心になる部分も多い。そのため中には型破りなものもあり、意気込んで実践する前に自分に合っているかは確認しよう。 |

コラム（講評）　早稲田受験を楽しむためのチャンネル

科目別勉強法や学習スケジュール、オススメ参考書など一通り受験勉強に必要な情報が配信されている。ただし、あくまで「受験生視点」の内容のため、実際に視聴者が実施していく勉強法・スケジュールについては他のプロの情報とも合わせて判断するのがよいだろう。むしろこのチャンネルの最大の意義は早稲田受験について「楽しさ」を感じられる点にあり、どの動画を見てもポジティブな気持ちになれる。受験生はモチベーション向上のために利用するのがよいだろう。

▶ 特徴

受験勉強以外の観点からも早稲田を取り上げている

早稲田大学の内情を特集するものが多く、受験生がリアルな情報を仕入れることができる。たとえば一般受験・指定校推薦・内部進学それぞれの立場や視点であったり、現役早大生から見た各学部の難易度・人気などを議論する動画もある。

早稲田大のコミュニティをフル活用

ゲストとして複数の早大生が登場する。また大学構内、さらには早稲田の町そのものを取り上げる内容も多い。「ゴンとベール」というユニットの仲の良さも相まって、動画の端々に「青春」を感じることができる。

勉強法系　登録者数 5,000〜1万人

チャンネル名
勉強法系　い〜ずみの物理小屋

●登録者数＝5,780人　●動画本数＝12本　●再生回数＝19万回

(2021年6月現在)

| 主な科目 | 物理 | 対象 | 大学受験 | レベル | 基礎〜標準 | 更新頻度 | 週1回 |

▶ チャンネル概要

「ただよび」ベーシック理系チャンネルで物理講師をつとめる飯泉摩美先生の勉強法チャンネル。塾・予備校・高校での指導経験に裏打ちされた勉強法のアドバイスが多数。物理の科目内容にとどまらず、動画講義の受け方であったり、模試の活用法など、受験勉強全般で心得ておくべき内容が配信されている。

チャンネル名　い〜ずみの物理小屋

（レーダーチャート：科目別勉強法、学習計画、参考書レビュー、モチベーションアップ、大学紹介、受験情報・時事ネタ）

総合評価　☆☆☆

使い方
受験で物理を使う生徒は問題集の選び方の動画を参考にしよう。サイズやページレイアウトなど自分の性格に合っているかという観点での考察や、学年や偏差値などレベル感に合わせて問題集を選ぶやり方が紹介されている。各書籍の説明も丁寧で、難易度だけでなくメリット・デメリットなどの特徴も踏まえられている。また、せっかく選んだ問題集を時間の無駄にしないよう、「やっちゃいけない使い方」なども説明されている。その他、学習スケジュールに関する動画も配信されているのでどういった計画で学習を進めていけばいいか指針となるだろう。

コラム（講評）　ひとつひとつ、丁寧な説明

あらゆる現場で指導経験のある飯泉先生。語られる勉強方法も堅実で、そのキャリアを感じさせるコンテンツとなっている。特に問題集・参考書の分析、また学習スケジュールの立て方などが説得力のあるロジックで説明されているため、物理の学習のペースメーカーとして活用できるだろう。一方で動画更新がそこまで頻繁ではないので、現状では受験情報などが網羅されているわけではない点には留意しよう。

▶ 特徴

プロが紹介する問題集・参考書
演習用の問題集、また辞典として活用できる参考書のレビューが充実している。「オススメの問題集」といっても一個人の体験に基づいた紹介とは一線を画し、プロ講師の目線から網羅的にそれぞれの書籍が比較されているため、客観性が高い。

合格までのプロセスも重視
学校の授業カリキュラムも想定して、どの段階で何の問題集を進めるのがいいのか、また定期的に受験する模試の活用の仕方など、受験指導のエッセンスが凝縮されている。これらの動画視聴を通じ、自身の勉強計画を見直す契機とすることができる。

勉強法系 登録者数 5,000～1万人

チャンネル名
勉強法系 ゆき先生ちゃんねる
●登録者数＝8,340人　●動画本数＝34本　●再生回数＝50万回

(2021年6月現在)

| 主な科目 | 英 数 国 | 対象 | 大学受験 | レベル | 東大 医学部 | 更新頻度 | 週3～4回 |

▶ チャンネル概要

桜蔭高校から東大理3・医学部を経て、現在は形成外科・美容外科医であるゆき先生のチャンネル。自らの経験を軸に各科目の勉強法をレクチャーしつつ、キャリアを生かして美容製品の紹介なども行うユニークな内容。柔らかく明朗な語り口だが、内容としては東大・医学部などのハイレベル層を対象としている。

総合評価 ☆☆☆

使い方
東大入試に出る各科目に関して、ゆき先生の実体験をベースにして勉強法を紹介している。ただし自身が鉄緑会出身だったということもあり、使っているテキストは基本的に鉄緑会のもの。扱っている市販参考書レビューは少ないため、受験生の環境によってはそのまま真似するのは難しい。ただしそのことは逆に「自身の環境で使っている教材や勉強法を完璧にやりこむこと」の重要性が提示されているとも言える。テキストをマスターする方法を適用し、自分が選んだ一冊を着実にものにしていくのがよいだろう。

コラム（講評） 優しい語り口からうかがえる「凄み」

元鉄緑会講師として、多数の東大合格者の教え子も輩出している入試のエキスパート。勉強法紹介は非常に柔らかい語り口で、なおさら「すごみ」を感じさせる。内容としては「休憩時間を取ろう」「やるものを絞る」「テキストは5周やる」などシンプルで、基本的なことの徹底がいかに重要か理解できるだろう。ただし扱っている参考書は最終的に東大レベルを視野に入れており、基礎学力や勉強習慣がある程度確立している生徒向けの内容だ。

▶ 特徴

鉄緑会講師の定義する「伸びる生徒」
鉄緑会出身で、大学生時代に鉄緑会講師を5年間務めた経験から「伸びる生徒」が定義されている。先生や周囲の生徒とのコミュニケーションの重要性など、意外と盲点となっている点が指摘されており、学ぶべきところが多い。

参考書の紹介と同じノリで美容製品も紹介
ドクターズコスメを紹介する動画では、その説明の流暢さも相まって非常に完成度が高い。まず全体傾向を提示したうえで、エンビロンとゼオスキンそれぞれの特徴や注意点について解説している。また「美容クリニックの選び方」の観点は「塾の選び方」としても参考になるかもしれない。

| 勉強法系 | 登録者数 5,000〜1万人 |

チャンネル名
勉強法系 東大生みかみの学習法・勉強法攻略所

- 登録者数＝5,930人　● 動画本数＝24本　● 再生回数＝38万回

(2021年6月現在)

| 主な科目 | 英 数 | 対象 | 大学受験 | レベル | 東大 | 更新頻度 | 週1回 |

▶ チャンネル概要

東大生みかみ氏が学習法・勉強法を紹介するチャンネル。高3の春に東大E判定、そこから受験勉強を始めて秋にはA判定、現役で東大に合格した経歴を持つ。学習管理というよりは独自の勉強法に主眼が置かれており、脳科学の観点から学習効果を伸ばす内容が配信されている。各科目で実践できる具体的なテクニックが中心。

使い方

具体的な科目学習というより、より汎用的な意味で学習効果を伸ばすための方法が紹介されている。たとえば「右脳を使って記憶力を10倍にする方法」では、ストーリー化して記憶を定着させるなど、記憶術の紹介といった側面が大きい。これらの方法論は様々な科目で応用することができるだろう。そのほか、自らの体験に基づいた東大受験生の1日の過ごし方や予備校の紹介など、これから受験準備を始める生徒の参考になるだろう。

総合評価 ☆☆☆

コラム(講評) 暗記が重要

逆転合格に近いかたちで東大に進学したみかみ氏。自ら「独自の学習法」「独自の考え方」と語るその内容は「暗記」がメインである。その「暗記」をいかにして効果的に行うかという点が、このチャンネルの肝。各科目で実践できる具体的なテクニックが紹介されている。受験のみならず様々なケースでの活用も考えられる。ぜんT氏は心理学・脳科学・催眠術のテクニックを体系化したものを「ニューロサイエンス学習法」と定義していて、学習における暗記の重要性を解いている。

▶ 特徴

暗記するには音読が重要

英語は基本文型を理解することと、単語力が重要であると説明されている。単語力向上に関しては例文を音読して定着率を上げるという、基本的対策の有効性が述べられている。視聴者は改めて音読の重要性を再認識できる。

経営学観点からのアプローチも

経営学用語である「パーキンソンの法則」を紹介し、それを意識して勉強することで効率性を高めることが提唱されている。短期集中で、自身にあえて負荷をかけることで目標を最短で達成できる、といった理論が述べられている。

| 勉強法系 | 登録者数 ～5,000人 |

チャンネル名
あっしー先生の医学・生物学教室

●登録者数＝3,390人　●動画本数＝121本　●再生回数＝38万回

（2021年6月現在）

| 主な科目 | 生物 | 対象 | 大学受験 | レベル | 医学部 | 更新頻度 | 週1回 |

▶ チャンネル概要

現役医学生のあっしー先生が送る、医学部受験生向けの情報発信チャンネル。大学ごとの医学部入試の傾向分析がメインで取り上げられている。また大学別に問題を取り上げた解説動画、テーマ別の講義もある。いずれのコンテンツも詳細かつ本格的な情報を入手できるようになっている。あっしー先生はもともと京大の工学部・院卒で、再受験して医学部に入学した異色の経歴。生物の指導経験は10年以上に及ぶ。

使い方
各大学の医学部の基本情報と問題傾向の分析が詳細に行われており、本気で医学部を受けることを考えている生徒にとっては使い勝手が良い。大学別の対策の立て方、また科目による得意・不得意に応じた志望校選定の際の参考に活用できるだろう。解説動画については難関大学別・テーマ別となっており、どの動画も相当なボリュームで1本が2時間を超す長尺のものもある。まず必ず自分で問題を解いておき、予備校で解説を受けるつもりで視聴するのが良いだろう。

コラム（講評）　指導経験に裏打ちされた、詳細な情報分析

あっしー先生は工学部院生時代、ゲノム編集を研究領域としていたこともあり、生物受験に関しての知識は保証済だ。さらにこのチャンネルでは生物のみならず、他の科目もふまえて医学部の入試傾向分析がなされており、全体として信用度が高い詳細な情報源となり得る。チャンネル名と同タイトルのブログも運営されており、さらに細かく分析がなされているので、併せて活用することで医学部入試対策の道筋が見えてくるだろう。

▶ 特徴

非常に実践的な医学部入試分析
東大・京大をはじめ、国公立大学医学部の入試情報と出題傾向分析が手厚い。大学ごとの出題傾向に応じて「この問題集をこの程度の水準でマスターし、実際に何点取れば合格圏域」などを全体の科目バランスも踏まえて分析している。

『良問の風』を徹底分析。参考書を「なめつくす」
有名参考書『良問の風』でどの大学まで合格できるかが検証されている。いくつかの大学の医学部がグルーピングされ、難易度や配点の観点から 問題集でカバーできる範囲、さらにその先の『名門の森』が必要となる水準など提示されている。

257

| 勉強法系 | 登録者数 5,000〜1万人 |

チャンネル名
勉強法系 高校生の塾きょうがくしゃ ch

- 登録者数＝5,750人 ● 動画本数＝172本 ● 再生回数＝121万回

(2021年6月現在)

| 主な科目 | 数学 推薦入試 総合型選抜 | 対象 | 大学受験 | レベル | 私立文理 | 更新頻度 | 週2回 |

▶ チャンネル概要

てんどー氏による数学の講義と推薦入試について重点的に語られるチャンネル。特に数学は苦手な人向けの基礎的な講義である。また推薦入試や総合型選抜(旧AO入試)についての動画が多い。大学教授から聞いた裏情報や、社会情勢を考慮した分析をした上で狙い目の推薦情報などを紹介してくれる。推薦に関するちょっとしたクイズなどもあるため、息抜きをしながら知識を身に付けることができる。

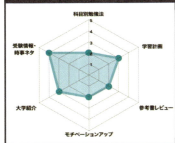

使い方
内申点を必要とする推薦入試であるが、出願基準ではなく合格基準でどの大学にはどの程度の内申点が必要かを解説してくれる。勉強法については特に触れていないが数学の基礎的な講義を聞くことができる。タイトルにもある通り学校の定期テスト向けに作られている。また推薦入試系統を受験する人に向けた動画が多いため、一般受験しか考えていない人には参考にならない内容が多い。本格的に推薦を意識している高校1、2年生や、一般受験の勉強もしつつ推薦も考えている受験生はよく見ておこう。

コラム(講評) 定期試験の1回1回が大学受験である

公募推薦と指定校推薦で分けて説明されており詳しい。自身の運営する学習塾でGMARCHに指定校推薦で合格した人の成績の平均は「4.36」であったとかなり詳細な数字を明示してくれるのも特徴。また最高値(4.9)と最低値(4.0)についても言及。日東駒専では「4.13」であることも参考の1つとして明かしている。また推薦系の入試で大学合格を目指す人は毎回の定期テストが大学入試と同じなので最後まで手を抜かないで勉強し続けることが重要だと主張している。

▶ 特徴

倍率低下の時事ネタ
18歳人口の減少、コロナによる地元の大学へ進路変更、浪人生の減少により都内の大学が軒並み志願者数や倍率を落としたと解説。2021年の入試においては上位の大学は受かりやすくなったものの、安全圏と捉える滑り止めには受かりづらい現象が起きたと語っている。

数学のテスト前に見る授業
チャンネル全体が評定平均を必要とする推薦系の動画が多いため、数学の講義動画も学校の定期テスト用になっている。基礎的な問題の解説を行うが、各単元の導入動画はないため公式などの簡単な前提知識が必要となってくる点だけ注意が必要。

| 勉強法系 | 登録者数 〜5,000人 |

チャンネル名
合格サプリTV

●登録者数＝3,060人 ●動画本数＝137本 ●再生回数＝39万回

(2021年6月現在)

| 主な科目 | 英 数 国 社 理 | 対象 | 大学受験 | レベル | 標準〜難関 | 更新頻度 | 週2〜3回 |

▶ チャンネル概要

現役の東大、早慶、GMARCH生が大学生活のことや、受験生に向けた勉強法などの情報発信を行っている。参考書紹介、勉強計画、大学紹介がメイン。また、大学は学部ごとの紹介も行っており、参考にすることができる。大学あるあるや、噂の検証といったエンタメ系の動画が多い。実際に大学に足を運んで撮影している動画もあるため、キャンパスの外観や雰囲気を知ることができるという点では数少ないチャンネル。

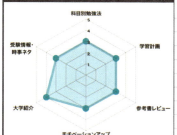

総合評価 ☆☆☆

使い方

難関大学に受かった現役の大学生が科目別の参考書で何を使っていたか、どう勉強していたかを教えてくれる。学習計画についても合格サプリが推奨する学習計画から、出演する大学生がどんな学習計画を組んでいたか、さまざまな動画が用意されている。おすすめの勉強法を紹介する一方で、間違った勉強法や、無駄だった勉強法、受験に失敗する人の行動などもまとめてくれており、ダメな行動をしていないかチェックすることができる。

コラム（講評） モチベーションアップに

関東の難関大学に合格した現役の大学生が、受験生時代の参考書や勉強法を教えてくれる。東大、早慶、MARCHだけでなく、一橋大や東工大、お茶の水女子大なども取り扱っている。また大学のキャンパス紹介や学部紹介もあるので、志望している高校生にとってはモチベーションが上がったり入学後のイメージが湧きやすかったりするだろう。様々な面において情報を発信しているチャンネルと言える。

▶ 特徴

10月E判定からの一橋大学逆転合格

10月の冠模試でE判定だった納氏は「数学と社会が壊滅的だった」とのことで、基礎から応用に合わせて問題集を選び、1日1題を目安に過去問演習を続けたと話す動画がある。直前期になっても諦めず合格を掴んだ学生の姿勢を学ぶことができる。

東大模試の地理で5位をとった勉強法

独学で参考書を使い東大模試で地理5位をとった勉強法なども紹介。自分で調べて勉強するという方法をとっていた。そのため問題が出たときに、いつどこでやった内容か思い出すことができ、それが高得点を取るための秘訣だったと語っている。

勉強法系　登録者数 〜5,000人

勉強法系	チャンネル名
	難関大学専門 桜凛チャンネル

●登録者数=2,180人　●動画本数=112本　●再生回数=46万回

(2021年6月現在)

| 主な科目 | 英数国理社 | 対象 | 大学受験 | レベル | 難関〜最難関 | 更新頻度 | 週1回 |

▶ チャンネル概要

埼玉に塾を構える桜凛進学塾の公式チャンネル。成績の良し悪しは「効率の良い正しい自学自習ができているどうか」で決まるとしている。桜凛進学塾の代表である新宮氏と川越校校舎長の辻中氏の出演が多め。様々なお題に対して対談していく動画が豊富に用意されている。

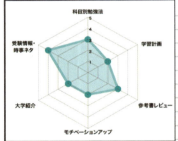

使い方
参考書のレビュー動画で受験生がよく使っている参考書を取り上げて比較していく。メリットやデメリットを提示してくれるので判断する際の材料にすると良い。英語の単語帳や数学の参考書比較など、何が良くて何が難しいのか解説してくれる。
また、大学情報についての動画も公開されており、中でも東大に関する情報については充実している。様々な東大生が動画に登場し、勉強法や東大受験の心構え等を話してくれているため、東大志望の受験生には非常に有益である。

コラム（講評）参考書の完璧主義者にならないように忠告
東大に関する動画は他動画と比べると多い。少ない勉強時間で東大に合格した生徒に使っていた参考書を全科目聞いて紹介している。参考書の使い方や過去問の使い方に関しては東大志望者でなくても参考にできる。参考書を60％程度まで一気に仕上げ、80〜90％くらいまで仕上がったら次へいくことを勧めており、1回で全部仕上げようとせず、何回も繰り返して詰まりながらも先へ進んで反復することが重要だとしている。

▶ 特徴

DUO3.0の使い方を力説してくれる
DUOは使い方を間違えると全然覚えられない単語帳になるが、正しい使い方をすると他の単語帳には戻れないくらい中毒性があると力説している。DUOを使う条件や付属のCDの使い方、覚えるコツについても言及されている。DUOだけに絞った珍しい動画である。

青チャートの使い方について
高1高2までに数学を完成させたい場合は青チャートを推奨している。ただし難しい問題が多いためしっかり数学の概念から解説を行ってくれるような先生が学校にいると良いとしている。難易度で悩んだり迷ったりする場合は黄チャートでも十分であるとしている。

勉強法系 登録者数 ～5,000人

チャンネル名
木村達哉
勉強法系

- 登録者数＝3,740人
- 動画本数＝133本
- 再生回数＝25万回

（2021年6月現在）

| 主な科目 | 英語 | 対象 | 大学受験 | レベル | 難関～最難関 | 更新頻度 | 週3～4回 |

▶ チャンネル概要
灘中学・高校の教員の木村氏が運営するチャンネル。主に生徒向けに苦労しているであろう勉強法について教えてくれる。英語教員ということもあり英語に関する動画も少々用意されている。特に自身が書籍を出しているリスニングに関する動画が多い。

チャンネル名 木村達哉

レーダーチャート項目：科目別勉強法、学習計画、参考書レビュー、モチベーションアップ、大学紹介、受験情報・時事ネタ

総合評価 ★★☆

使い方
科目別勉強法は英語のみ。リスニングから始まり英文法、長文読解、英作文、東大の要約問題までバラエティに富む。モチベーションは学習の計画性と連動しているという持論を展開している。学習計画について翌日に何をやるかを明確にすると良いとしている。

コラム（講評）　灘高校の英語講師が英語と暗記とモチベーションについて語る
リスニングなどの参考書で人気のある木村氏が英語の勉強法を教えてくれる。リスニングが苦手な理由として①興味のない話を、興味を持って聞けない②読む力が弱く返り読みをしてしまう③知識不足④トレーニング方法が間違っている（不足）であるとしており、それらをどう打破するかが動画で語られている。また、勉強は「慣性の法則」でもあると言い、やる気が出ない時は単語を5個覚えるだけでもいいから毎日続けることが非常に大事であると説いている。

▶ 特徴

高校生に学歴フィルターの話をする
大企業はどんな人材が欲しいのかという社会性のあるテーマを取り上げている。難関大学を卒業すると評価されやすい理由を挙げ、いわゆる良い大学（偏差値の高い）に入ることを推奨しているが、学歴以外でも自分をアピールすることは可能としている。

語彙力を鍛えるために
単語を暗記するポイントは音声付きの単語帳で、読む・聞く・書く・話すといった動作だと主張。動画内ではCDを流しながらそれに合わせて英単語を読み上げる方法を取り上げている。知らない単語や難しい表現をメモに書き溜めておくことの重要性も説いている。

| 勉強法系 | 登録者数 5,000〜1万人 |

チャンネル名
夢サポ Movies!【SharingKnowledge】
参考書ルート徹底解説

● 登録者数＝5,120人　● 動画本数＝394本　● 再生回数＝123万回

（2021年6月現在）

| 主な科目 | 英 数 国 物理 化学 | 対象 | 大学受験 | レベル | 標準〜難関 | 更新頻度 | 毎日 |

▶ チャンネル概要

マイケル太郎氏による主にレベルに合わせた参考書や問題集を紹介したチャンネル。勉強を始めたばかりの人から、東大京大の参考書ルートまで幅広い学力層に向けた情報を発信している。理系科目がメインで数学の投稿が多く見受けられる。特に大学への数学シリーズは細かく説明しており、入試問題の難易度を大学への数学シリーズの表記法で説明することもある。

使い方
英語、数学、物理、化学、国語の参考書を使った勉強法を公開。東大文系数学、東大理系数学の参考書ルートを別々の動画で提示するなど内容は細かい。数学力を3変数関数で表すことで、参考書の特徴や使うべき人などを非常に論理的に説明してくれるのも魅力の1つ。またモチベーションが上がらない生徒に向けてマイケル太郎氏が熱く語る動画も用意されているのでこれからがんばりたい人は参考になるだろう。

総合評価 ☆☆☆

コラム（講評）　基礎的な勉強法も網羅

東大数学は出る問題が決まっており「通過領域」であると明言する。東大以外にも京大と阪大の参考書ルートが多く投稿されている。基本的には難関国立大学向け動画を出すが、「受験勉強最初の1冊」というサムネイルタイトルで基礎的な勉強法にも言及している。その中ではマイケル太郎氏が考える各科目に必要な勉強法と知識について解説し、参考書や問題集の紹介を行っている。

▶ 特徴

たった5分で見たらすぐ勉強したくなる動画
受験勉強はほとんどの人にとってはつまらないものであるとし、だからこそ受験勉強はやりたくないことをいかにやれるか、努力値を測る指標だとしている。社会に出たら必要になるものなのでつまらない受験勉強もやらなければならないのだと語っている。

受験戦略において塾や予備校はどこでも良い
受験に受かるためには参考書や問題集をいかに早く仕上げるかが重要だとしており、どこの予備校に通うかを悩む時間は無駄であると主張している。勉強をどう完了させるか焦点を当てて行動に移すように受験生に警告を送っている。

勉強法系　登録者数　非公開

勉強法系　チャンネル名　【京大トップ合格】粂原の「受験戦略ラボ」

(2021年6月現在)

● 登録者数＝非公開　● 動画本数＝81本　● 再生回数＝3万回

| 主な科目 | 英数国理社 | 対象 | 大学受験 | レベル | 標準〜難関 | 更新頻度 | 週3〜7回 |

▶ チャンネル概要

京都大学経済学部を主席で卒業した粂原圭太郎氏によるチャンネル。科目別勉強法や大学別に科目の分析を行う。東大京大から、MARCH関関同立あたりまでの大学を扱っている。配点や対策スケジュールからオススメ参考書まで幅広く解説している。オススメ参考書では過去問を紹介することが多いので過去問が全く解ける段階にない人は基礎から勉強し早期に仕上げることが求められる。

チャンネル名　【京大トップ合格】粂原の「受験戦略ラボ」

（レーダーチャート：科目別勉強法／学習計画／参考書レビュー／モチベーションアップ／大学紹介／受験情報・時事ネタ）

総合評価　☆☆☆

使い方

紹介している大学において共通テストの科目と得点目安、二次試験の得点、倍率、合格最低点、偏差値目安と細かく受験情報を載せている。受験科目の分析も行っており難易度から配点、出題傾向まで分析がされている。分析力がほかのチャンネルよりも長けており、特に京大をはじめとした旧帝大を目指す人にとっては有用な情報を得ることができる。

コラム（講評）　入試傾向が分析された「完全攻略マップ」

完全攻略マップが売り。〇〇大学〇〇学部まで絞りこんで出題傾向、対策ポイントを教えてくれる。一例として「大問5は自由英作文の頻度が高いが数年ごとに英文要約になる」など細かい分析が行われているのが特徴。主に旧帝大を扱い、二次試験の科目を全て1つの動画で解説してくれる親切な動画設計。難易度やマニアックな出題傾向まで押さえてくれているので、粂原氏が推奨する「逆算」の思考でゴールを設定し日々の勉強に生かせると良いだろう。

▶ 特徴

基礎的な勉強法についても紹介がある

旧帝大の解説動画が多いものの、どの偏差値層の学生でも参考にできるであろう「〇〇の勉強法」という動画もある。特に古文においては効果のない勉強法として「ノートに本文を写して全訳」を取り上げており注意を促している。

東大ＶＳ京大の動画の基準が曖昧

東大よりも京大の方がお金持ちになれる、バラ色のキャンパスライフを送れるといった紹介がある。その根拠として「神社の数」を比較し、京都の方が神社の数が多いので京大の方が東大より良いという結論を出しているが、あくまでもネタ動画として楽しもう。

勉強法系　登録者数 〜5,000人

チャンネル名
勉強法系　バシカツ！【一橋生YouTuber】

● 登録者数=2,110人　● 動画本数=88本　● 再生回数=44万回

(2021年6月現在)

| 主な科目 | 英 数 国 社 | 対象 | 一橋大学 | レベル | 難関 | 更新頻度 | 週1回 |

▶ チャンネル概要

ライ氏による一橋大学志望者を応援するチャンネル。各科目の勉強法やライブ配信を通じた受験相談を投稿している。元は一橋志望の受験生として動画を投稿していたが2020年に見事合格し、一橋大学生による情報を発信するチャンネルとなった経緯がある。そのため、自身の経験に基づいた具体的なアドバイスを聞くことができ、一橋大志望の生徒には特に参考になる話が聞けるであろう。

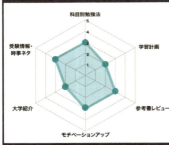

チャンネル名　バシカツ！【一橋生YouTuber】

総合評価 ☆☆☆

使い方
一橋大学に特化した各科目の対策法が多く、国語、数学、英語、日本史、世界史を扱っている。参考書においても使ってきたものを紹介しているが、ライ氏は学校で配られた教材を使用している場合も多く、一般販売されていないものもあるので注意が必要である。最近では一橋大にとどまらず、大学受験において広く参考になるような動画も投稿されているので、特に国公立大志望者は参考になる部分があるはず。視聴者の質問に答えるライブ配信はどの大学を志望する生徒にとっても役立つ話を聞くことができる。

コラム（講評）　一橋志望生から一橋大学生になった実体験がベース

元々は一橋大学を志望する現役の高校生として模試の成績などの動画を投稿し、合格した後に参考書レビューや勉強法の投稿を開始。一橋生が受験時に使っていた参考書の紹介動画などを配信しているほか、ライブ配信を定期的に行い、受験を控えた学生の悩みに答えている。その受験相談会と称したライブでは一橋志望でなくても全ての受験生の悩みについて答えてくれるのでどこを志望していても参加して良いだろう。

▶ 特徴

勉強が捗らない場合の対処法
時間で測る勉強をやめ、やる内容を決めた上で行うように推奨している。量を2割減らして勉強することを勧めるなど「挫折するくらいなら量を減らそう」という考え方を持っている。勉強時間以外でやりたいことを考えることが重要とも説いている。

得意科目の英語の勉強法は必見
一橋オープンで英語の偏差値76.5を叩き出している。そんなライ氏は英語では文法がまず大事だとしている。また、質の高い英語の文章を解くために英検の問題を解くことを推奨。興味深い内容も多く背景知識をつけるためにオススメだとしている。

勉強法系　登録者数　〜5,000人

チャンネル名
勉強法系　ハゲヨビたなけん

●登録者数＝2,440人　●動画本数＝321本　●再生回数＝33万回

（2021年6月現在）

| 主な科目 | 英語 | 対象 | 私立文理 | レベル | 難関 | 更新頻度 | 毎日 |

▶ チャンネル概要

駿台予備校の人気英語講師「たなけん」こと田中健一氏による、英語の勉強法や短時間の講義を投稿しているチャンネル。特に英文法と英文解釈に関する動画が多め。プロの英語講師としての視点から厳選された参考書の紹介であったり、勉強法の解説は一見の価値あり。英語学習の軸として漢文の手法を応用した「復文」を推奨しており、具体的なやり方も紹介している。

チャンネル名　ハゲヨビたなけん

レーダーチャート項目：科目別勉強法、学習計画、参考書レビュー、モチベーションアップ、大学紹介、受験情報・時事ネタ

総合評価　★☆☆

使い方

英語学習において基礎を非常に重要視しており、「大学受験英語攻略〜基礎の基礎〜」と題した講義動画では、短い動画で文法、英文解釈の基礎事項を非常にわかりやすく解説している。この動画を定期的に視聴することで英語の基礎力を身に着けられるであろう。勉強法や参考書の紹介については、一般的にはあまり紹介されないような参考書であったり、自身の著書についての解説をしたりと、プロの英語講師ならではの話を聞くことができるので、一つの考え方として知っておくと良い。

コラム（講評）　人気講師の目線から英語学習の在り方を語る

基本的な英文法の問題解説が多く、主語述語の把握や、品詞を重要視したスタイル。文型と文型に対応する訳を暗記することで「英語の見え方が変わる」と主張している。「偏差値30→70」というタイトルが目に付くが、内容は文型に関することが多い。自身の目線から見た良い参考書も紹介しているが、本人は「一番信頼すべきなのはあなたをよく知る学校や塾の先生」と発言している。

▶ 特徴

勉強法・YouTubeの在り方を考える

教育系というジャンルにおいて様々なYouTuberが勉強法や参考書の紹介をする中で、自身の成功事例のみに基づくような、育った環境や読書量などの前提を無視した普遍性のない意見に注意するよう警告している。

「復文」の重要性を説く

英語を日本語に訳した後、日本語を再び英語に訳し直すという、漢文の手法を流用した「復文」を強く推奨している。英文法の学習においては従来の4択式の問題集ではなく、英作文などを通じてしっかりアウトプットを積む作業が重要であると説いている。

勉強法系　登録者数　非公開

チャンネル名
勉強法系　HARU【東大理3生の気ままな日常】

●登録者数＝非公開　●動画本数＝57本　●再生回数＝218万回

(2021年6月現在)

| 主な科目 | 英 数 古文 | 対象 | 大学受験 | レベル | 基礎〜標準 | 更新頻度 | 週1〜2回 |

▶ チャンネル概要

東大理3生のHARU氏が、自身が合格に至るまでの勉強法、また効率の良いパフォーマンスを生み出す考えを科学的に紹介するチャンネル。受験勉強に科学的なアプローチを用いているため、特定の科目に限らず汎用的な学習術として応用できる内容となっている。「自分が父親になった時に子供に勉強方法を教えるためのメモ」というのがチャンネルのテーマという。

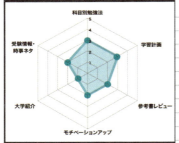

使い方

勉強方法、特に基本的な暗記に関して悩んでいる受験生にとって参考になる動画が多い。五感を用い、関連性・重ね合わせ・イメージといった手段を用いた英単語記憶術などが紹介されている。また具体的に、苦手科目の克服方法も取り上げられている。分野を絞って短時間での目標達成を積み重ねること、またそれを継続する考え方などが論理的に説明されており、勉強に対するモチベーションが喚起される内容だ。

コラム(講評) 経験に裏打ちされた、詳細な情報分析

東大理3に合格した自身の経験をもとに、ロジカルな勉強法やタイムマネジメントについてレクチャーしている。勉強して成績を伸ばす、という目標に対して何をどうすればいいのかが分析的に説明されているので、特に「気合い」や「根性」が苦手な受験生にとっては効率的な勉強法を確立する上で参考になるだろう。一方、各トピックが断片的な傾向があり、受験情報や科目別の勉強についての体系的な情報収集は他の情報源も参照するのがよいだろう。

▶ 特徴

行動一つ一つがロジカルに分析されている

勉強にまつわる様々な側面が論理立てて分析されており、納得感が得られる内容。英単語の記憶方法、苦手科目の克服、一日のタイムマネジメント、参考書に求めることなど、一つのトピックに対して重要なポイントとその根拠が端的に取り上げられている。

参考書の使い方も手元解説で分かりやすい

参考書の使い方について、実際に書き込みや色付けを見せながら説明されているため、具体的な活用のイメージがつきやすい。受験生のレベルや参考書の難易度には言及がないため、日常的な学習方法を吸収するといった姿勢で視聴するのが良いだろう。

勉強法系	登録者数	～5,000人

チャンネル名

勉強法系 しほ【東大卒YouTuber】

● 登録者数=1,240人　● 動画本数=64本　● 再生回数=10万回

(2021年6月現在)

主な科目	英 数 国 日本史 地理	対象	大学受験	レベル	早慶 東大	更新頻度	週2回

▶ チャンネル概要

東大卒のしほ氏が「偏差値30から72まであげて東大に逆転合格」した受験ノウハウを紹介している。コンテンツは科目別の勉強法の他、受験生が抱える悩みについてしほ氏自身の体験もふまえて解決案を提供するものが多い。日常的なトピックが多く、主にモチベーション維持のための活用ができる。

チャンネル名　しほ【東大卒YouTuber】

レーダーチャート（科目別勉強法、学習計画、参考書レビュー、モチベーションアップ、大学紹介、受験情報・時事ネタ）

総合評価　☆☆☆

使い方

このチャンネルを活用する際は、モチベーション管理の一つとして活用するのがよいだろう。受験勉強は長丁場になるため、勉強とそれ以外の生活のバランスを取ることが重要だ。睡眠時間、スマホとの付き合い方、部活や学校生活との両立、また体調管理など、日常での悩みとそれを解決するための工夫が多く紹介されている。科目別の勉強法に関しては本人の体験談もふまえ、最終的には東大レベルを視野に入れた参考書やその使い方が紹介されている。

コラム（講評）　にこやかな笑顔の裏の努力

浪人を経て東大に合格したしほ氏の言葉からは積み上げてきた勉強量がうかがえる。このチャンネルではそんな受験期の苦しい勉強に耐えうるための日常の工夫が多く紹介されていて、受験生自身にとって生活を見直すヒントが提供されている。また塾の勉強を重視していたと説明されており、王道の学習アドバイスを着実にこなすことの重要性が理解できる内容だ。現状では再生リストが未整備のため、目的の動画を探すのにやや効率が悪い点には注意しよう。

▶ 特徴

赤裸々な合格体験記

幼少の頃から大学合格に至るまでの略歴も開示されている。必ずしも最初から勉強が得意だったわけではないこと、努力の結果合格に至ったことが素朴に語られており、共感を持って視聴することができる。モチベーション維持について、日常レベルでの工夫が多く紹介されている。

科目内容についてのアドバイスも

苦手な科目をどうやって克服したかも述べられているため、同様の境遇の受験生にとって参考になる。ただし、しほ氏自身が東大レベルを視野にして説明しているため、自分自身の学習状況に合わせて活用しよう。

勉強法系　登録者数 1万〜5万人

チャンネル名
勉強法系　一般東大生ふぁそら

● 登録者数＝3.83万人　● 動画本数＝16本　● 再生回数＝386万回

（2021年6月現在）

| 主な科目 | 英 数 | 対象 | 大学受験 | レベル | 標準〜難関 | 更新頻度 | 週1回 |

▶ チャンネル概要

東大に現役合格したふぁそら氏が勉強のやる気の上げ方、参考書の紹介などを行っている。「あなたを笑わせながらためになる動画を作る」ことを目標としており、動画のところどころで面白い例えやボケなどを入れてくるので視聴のハードルは良い意味で低い。(自称)一般人が東大に入った感想や、自身が経験した失敗などを赤裸々に語ってくれるため、聞いていて妙な親近感を抱くことができる。

チャンネル名　一般東大生ふぁそら

（レーダーチャート：科目別勉強法／学習計画／参考書レビュー／モチベーションアップ／大学紹介／受験情報・時事ネタ）

総合評価　★★☆

使い方

東大に合格した時に使った英語と数学の参考書紹介などのほか、やる気を保つ方法、成績を上げる秘訣など、モチベーションをアップする動画が複数用意されている。紹介されているものはふぁそら氏が実際に行ったものを紹介する動画がほとんどである。東大生のリアルな生活や、東大に関する珍事件を紹介した動画などもあり、視聴者と同じような目線で語ってくれるため、どれも興味を惹かれるものばかりである。

コラム（講評）　理系科目の成績を上げるためには？

インプットにおいて「どこでこの解法が使えるか意識すること」が重要であるとしている。問題の解説を理解するだけでなく、「この解法はどこで使うのか」「なぜこの解法を選んだのか」これを常に考える必要があるとしている。また、参考書は何周もしなければならない理由として「解法が思い浮かぶ」ことにより、問題と解法がセットで思い浮かぶからであると主張している。特に数学においてはこの問題と解法のセットが最重要であると話している。

▶ 特徴

やる気とはなんなのか

勉強して東大に入るためのやる気の源は「東大に入ったら絶対モテる」だったそう。志望校合格後の未来を見据え、夢を持って勉強することが大事だとしている。ただやる気の源がない人は原動力を見つけるために「勉強」が必要であると説いている。

勉強は質か量か

勉強の量と質はそれぞれが必要な段階が違うとしている。まず自分がわかる問題かわからない問題か判別するために「量」が重要であるとしている。また、わからない問題がわかる問題になるスピードのことを「質」であるとしている。

TOEIC満点講師

スペシャルインタビュー

森田 鉄也

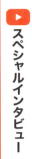

予備校でも、地元の塾でも、オンラインだけでもいい。とにかく自分が勉強できる質と量を確保できるようにすることが大切です。

聞き手：コバショー（CASTDICE TV）

──先生自身、現在も教壇に立たれていますし、ご自身も他の塾のチャンネルに出ていらっしゃいますが、これから塾や教育業界においてYouTubeはどういう立ち位置になるでしょうか。

かなり多くの塾が広告戦略に使い出そうとしていますね。大手予備校や塾が動き出しているもののなかなかうまくいっていないと聞いています。

──YouTube広告はいくつかの塾が出していますが、チャンネルを立ち上げて運営となると、大手や有名どころで伸びているところはないですよね。

そうですね、みんな失敗してますね。やり方がわからないんでしょうね。

──失敗の要因はやり方がわからないこと以外には何かありますか？

YouTubeの土俵でどう運営すればいいかわからないっていうのがありますね。大手がテレビ番組的にYouTubeをやろうとして社内で反対を受けてしまった例もあるそうです。あとは授業を上げてそれを宣伝にしよ

うとしたりするところもありますが、本当にうまくいっていないですね。

──個人的な意見にはなりますが、大手の塾は地上戦でビラや広告を配るとか、友達招待とか、そういうので結構伸ばしてきた経緯がありますよね。だからネットを使って広げていくという発想がないってことなんでしょうか。

そうですね、空中戦には弱いんでしょうね。失敗しているところが多いです。

──逆に一部の塾、規模が小さい塾でもYouTubeで結構うまくやっているところもありますよね。

そこまで大手でなくても、費用をかけずにちゃんとできているところがあるんですよね。

──最近だと広告宣伝に使うっていう発想と、もう一つはYouTubeで授業をしようという考え方もあります。そういうのがこれから広がっていくと思いますか？

個人単位ではもっと増えてくるんじゃないかなと思いますね。大手予備校自体がすべて縮小していくので。でも各予備校との契約で縛られてい

るので、現役の先生はきちんとした授業ができないですし、あとは電子黒板とか機材とか、初期投資がかけられずに伸び悩むっていうのはあるでしょうね。

—— YouTubeも含めて、教育業界全体の話でいくと、大手はネット戦略がうまくいかない、大手に所属している個別の先生も契約とか、個人のノウハウがないとかでうまくいかないと。一方で個人で始めた人が伸びたり、規模が小さい塾がネットをうまく使って攻めていくと、塾予備校戦国時代が来ると思うんですけど、先生はどう思いますか?

戦国時代になるかはわからないですけど、たくさん来ると思いますね。鈴木貫太郎さんとかは数学系のYouTuberを上から下まで全部チェックしてますし(笑)。海外のとかまで見てますからね。でも本当に、上手くいく人は上位1%くらいしかいなくて、あとはもう誰も無理という状況なので。趣味的にやるしかない状況ですね。お金欲しくて始めるけど、結局お金にならなくてやめる。企業としてやってるところは失敗する。芸能人も同じで、そういうふうにやってきて、大赤字……というのが多いですね。一部は儲けているけど、狙って入ってきても再生数が取れないんですよ。教育系も母数が少ない中でパイの取り合いして、撤退する人がたくさん出てくるという状況になるだろうなと。

—— 予備校で仕事がなくなって、教育系にも炎上系YouTuberが出てくると思いますか?今まで教育系は平和だったと思うんですけど。

過激な方がいいんだなって思う人

は確実にいるでしょうね。特殊な経歴の人を上手く活用しているチャンネルもありますよね。

—— 逆に、ある程度高い志でこれから教育業界でやっていこうとすると、YouTubeをやってないとまずいということにはなるでしょうか?

YouTube以外も新しいプラットフォームは遅かれ早かれ出てくる可能性はあると思っています。やっぱり教育にYouTubeは向かないという面もだいぶ見えたので。YouTubeって基本みんな飽きていくもので、教育や授業ものになると如実なんですよ。チャンネル登録しても見ないとか。YouTube上には山ほど動画があって埋もれてしまうし、関連動画に出てこない限り見られないこともあるわけです。ある意味運要素ですね。

—— それだけスベったりした先生が多い中で、森田先生が伸びた要因は何だと思いますか?

いろいろありますけど、自分には継続できるっていう自信があったことですね。本当にみんな途中でやめちゃうんですよね。

—— 昔は講師のルートとしては予備校で1コマでも持たせてもらって、すごい授業をしたり過激なことを言ったりして、注目を集めて成り上がっていくとかだったと思うんですよ。今はそもそも先生が数字を持っているから、生徒を持っているから仕事をもらえるというのもあるのかなと思います。これからはSNSが前提になるのでしょうか?

新たに業界でやっていく人はSNSが大事かもしれません。でも予備校講師ってSNSに慣れていない人が多

いので、上手くいかないケースも多いと思います。基本的に、予備校をSNSに持っていくのは難しいのではないでしょうか。

——逆に、これから教育業界でやっていきたい人の場合、以前は採用試験をクリアして大手予備校に入るのが一つのスタートラインでしたが、でも今はどっちかっていうと個人指導をするとか、そのためにYouTubeで自分を売っていくとか、そうなっていくんですかね。

そうなっていくと思いますね。ただ、それに気付けていない人もいるのが心苦しいです。自分たちが有名になりたい、大手予備校入った、でも売れない、お金も入ってこない、どうしたらいいかわからない。そんな悩みがたくさんあります。もうゴールがなくなっちゃってる人もいるかもしれません。

——偏った意見だと思うんですけど、30代後半〜40代の予備校の先生は、急に子どもの数が0にはならないのである程度食っていけると思うんですけど、逆に大手でもトップではなくて、ネットにも適応できない人はこれからどうしようもなくなるのかなと思っていて。その分、我々のようなYouTuberやYouTubeを起点に塾をやっている人が食らいついていくみたいな、そんな構図になることはあるのでしょうか。

現状、大手でも食べていくのがやっとっていう人がほとんどです。兼業しないと食っていけない状況になってて、さらに何年か後にまたぐんと減る。コロナの影響で、その状況を予備校は一足先に目撃・経験したんですよ。席も半分にしなきゃいけなかったので、大赤字になって。それで大手は、「今のやり方ではいけない」って

気がついたんですよね。大手予備校でも10年後には10校舎ないかもと言われることもあるそうです。残念ながら、そこで仕事を減らしてしまった人たちがおそらく何か始めると思うんですよね。そのときに、塾の作り方がわからないってなって、オンライン戦略をやってた人が生き残っていけるかなと。もしくは地元に根付いた塾は生き残りやすいなっていう印象です。

——地方では実はまだ塾が足りないところもあります。そこに大手が出ていって、そこそこ優秀な先生が行って、荒稼ぎはできないけど、高校とか、地域の大学に合格させて食べていくっていう商圏は残ってますもんね。

そういうところが生き残るんじゃないかっていうのを結構前から経営者たちは見ていたんですよね。それがコロナで早く起こったっていう。

——これからの塾・予備校選び、YouTubeでの勉強など、受験環境はどう変わってくるでしょうか?

自分で勉強できる高校生はさまざまな選択肢から自分に合うものを選んで勉強を進めていけるようになるでしょう。逆に家でやってもダメだった、授業受けてもダメだったっていう人は地元の補習塾とか丁寧に見てくれるところに行くので、そういう塾がっていうのはあると思います。

——面倒見よくやってくれるところが伸びるっていうのはあるでしょうね。その中で、いわゆる映像でお金をとっている塾はこれからどうなっていくんですかね。

実は増えるとは思ってはいますが、

上手くはいかないかもしれませんね。どんどん増えてきて、消費者からしたらいろいろ選べますけど、おそらくほとんどが上手くいかないっていうのが未来として見えますね。

——ネットこそ、一部の勝者が持っていく世界だと思っています。予備校の授業は映像化すると、最終的には選択肢が二つくらいしかないみたいな、そういう日が来るかもしれないですかね。

　YouTube でもいろんな人がオワコンになっている状況があります。映像アプリも伸びていますがコロナで需要が伸びた側面もあるように思います。映像系は１回授業を撮ってしまえば良くて、出演する先生はそのあと仕事がない状況です。会社側はお金入ってくるけど、講師にお金がいかないっていう状況が起こっていますね。大手も一部の人たちが宣伝塔としてたくさんもらって、コマで働いてる人たちはもらえない。映像授業っていうのはそれが一番怖いですね。広告塔になる人はいいけれど、コマで働いている先生は１回撮ってしまえばいらないと言われるかもしれません。

——高校生がこれから勉強していくうえで、塾選びはどのようになっていくと思いますか？

　塾選びは勉強時間・復習時間とかを取れる状況を作るのが大事ですね。授業だけで満足しちゃいけない。自分で全部復習できるんだったらそれこそオンラインが最高かなと。授業を取りすぎちゃうような子は危険かもしれません。

——ある程度自分でやれる子はオンラインでうまくいろいろ使いこなそう、それが苦手な子は誰かに管理してもらうとか、含めてやっていくのがオススメですかね。

　そうですね。やっぱり自分が勉強できる状況にするのが大事ですね。結局は自分がやるかやらないかなので。授業を見て満足するのじゃダメです。

——本当にそうだと思います。授業さえあれば受かるなら映像系の塾やアプリができた瞬間に既存の予備校は潰れているはずですけど、そんなことないですよね。

　やっぱり合うものを選ぶことですね。あとは、お金の関係と、自分でどれだけできるかですよね。受かるんだったら別に予備校でも、地元の塾でも、オンラインだけでもいい。とにかく自分が勉強できる質と量を確保できるようにすることが大事です。

——これから受験に突入していく子たちに向けて、メッセージをお願いします。

　受験は、人生におけるターニングポイントになるものです。後悔する人が多いものでもあるので、後悔しないようにやってほしいなと思います。どうやっても直前にあれやっとけばこれやっとけばっていうのは起こるので、早いうちにスタートダッシュを切っておいた方がいいでしょう。あとは勉強法の確立も大切です。YouTube で出てくるような成功者たちのやり方が自分に合うかどうかはわからないので、情報量が増えれば増えるほど、取捨選択が大切です。高１・２のうちに自分に合う、自分のやり方を見つけておくと強いと思います。

後書き

最後まで本書をお読みいただきありがとうございます。
これまでは、影響力を持つ講師の方やYouTuberの方々はご自身で参考書や問題集を出すのが一般的でした。その点で、今回のようにYouTubeという媒体に着目してデータを集約した本書は、極めて珍しい一冊に仕上がったと思っています。

本書の完成までには非常に膨大な作業が必要であり、決して平坦な道のりではありませんでした。例えば「大学受験に資するYouTuberとは誰のことなのか？」という疑問1つとっても、YouTubeがまとめてくれた名簿やリストがあるわけではありません。世の中にどんなチャンネルがあるのかを0から調べ、どこまでが大学受験に役立つチャンネルであるかということをディスカッションしながら進めていく必要がありました。編集にご協力いただいた方々には心から感謝申し上げます。

それ以上に、本書の企画や理念に賛同してアンケートやインタビューにご協力いただいたYouTuberの方々には感謝の念に堪えません。

前書きでも少しお伝えしましたが、これからの教育業界は大きく変化していくと考えています。2021年現在まで長期化している新型コロナウ

274

イルス感染症の影響や、本書でもテーマとしている YouTube といった動画（映像）サービスの発展により、地域・経済的格差を埋める動きが出てきています。

その一方で、利便性が高いものさえあれば「勉強がうまくいく」「成績が上がる」「大学受験に合格できる」というわけではないことも事実です。勉強や受験はそんなに甘いものではありません。勉強する人自身が自分の頭で考え、努力を積み重ねる必要があります。だからこそ、早い段階で本書のような情報の羅針盤となるものを獲得して、自分に合った勉強法や講義を見つけて取り組むことが大切です。途中失敗することもあるかもしれませんが、それを含めて学びや経験であり、結果的に近道になると考えています。

私を含めて多くの保護者のみなさんが受験をした時代は、スマートフォンもなく、パソコンはあっても動画を長時間視聴できるような快適なインターネット環境はありませんでした。疑問点があれば学校や塾に行って質問するという労力が必要で、非効率的だったといえます。今は、パソコンやスマートフォンがあれば解決できるような時代になっています。

ただし、情報の波にのまれてしまう・新しい進め方から取り残されてしまうといったリスクも含んでいることも事実です。少しでも効率的に勉強を進めていくには、新しいやり方に適応して勉強できる環境を整える必要があります。それには、本人の努力だけではなく、保護者のみなさんのサポートが不可欠です。ぜひ本書を活用して、情報の取捨選択に役立てていただけたらと思います。

学校や塾の授業とは違って、YouTube であれば保護者の方でも同じものを視聴できます。お子さんがどんな勉強をしているのかだけではなく、複雑化する大学受験システムや入試形式の変更といった受験全般に関する情報が入手可能になってきています。保護者のみなさんにも YouTube を活用していただけるのではないかと思っています。

私自身は、2017 年 9 月に YouTube チャンネル「CASTDICE TV」をスタートし、教育系に特化したのが 2018 年 2 月です。それから約 3 年半、毎日動画を配信しています。開始当初から登録者 50 万〜 100 万人を超える有名チャンネルは存在したものの、今ほどではありませんでした。3

年間運営していく中で、自分たちのチャンネル登録者数が増えたことは
もちろんうれしく感謝もしていますが、他のチャンネルがたくさん出て
きたことが、教育系 YouTube 界の発展を示しているのだと前向きに捉
えています。

YouTube 運営において最初に手ごたえを感じたのは、自身の高校時代
の話をしたときです。少し恥ずかしい話ですが、最初の頃は再生回数
数十回が当たり前、100 回再生されればうれしかった時期がありまし
た。しかしふとしたきっかけで母校の開成高校の話をしたら、再生回
数が 1,000 回を超えたのです。文字通り、飛び跳ねるほどうれしかっ
たのを覚えています。このことが「運営者側が発信したいことではな
く、視聴者が知りたいをことを発信しなければ見てもらえない」という
YouTube の本質を理解するきっかけになりました。

一方で、視聴者が見たいものを突きつめるとエンターテイメントになっ
てしまうという側面があります。難しい勉強の話よりも楽しい話のほう
が人気があるのは当然です。しかし、私自身はエンタメ的な企画力・発
信力がなかったため、真面目なテイストを維持しながら視聴者の方に見
てもらえるよう、教育業界に身を置く人間として"受験のリアル"を発
信できるよう心がけてきました。成功もありますが、失敗も数え切れな
いほどしてきた、文字通り試行錯誤の 3 年間だったように思います。

2020 年には「個別指導塾 CASTDICE」を立ち上げ、オンラインの個別
指導をスタートしました。普通であれば、あらかじめ存在する塾が、宣
伝・広告目的にチャンネルをスタートするのでしょうが、私は逆でした。
YouTube を起点に、塾を作ってしまったのです。おそらくこんな事例
は今までないと思います。

とはいえ、前述の通り YouTube を始めた当初は方向性が定まらずに苦
労してきたので、新しく参入している教育系 YouTuber の方々の気持ち
がよくわかるつもりです。今後、自分自身のチャンネルを大きくしてい
きたいという気持ちはもちろんありますが、本書のような企画を通じて
色々なチャンネルを多くの方に周知する・これからがんばりたいと思っ
ている人を応援するような活動をやっていきたいと考えています。

また当チャンネルは、多くの方々とのコラボで人気を博してきました。
自分たちの力だけで今の CASTDICE TV があるわけではないことは、

紛れもない真実です。本書の企画にもいえることですが、そういったつながりができたことがとてもうれしく、心から感謝しています。多くの方に支えていただいていることに対しての感謝を忘れずにこれからも活動していけたらと思います。

この企画において初めて大学受験に関する YouTube のデータが集約されましたが、「高校受験に関してはどうなの？」「もっと素晴らしいチャンネルがあるのでは？」といった声があがるかもしれません。ですから、これで完成とするのではなく、改善や工夫を重ねてよりよいデータブックにしていきたいと考えています。

CASTDICE TV
小林尚（コバショー）

編集にご協力いただいた方

本書は膨大な YouTube チャンネルの調査、及び紙面の執筆、編集に際し、多くの方のご協力をいただきました。
全体を監修させていただいた立場の人間として、以下のみなさまには心より感謝を申し上げます。

原　悠　様
平野　夏紀　様
中橋　大義　様
田村　友基　様
寺丸　正之助　様
小林　大晟　様
島野　功大　様

監修　小林　尚
編集　ゴロゴネット編集部
担当　上田　直輝
編集長　沖田　寛己

CASTDICE 英単語帳

個別指導塾CASTDICEでは、2021年に
英単語アプリ「CASTDICE英単語帳」をリリースしました！
CASTDICE英単語帳はAIを活用した、
今までにない英単語アプリとして教育業界で注目を集めています。

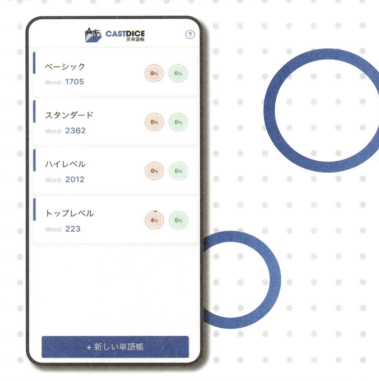

CASTDICE英単語帳の特徴

- 紙の単語帳では実現できない豊富な収録語数
- 4択テスト機能に加え「赤シートチェック機能」を搭載
- AIを活用した大学過去問分析＆オリジナル単語帳作成機能

✓ 紙の単語帳では実現できない豊富な収録語数

収録語数は6300語以上を誇り、大学受験に必要な英単語を網羅するだけでなく、主だった市販の受験用英単語帳に掲載された英単語も多数網羅しています。そのため、既に市販の教材を利用して学習を進めている生徒さんも、CASTDICE英単語帳を有効活用することが可能です。

収録されている単語は、ベーシック、スタンダード、ハイレベル、トップレベルの4レベルに分かれており、自分に合ったレベルの単語学習を進めることができます。

✓ 4択テスト機能に加え「赤シートチェック機能」を搭載

単語の確認方法としては、4択テストを採用しているアプリが一般的です。しかしCASTDICE英単語帳では4択テストだけではなく、紙ベースの単語帳の使用感に近い「赤シート」でのチェック機能を実装しています。もちろん、どちらか好みの方法を選んで使うことも、両方を選んで学習することもできます。テストの結果は記録され、進捗をいつでも確認できます。更に、書く単語帳の中で赤シート・4択テストでの学習をしたかどうか、一度正解したか、二度以上正解したかなどで絞り込みをかけられるので、効率的に単語帳を周回することが可能です。

✓ AIを活用した大学過去問分析＆オリジナル単語帳作成機能

この単語帳の最大の特徴であり、これまでの英単語アプリでは実現できなかった機能が、AIを活用した大学入試の過去問分析機能です。

共通テスト、私大、国公立をそれぞれ単独または組み合わせて、直近3年、5年、10年の期間から分析対象の問題を選べ、さらに学習したい単語レベルも選択可能です。分析した結果はオリジナル単語帳として保存され、いつでも志望校対策ができるようになるのです。

詳しくは　CASTDICE英単語帳　で検索

スタディカンパニー刊

新ゴロゴシリーズ

「短時間で得点アップできる！」特長はそのままにベストセラー「ゴロゴシリーズ」が大改訂！
新しい監修者・著者を迎えて、受験生のニーズや最新入試動向を反映し、さらにパワーアップ！

9月10日発売

新・ゴロゴ古文単語
880円(税込)

新・ゴロゴ現代文
基礎〜必修編 880円(税込)　共通テスト編 880円(税込)

詳しくはWebページ　ゴロゴネット　で検索

始動！

7月9日発売

新・ゴロゴ漢文
880円(税込)

10〜11月発売

新・ゴロゴ漢文問題集
基礎〜必修編 880円(税込)
共通テスト編 880円(税込)

新・ゴロゴ古文文法
880円(税込)

発売決定

新・ゴロゴ現代文問題集
●基礎〜必修編 ●共通テスト編

新・ゴロゴ 漢字・キーワード

······ 以下続刊 ······

https://gorogo.net/

大学受験 教育系 YouTuber データブック

2021 年 10 月 1 日　　初版発行

監修：小林尚 (CASTDICE TV)
編集：ゴロゴネット編集部
　　　　上田直輝、牧美希、船本ちとせ、桃田菜央、我謝かおり、大月めい
カバーイラスト：早喜
本文・カバーデザイン：MU デザイン
DTP：西つばさ
発行者：小笠原 寛己
発行所：株式会社スタディカンパニー
　　　　〒 162-0041 東京都新宿区改代町３６－３
　　　　TEL 03-6302-1173　FAX 03-6302-1174
印刷・製本：音羽印刷株式会社

©Sho Kobayashi, GOROGONET 2021
Printed in Japan
ISBN978-4-907422-47-9
乱丁本・落丁本はお取り替えいたします。
定価はカバーに記載されております。

本書の一部または全部の無断複製（コピー、スキャン、デジタル化等）ならびに無断複製物の譲渡および配信は、
著作権法上で認められた場合を除き、禁じられています。
第三者による電子データ化、電子書籍化は、たとえ個人や家庭内での利用であっても一切認められておりません。
落丁・乱丁本は、購入書店名を明記の上、発行所あてにご送付ください。送料小社負担にてお取り替えいたします。
（古書店で購入したものについてはお取り替えできません）